Verstärkte Zusammenarbeit in der Europäischen Union

AF815318

Europäische Hochschulschriften
Publications Universitaires Européennes
European University Studies

Reihe II
Rechtswissenschaft

Série II Series II
Droit
Law

Bd./Vol. 4012

PETER LANG
Frankfurt am Main · Berlin · Bern · Bruxelles · New York · Oxford · Wien

Katrin Langner

Verstärkte Zusammenarbeit in der Europäischen Union

Stärkung der Integration oder hin zu einem Europa von mehreren Geschwindigkeiten?

PETER LANG
Europäischer Verlag der Wissenschaften

Bibliografische Information Der Deutschen Bibliothek
Die Deutsche Bibliothek verzeichnet diese Publikation in der Deutschen Nationalbibliografie; detaillierte bibliografische Daten sind im Internet über <http://dnb.ddb.de> abrufbar.

Zugl.: Hagen, Fernuniv., Diss., 2003

D 708
ISSN 0531-7312
ISBN 3-631-52581-8

© Peter Lang GmbH
Europäischer Verlag der Wissenschaften
Frankfurt am Main 2004
Alle Rechte vorbehalten.

Das Werk einschließlich aller seiner Teile ist urheberrechtlich geschützt. Jede Verwertung außerhalb der engen Grenzen des Urheberrechtsgesetzes ist ohne Zustimmung des Verlages unzulässig und strafbar. Das gilt insbesondere für Vervielfältigungen, Übersetzungen, Mikroverfilmungen und die Einspeicherung und Verarbeitung in elektronischen Systemen.

www.peterlang.de

Vorwort

Ich bedanke mich herzlich bei meinem Doktorvater Prof Dr. Dr. h.c. Dimitris Tsatsos, MdEP, für seine fachliche Betreuung und persönliche Unterstützung.

Mein ganz besonderer Dank gilt meinen Eltern für ihre stete Ermutigung und Unterstützung sowie allen Freunden, die zum Gelingen dieser Arbeit beigetragen haben.

Hamburg, im Mai 2004 *Katrin Langner*

Inhaltsverzeichnis

Kapitel 3
Aufnahme der verstärkten Zusammenarbeit in den Vertrag von Amsterdam

Kapitel 4

Entwicklung der Verhandlungen über die verstärkte Zusammenarbeit im Verlauf der Regierungskonferenz zum Vertrag von Nizza

Kapitel 7

Die Verstärkte Zusammenarbeit und die Europäische Verfassung

Kapitel 1

Einführung

(1) Die Mitgliedstaaten, die beabsichtigen, untereinander eine verstärkte Zusammenarbeit zu begründen, können die in diesem Vertrag und im Vertrag zur Gründung der Europäischen Gemeinschaft vorgesehenen Organe, Verfahren und Mechanismen in Anspruch nehmen, sofern die Zusammenarbeit
(a) darauf ausgerichtet ist, die Ziele der Union zu fördern und ihre Interessen zu schützen und ihnen zu dienen.[1]

Der Titel VII EUV „Bestimmungen über eine verstärkte Zusammenarbeit“ wurde auf französischen und deutschen Vorschlag[2] 1997 als ein neues Strukturprinzip in den Amsterdamer Vertrag aufgenommen. Primärer Anlass für die Aufnahme war, dass es aufgrund des in wichtigen Politikbereichen notwendigen Einstimmigkeitsprinzips Blockierungen, Lähmungen und auch Stillstand in der Zusammenarbeit der Mitgliedstaaten gegeben hatte. Dazu kam die anstehende Osterweiterung und die damit verbundene Unsicherheit, wie sich diese künftige Erweiterung auf den Integrationsprozess auswirken würde.

Die „verstärkte Zusammenarbeit“ betrifft das Prinzip der „Flexibilität“ bei der Kooperation von Mitgliedstaaten der Europäischen Union. Sie ermöglicht es, dass einige Mitglieder untereinander eine engere Zusammenarbeit in bestimmten Politikfeldern vereinbaren können und dadurch als Gruppe bei der Vertiefung der Integration vorangehen können. Sie nehmen dabei die in den Verträgen vorgesehenen Organe, Verfahren und Mechanismen in Anspruch, sofern gewisse Voraussetzungen erfüllt sind.[3]

Die Instrumente für eine differenzierte Integration müssen die Spannungslage zwischen Integrationsfortschritt durch integrationswillige Staaten um den Preis einheitlicher Integration einerseits, Rechtseinheit in Gemeinschaft und Union mit der Gefahr integrationspolitischer Stagnation andererseits, ausgleichen.

---

[1] Artikel 43 Absatz 1 lit. a) EU-Vertrag.

[2] Schreiben des deutschen Bundeskanzlers Dr. Helmut Kohl und des französischen Staatspräsidenten Jaques Chirac an den amtierenden Vorsitzenden des Europäischen Rates, den spanischen Ministerpräsidenten Felipe González, veröffentlicht am 06. Dezember 1995 in Bonn und Paris.

[3] Christoph Thun-Hohenstein, Auswirkungen differenzierter Integration auf die Rolle der EU in der Welt; in: Fritz Breuss/Stefan Griller (Hrsg.), „Flexible Integration in Europa, Einheit oder Europe à la carte?“, S. 213 ff.

In der jüngeren Geschichte der Europäischen Union vor Amsterdam finden sich bereits Beispiele für eine verstärkte Zusammenarbeit, die jedoch außerhalb der Verträge stattgefunden haben. Das der Union zugrunde liegende Prinzip des gemeinschaftlichen Integrationsprozesses wurde in zwei wesentlichen Bereichen, der Wirtschafts- und Währungsunion (WWU) sowie der Sozialpolitik, durchbrochen. So wurden im Bereich der WWU Ausnahmebestimmungen festgelegt, die Dänemark und dem Vereinigten Königreich die Nichtteilnahme an der dritten Stufe der WWU ermöglichten. An das dem EU-Vertrag beigefügten Protokoll über Sozialpolitik waren mit Ausnahme des Vereinigten Königreichs sämtliche Mitgliedstaaten gebunden, wobei diese Position des Vereinigten Königreichs seit dem Amsterdamer Vertrag nicht mehr besteht. Ein weiteres Beispiel differenzierter Integration stellt das Schengener Abkommen dar, das nicht von allen Mitgliedstaaten unterzeichnet wurde[4].

Den im Amsterdamer Vertrag in Artikel 40, 43 bis 45 EUV und Artikel 11 EGV neu eingeführten Regelungen zur verstärkten Zusammenarbeit liegt kein einheitliches Konzept zugrunde. So findet sich im Bereich der Gemeinsamen Bestimmungen des EU-Vertrages eine Generalklausel zur Flexibilität, die darüber hinaus auch explizit für den Geltungsbereich des EG-Vertrages vorgesehen ist. Gedacht wird hier vor allem an die aus der dritten Säule der intergouvernementalen Zusammenarbeit in den EG-Vertrag übertragenen Bereiche der Innen- und Justizpolitik. Das Instrument der Flexibilität wurde außerdem in der geschrumpften dritten Säule des Amsterdamer Vertrages zur Zusammenarbeit in polizeilichen und justiziellen Fragen eingeführt. Bei der gemeinsamen Außen- und Sicherheitspolitik gilt das Prinzip jedoch nicht.

Die Anwendung der verstärkten Zusammenarbeit bedarf einer Ermächtigung durch die Mitgliedstaaten. Im Bereich des EG-Vertrages wird diese vom Rat mit qualifizierter Mehrheit auf Vorschlag der Kommission nach Anhörung des Europäischen Parlaments erteilt, Artikel 11 Absatz 2 Satz 1 EGV. Erklärt allerdings ein Mitgliedstaat, dass er aus „wichtigen Gründen der nationalen Politik" beabsichtigt, eine Ermächtigung abzulehnen, so findet keine Abstimmung statt. Der Rat kann jedoch mit qualifizierter Mehrheit verlangen, dass die Angelegenheit dem Rat, der in der Zusammensetzung der Staats- und Regierungschefs tagt, zur einstimmigen Beschlussfassung vorgelegt wird, Artikel 11 Absatz 2 Satz 2 EGV. Jedem Mitgliedstaat ist es folglich grundsätzlich möglich, Einstimmigkeit als Beschlusserfordernis zu erreichen, so dass ihm letztlich - wenn auch unter der erschwerten Bedingung einer besonderen Rechtfertigung - ein Vetorecht

---

4 Katrin Forgó, Zwischen „Europa à la carte" und Einheit: Modelle differenzierter Integration; in: Fritz Breuss/Stefan Griller, „Flexible Integration in Europa, Einheit oder Europe à la carte?", S. 43 ff.

eingeräumt wird. Dies limitiert die Anwendbarkeit des Instruments der verstärkten Zusammenarbeit.[5]
Teilnehmen müssen schließlich mindestens eine einfache zahlenmäßige Mehrheit der Mitgliedstaaten.

Im Bereich der dritten Säule hört der Rat die Kommission zuvor nur an und informiert das Europäische Parlament vorab, Artikel 40 Absatz 2 EUV. Dann entscheidet er.

Im Fall einer engeren Zusammenarbeit gelten demnach die gleichen institutionellen Regeln wie bei der Behandlung des entsprechenden Themas durch alle Mitgliedstaaten.

Seit Einführung der verstärkten Zusammenarbeit in den Vertrag von Amsterdam ist dieses Instrument noch nicht von den Mitgliedstaaten genutzt worden. Mögliche Gründe dafür können das komplizierte Verfahren, die Unsicherheit eines Vetos genauso wie vielleicht auch ein mangelnder politischer Wille sein.

Im Verlauf der Diskussion um die Osterweiterung beschlossen die Mitgliedstaaten eine institutionelle Reform, um für die Aufnahme neuer Staaten gerüstet zu sein. Diese Reform konnte bei den Verhandlungen zum Vertrag von Amsterdam nicht vollendet werden. Es blieben sogenannte „left-overs" übrig, die den Kern der Regierungskonferenz von Nizza im Dezember 2000 bildeten.
Bei diesen „left-overs" handelte es sich um die Ausweitung der Mehrheitsabstimmungen im Ministerrat, der Neugewichtung der Stimmen von großen und kleinen Mitgliedstaaten und der Begrenzung der Zahl der Brüsseler Kommissare. Auf der Sitzung des Europäischen Rates in Feira im Juni 2000 wurde ein viertes Thema auf die Agenda gesetzt – die verstärkte Zusammenarbeit[6].

Immer mehr Mitgliedstaaten hatten zu diesem Zeitpunkt festgestellt, dass die sich abzeichnende gesamteuropäische Gemeinschaft von bis zu dreißig Mitgliedstaaten eine neue, flexiblere Form des Zusammenlebens suchen musste.

Das Prinzip der verstärkten Zusammenarbeit soll die „Altmitglieder" nunmehr vor negativen Konsequenzen der Erweiterung schützen. Zu nennen sind der große Abstand in der Wirtschaftskraft sowie die Verstärkung der schon bestehenden Heterogenität der Interessenlagen. Die Angst vor einem Stillstand der Union der 27 oder 30 war eine starke Triebfeder für ein Überdenken dieses Mechanismus,

[5] Thun-Hohenstein, s. FN 3, S. 213 ff.; Heinrich Schneider, Schlußbetrachtung: Zur Diskussion differenzierter Integration; in: Fritz Breuss/Stefan Griller, „Flexible Integration in Europa, Einheit oder Europe à la carte?", S. 230, 247; Forgó, a.a.O., S. 62 ff., 76.
[6] CONFER 4758/00, 11. Juli 2000, Vermerk des Vorsitzes zur verstärkten Zusammenarbeit.

der es den gegenwärtigen Mitgliedstaaten erlauben soll, auch weiterhin ohne Hindernisse in der Integration fortschreiten zu können.

Der Vertrag von Nizza hat die im Vertrag von Amsterdam erstmals eingeführten Regelungen zur verstärkten Zusammenarbeit geändert. Dabei wurden die bisherigen Normen neu zusammengestellt, an einigen Stellen ergänzt und an anderen gelockert. Aus fünf Artikel mit 15 Absätzen an drei Stellen der Verträge wurden 14 Artikel mit 23 Absätzen an vier Stellen der Verträge.[7] Hinzugekommen sind die Bestimmungen im Bereich der GASP. Es wird nun noch weiter differenziert, wann wie viele Staaten in welchen Bereichen unter welchen Bedingungen tätig werden dürfen.

Zu Beginn dieser Arbeit soll die Diskussion um die verstärkte Zusammenarbeit bis in ihre Anfänge zurückverfolgt werden. Danach soll mit einigen rechtlichen Schwerpunkten auf die Einführung des Instruments der verstärkten Zusammenarbeit in den Amsterdamer Vertrag und die Änderungen durch den Vertrag von Nizza eingegangen werden. Abgeschlossen wird die Arbeit mit einem Ausblick über den Vertrag von Nizza hinaus.

Ein wichtiger Teil der Arbeit ist der Entwicklung der Diskussion um die verstärkte Zusammenarbeit im Verlauf der Regierungskonferenz zum Vertrag von Nizza gewidmet.

---

[7] Allgemeine Regelungen (Generalklausel) in Artikel 43, 44, 44a und 45 EUV-N; Spezialklausel für die erste Säule festgelegt in Artikel 11, 11a EGV-N, für die zweite Säule in Artikel 27a-e EUV-N und für die dritte Säule in Artikel 40, 40a-b EUV-N.

Kapitel 2

Ursprung und Entwicklung der Diskussion über eine differenzierte Integration

I. Einführung

Die ganze Bedeutung der verstärkten Zusammenarbeit für die Europäische Union erschließt sich nur, wenn man die Ursprünge der Diskussion kennt.

Schon seit fast drei Jahrzehnten gibt es Überlegungen, einen Mechanismus für eine differenzierte Integration in die Gemeinschaftsverträge einzuführen und damit von der Gemeinschaftsmethode - eine Gemeinschaftsregelung wird von *allen Mitgliedstaaten* zum *gleichen Zeitpunkt* mit *gleichem Inhalt* angewandt[8] - abzuweichen. Ihr Auftauchen war symptomatisch für die Tatsache, dass die „Gemeinschaftsmethode“ ihre Grenzen erreicht hatte, da der Umfang und die Unterschiede der Union zugenommen hatten. Eine Reform des etablierten institutionellen Rahmens erschien für einige überfällig.[9]

Die Überlegungen kamen kurz nach dem Beitritt Großbritanniens, Irlands und Dänemarks mit Willy Brandts Sofortprogramm 1974 und dem Tindemans Bericht 1975 auf und wurden von Ralf Dahrendorf 1979 aufgegriffen. In den 80er Jahren wurden sie in einer Reihe juristischer und politischer Analysen vertieft, fanden jedoch mit der Einheitlichen Europäischen Akte 1986 ihr vorläufiges Ende. Anfang der 90er Jahre gewann die Diskussion dann wieder an politischer Bedeutung.

Ausgelöst wurde sie damals (wie heute) aus Sorge vor einer Blockade innerhalb der Gemeinschaft. Europa befand sich in einer wirtschaftlichen Krise aus der Auswege gesucht wurden. Besonders nach der Erweiterung um Dänemark, Großbritannien und Irland ergaben sich aus der unterschiedlichen Wirtschaftskraft der Mitgliedstaaten große Probleme.

Unabhängig von den Überlegungen für eine systematische Regelung wurden von den Mitgliedstaaten partielle Auffächerungen und Differenzierungen ver-

---

8 Eberhard Grabitz/Konstantin Iliopoulos, „Systematik differenzierten Vorgehens in der Europäischen Gemeinschaft (Typologie)“, Papier für das Projekt „Abgestufte Integration“.

9 Les Metcalfe, "Flexible integration in and after the Amsterdam Treaty"; in: Monica Den Boer/Alain Guggenbühl/Sophie Vanhoonacker, Coping with Flexibility and Legitimacy after Amsterdam, S. 12.

wirklicht. Den Anfang machte das Schengener Übereinkommen betreffend den Abbau der Kontrollen an den gemeinsamen Grenzen von 1985[10], das ursprünglich nur von 5 Mitgliedstaaten unterschrieben worden war.

Der Maastrichter Vertrag brachte Differenzierungen auf mehreren Gebieten:
Das Europäischen Währungssystem[11], mit den Regelungen über den Eintritt in die 3. Stufe der Wirtschafts- und Währungsunion, Artikel 109j Absatz 3, 4 EGV (Artikel 121 EGV neu) die von allen Mitgliedstaaten gemeinsam beschlossen wurden, aber nicht alle mussten und durften gleichzeitig in die dritte Stufe eintreten.
Artikel K 7 EGV, der eine Situation regelte, in der es zwei oder mehr Mitgliedstaaten erlaubt war, eine stärkere Zusammenarbeit im Bereichen der dritten Säule zu entwickeln, die „opting-out"-Klauseln von Artikel 100a Absatz 4 (95a neu) und Artikel 130t (176 neu) EGV und die auf 11 Mitgliedstaaten beschränkte Sozialunion[12].

Aufgrund eines negativen Referendums über den Vertrag von Maastricht wurden Dänemark weitere „opt-outs" im Bereich Verteidigung, Unionsbürgerschaft und der Wirtschafts- und Währungsunion zugestanden.[13]

Auch nach Maastricht zeichnete sich ab, dass künftig Integrationsschritte nicht mehr mit allen Mitgliedstaaten gleichzeitig durchzuführen sein würden. Daher sollte bei einer Vertragsrevision der Weg dafür bereitet werden, dass das Integrationstempo auch in einer erweiterten Union nicht abnahm, und dass diejenigen Mitgliedstaaten, die voranschreiten wollten, dies auch tun könnten. Um dies zu gewährleisten wurde bei den Verhandlungen zum Vertrag von Amsterdam die Aufnahme von Regelungen zur verstärkten Zusammenarbeit beschlossen.

II. Das „Notprogramm" Willy Brandts 1974

Der damalige SPD-Vorsitzende Willy Brandt erläuterte in einer Rede vor dem französischen Zweig der Europäischen Bewegung in Paris[14] am 19. November 1974 ein neues Konzept zur Überwindung der bestehenden wirtschaftlichen Probleme. Er war der Überzeugung, dass Europa in der „schwierigsten Bewährungsprobe der Nachkriegsgeschichte" ein „Notprogramm zur Selbstbehaup-

---

[10] 14. Juni 1985, GMBl. 1986, S. 79.
[11] VO/EWG 3180/78; VO/EWG 3181/78.
[12] Protokoll über die Sozialpolitik, ABl. EG Nr. C 191, von 1992, S. 90; Abkommen über die Sozialpolitik, ABl. EG Nr. C 191, von 1992, S. 91 ff.
[13] ABl. EG Nr. C 348, von 1992, S. 2 ff.
[14] Text in Europa-Archiv, H. 2/1975, S. D 33 ff.

tung" brauche: „Die Gemeinschaft braucht eine Politik der Abstufung der Integration. Angesichts der starken Unterschiede in der wirtschaftlichen Situation der verschiedenen Mitgliedsländer der Gemeinschaft würde eine mechanistische Gleichbehandlung aller Mitglieder bei ihren Rechten und Lasten den Zusammenhalt der Neun jetzt ernsthaft gefährden. Die Gemeinschaft sollte sich deshalb die Einsicht zu eigen machen, dass sie nicht geschwächt, sondern gestärkt wird, wenn die ihrer Wirtschaftslage nach objektiv stärkeren Länder die wirtschaftliche Integration voranbringen, während andere Länder aufgrund ihrer objektiv abweichenden Lage hieran zunächst in Abstufungen teilnehmen. Hierbei kann es sich keineswegs um eine „Abkopplung" handeln, sondern es muss darum gehen, den gemeinsamen Rahmen zu erhalten und das gemeinsame Dach zu stärken."

Konkret nannte Brandt Deutschland, Frankreich und die Beneluxländer als diejenigen Mitgliedstaaten, die „über günstigere Voraussetzungen eines aufeinander abgestimmten Verhaltens verfügen, als dies gegenwärtig bei Italien und Großbritannien gegeben ist".

Die europäischen Partner Deutschlands reagierten durchweg ablehnend auf diese Vorstellungen Willy Brandts. In Paris fürchtete man, dass die Teilung des Gemeinsamen Marktes in wirtschaftlich stärkere und schwächere Mitgliedstaaten das Risiko des Auseinanderfallens in sich trage.[15] In London und Rom war die Ablehnung noch größer. „Die Unmutsreaktionen auf die Rede des ehemaligen Bundeskanzlers Brandt am Dienstag in Paris, haben auch am Donnerstag nicht nachgelassen. Die Verärgerung über die Ausführungen des SPD-Vorsitzenden über abgestufte Rechte und Pflichten der Mitglieder der Gemeinschaft, war besonders unter englischen und italienischen Diplomaten [...] zu spüren."[16] Dort legte man das Konzept als Kerngemeinschaft aus, die die anderen Länder abkoppeln wolle.

III. Der Tindemans-Bericht

Ein Jahr später legte der belgische Premierminister Leo Tindemans einen Bericht über die Europäische Union vor[17].

---

[15] VWD, 21. November 1974.

[16] F.A.Z., 22. November 1974, „Mißstimmung und Unmut in London und Paris nach der Pariser Europa-Initiative Brandts".

[17] Bericht von Premierminister Leo Tindemans über die Europäische Union; in: Deutscher Bundestag, 7. Wahlperiode, Drucksache 7/4969 vom 03.04.1976, S. 17.

Ausgangspunkt der Überlegungen von Tindemans war die Feststellung, dass unter den Mitgliedstaaten weder eine „echte politische" noch eine „echte technische Übereinstimmung" über die Verwirklichung der - prinzipiell von allen gewünschten – gemeinsamen Wirtschafts- und Währungspolitik bestehe. Er schlug daher folgenden „neuen Lösungsansatz" vor:

„Es ist unmöglich, heute ein glaubwürdiges Aktionsprogramm zu entwickeln, wenn man davon ausgeht, dass es absolut erforderlich ist, dass in allen Fällen alle Etappen von allen Staaten zum gleichen Zeitpunkt zurückgelegt sein müssen. Objektiv gesehen, bestehen in der Wirtschafts- und Finanzlage derart große Unterschiede, dass mit dieser Forderung jeder Fortschritt unmöglich wird und Europa weiter zerfällt. Man muss sich dazu bereit finden können:

- dass im Gemeinschaftsrahmen einer Gesamtvorstellung von der Europäischen Union [...],
- und auf der Grundlage eines Aktionsprogramms, das für ein bestimmtes Ge biet von den Gemeinschaftsorganen aufgestellt worden ist und dem grundsätzlich alle zugestimmt haben,

1. die Staaten, welche die Möglichkeit haben, Fortschritte zu machen, auch die Pflicht haben, dies zu tun,
2. die Staaten, welche vom Rat auf Vorschlag der Kommission als objektiv anerkannte Gründe haben, nicht weiter vorzurücken, dies nicht tun,

- wobei sie von anderen Staaten Hilfe und Beistand erhalten, soweit diese da zu in der Lage sind, damit sie die anderen einholen können,
- und wobei sie in den Gemeinschaftsorganen an der Beurteilung der auf dem betreffenden Gebiet erzielten Ergebnisse teilnehmen.

Es geht hier nicht um ein Europa „à la carte" – der Akkord aller über das gemeinschaftlich zu erreichende Endziel bindet jeden einzelnen -, nur die Durchführung ist zeitlich auseinandergezogen. [...]

Ich schlage daher vor, dass der Europäische Rat folgenden Grundsätzen zustimmt:

- Angesichts der objektiven Schwierigkeiten einzelner Staaten können Fortschritte in der Wirtschafts- und Währungspolitik zuerst unter einzelnen Staaten im Rahmen des Gemeinschaftsrechts mit den oben genannten Einschränkungen angestrebt werden.
- Die „Gemeinschaftsschlange" muss als Kern der Währungsstabilität der Ausgangspunkt für diese Aktion sein. Das System muss konsolidiert und weiterentwickelt werden durch Einbeziehung von Bereichen, die es heute noch nicht erfasst."

Im weiteren Verlauf seines Berichts ging Tindemans auf die verschiedenen Politikbereiche ein. Sein Konzept basierte auf folgenden Voraussetzungen:

- die gewollte Beschränkung auf die Wirtschafts- und Währungspolitik;

- das im Grundsatz von allen Mitgliedstaaten gebilligte Aktionsprogramm für ein bestimmtes Gebiet und die darauf gestützten Ratsentscheidungen;
- die zeitliche – nicht räumliche –Differenzierung (Abstufung);
- Kommission und Rat als Prüfungsinstanz für die objektiven Gründe, sich an Gemeinschaftsmaßnahmen nicht zu beteiligen;
- der Beistand der „starken" für die „schwachen" Länder. Dabei war nicht notwendigerweise an einen finanziellen Beistand gedacht;
- die Verknüpfung des Beistands mit dem Ziel, den betreffenden Mitgliedstaat wieder an den Stand der übrigen Staaten anzuschließen;
- die Einbeziehung der nicht teilnehmenden Länder in die laufende Diskussion, jedoch nicht in die Entscheidungen über die betreffende Politik;
- die gewollte Einbindung in das Gemeinschaftsrecht.

Der von Leo Tindemans vorgelegte Bericht rief nicht die gleichen negativen Reaktionen wie das Konzept von Willy Brandt hervor - er blieb bei den politischen Entscheidungsträgern in Europa weitgehend unbeachtet.[18]

IV. Der Fortgang der Diskussion

Die von Tindemans erneut angestoßene Diskussion führte jedoch unter Wissenschaftlern zur Entwicklung neuer Konzepte.

1. „Europe à la carte"

Am weitesten von der Gemeinschaftsmethode entfernte sich Ralf Dahrendorf 1979 mit seiner Vorstellung eines „Europe à la carte".

"Europe à la carte, that is common policies where there are common interests without any constraint on those who cannot, at a given point of time, join them...".[19]
In diesem „Europe à la carte" gab es keine gemeinsame Zielsetzung aller Mitgliedstaaten. Die interessierten Mitgliedstaaten suchten vielmehr funktional angemessene, sektoriell begrenzte Teilabsprachen. Dabei konnte die Gruppe der beteiligten Staaten durchaus variieren. Diejenigen Mitglieder, die Politiken vorantreiben wollten, die auf echten gemeinschaftlichen Interessen beruhten, sollten dies tun können. Die Nichtinteressierten sollten sich abseits halten dürfen,

---

18 "Kein Europa à la carte. Gaston Thorn zur Zukunft der Gemeinschaft"; in: Europa Union, April 1977, S. 2.

19 Ralf Dahrendorf, A Third Europe? Third Jean Monnet Lecture, Florence, 26. November 1979, S. 20.

ohne jeden Zwang, ihre Haltung rechtfertigen zu müssen.[20] Von zentraler Bedeutung für das Konzept war insbesondere das Ausscheren aus einem vertragsrechtlichen „Zwangskorsett“.

Trotzdem räumte auch Dahrendorf die Notwendigkeit gemeinschaftlicher Entscheidungen ein und sah ein großes Anwendungsfeld für sein Konzept auch im aquis communautaire, und die Möglichkeit, dass Aktionen à la carte letztendlich doch zu gemeinsamen Politiken führten. Ein Stück des „Europe à la carte“ sah er bereits verwirklicht: neue Entwicklungen durch das Europäische Wirtschaftssystem, woran nicht alle Mitglieder teilnahmen.[21]

Sein Leitbild war nicht das Europa der Institutionen – „European Union has been a remarkable success but an equally remarkable institutional failure”[22] – sondern das Europa der kulturellen, politischen und ökonomischen Vielfalt, das durch gleichzeitige nationale Interessen und nicht durch ein irgendwie geartetes “europäisches Interesse” geschaffen werde und das sich eher dezentral organisiere. Auf einem „offenen Markt der Möglichkeiten“ würden sich je nach Angebot und Nachfrage Gruppierungen finden und gegebenenfalls nach einem „try and error“ Verfahren wieder auflösen.

Dieses „pick and choose“ Verfahren nach dem jeder Staat nach Belieben, d.h. nach konkreter Interessenlage etwas aus dem „Menü“ an gemeinsamer Politik herausgreifen konnte, stieß auf weitgehende Ablehnung.

2. „Abgestufte Integration“

Ausgehend von den Überlegungen des belgischen Premierministers Tindemans erarbeitete eine Gruppe von bekannten Juristen und Wirtschaftswissenschaftlern am Europa-Kolleg Hamburg Anfang der 80er Jahre eine konkrete Definition der „abgestuften Integration“, um die juristischen und ökonomischen Folgen systematisch darzustellen.[23] Dieses Konzept war lange Zeit diskussionsprägend.

---

[20] Claus Giering, Vertiefung durch Differenzierung – Flexibilisierungskonzepte in der aktuellen Reformdebatte, integration 2/97, S. 72 ff., S. 75.

[21] Hans-Eckart Scharrer, Abgestufte Integration – Eine Alternative zum herkömmlichen Integrationskonzept?, S. 127; Wolfgang Wessels/Birke Jantz, „Flexibilisierung: Die Europäische Union vor einer neuen Grundsatzdebatte? Grundmodelle unter der Lupe“; S. 358, 359.

[22] Dahrendorf, a.a.O., S. 8.

[23] Eberhard Grabitz (Hrsg), Abgestufte Integration, Eine Alternative zum herkömmlichen Integrationskonzept?, Schriftenreihe Europa-Forschung, 1984.

Ihre Definition des Modells, das innerhalb des gemeinschaftlichen Rahmens angesiedelt war, umfaßte folgende Merkmale:
Im Gegensatz zum „Europe à la carte“ sollten die gemeinschaftlichen Ziele im Interesse des Integrationsfortschritts festgelegt werden. Es war also ein Konsens zwischen den Mitgliedstaaten über Integrationsentwicklung erforderlich. Zunächst konnten nur einigen Mitgliedstaaten die zur Zielerreichung erforderlichen Schritte verwirklichen; die übrigen durften unbefristet – nicht aber dauerhaft – hinter diesen Zielen zurückbleiben. In der Folgezeit sollte ein Abbau der der Abstufung zugrunde liegenden Strukturunterschiede durch gemeinschaftliche und/oder nationale Maßnahmen zur Erreichung des angestrebten Integrationszustandes von allen Mitgliedern erfolgen.[24]

Für das Konzept waren folgende Elemente wesentlich:
- ein dynamischer Ansatz,
- Bezug auf neue Politikbereiche,
- gemeinsame Zielfestlegung durch alle Mitgliedstaaten,
- Minderung des Rechtfertigungszwangs für nichtteilnehmende Mitgliedstaaten,
- keine Unterteilung in „starke“ und „schwache“ Länder.[25]

Ein Beispiel in neuerer Zeit für die Umsetzung dieses Modells ist die Regelung für die Wirtschafts- und Währungsunion im Maastrichter Vertrag.[26] Auch dort müssen alle Mitgliedstaaten – zumindest vom Grundsatz her – willens sein, das gemeinsame Ziel anzusteuern. Die zurückgebliebenen Staaten müssen jederzeit – bei Vorlage der Beitritts- bzw. Vertiefungsfähigkeit – nach den ursprünglichen Regeln beitreten können (opting-in). Die nicht beteiligten Staaten müssen sich außerdem konform mit den expliziten und impliziten Regeln verhalten.

3. “Europe à géométrie variable”

Das Modell des „Europe à géométrie variable“ wurde in Frankreich entwickelt und bezog sich insbesondere auf industrielle und technologische Kooperationen (z.B. Airbus) bei denen die beteiligten Unternehmen, nicht die Mitgliedstaaten, im Vordergrund standen. Das französische Plankommissariat mit Gérard Tardy[27] sowie Jaques Delors[28] vertraten diese Version.

---

[24] Giering, a.a.O., S. 73.
[25] Scharrer, a.a.O., S. 130.
[26] Wessels/Jantz, a.a.O., S. 353.
[27] Commissariat Géneral du Plan d’Equipement et de la Producitvité, “L’Europe les vingt prochainnes années”, Rapport d’un groupe de prospective à long terme animé par Jaques Pelletier et Gérard Tardy, Paris 1980, S. 211 f.
[28] Jaques Delors, in: Agence Europe Nr. 3037 vom 10.12.1980.

Wirtschaftliche Zusammenarbeit müsse nicht alle Mitgliedstaaten interessieren und nicht alle mögen in der Lage sein, einen positiven Beitrag zu leisten. Außerdem seien zu viele Akteure schädlich für die Realisierung eines ökonomischen Projekts.

Die Voraussetzungen ihrer These waren:
- eine möglichst kleine Anzahl von teilnehmenden Mitgliedstaaten,
- Offenheit für die Beteiligung anderer Mitgliedstaaten,
- die Möglichkeit, von den Vorteilen und Möglichkeiten der Gemeinschaft zu profitieren.

Sie konnten sich sogar vorstellen, ein neues Instrument zu entwickeln mit der Bezeichnung „Action communautaire à participation variable“. Dieses neue Instrument erlaube nicht nur eine Vereinigung der Kräfte der Unternehmen aus verschiedenen Mitgliedstaaten sondern auch eine Beteiligung der Staaten selbst. Der Mechanismus entwickele sich innerhalb des Gemeinschaftsrahmens. Es gebe eine Orientierung hin zu einer Stärkung der gesamten Gemeinschaft. Schließlich könne man sich vorstellen, dass die Projekte aus einer „déclaration d'utilité communautaire“ Nutzen ziehen könnten, die ihnen finanzielle Vorteile (Zugang zu bestimmten Formen von Darlehen oder Gemeinschaftshilfen) oder Handelsvorteile (Marktstudien, Einkaufspräferenzen etc.) gewähre. Es sei ein loser Zusammenhalt genauso wie eine aktive Kooperation der Mitgliedstaaten möglich. Damit könne eine Stagnation in bestimmten Bereichen verhindert werden.[29]

In jüngerer Zeit wurde die Theorie der variablen Geometrie nicht mehr nur unternehmensbezogen gesehen. Danach erlaubt die variable Geometrie verschiedenen Gruppen von Mitgliedstaaten, in verschiedenen Bereichen voranzuschreiten. Mitgliedstaaten, die in einem Bereich in der Integration voranschreiten, müssen nicht notwendigerweise auch in anderen Bereichen führen. Entscheidend ist, in welchem Sektor die Mitgliedstaaten voranschreiten. Variable Geometrie erlaubt verschiedene und möglicherweise sich überlappende Untergruppen von Mitgliedstaaten, die in verschiedenen Bereichen eine stärkere Integration anstreben. Sie ermöglicht eine Unterscheidung in der Richtung. Variable Geometrie bestimmt nicht, dass alle Mitgliedstaaten den gleichen Weg gehen oder dass sie nach unterschiedlichen Wegen am gleichen Ziel ankommen.[30]

---

[29] Scharrer, a.a.O., S. 129.
[30] Metcalfe, a.a.O., S. 16.

4. Europa der verschiedenen / mehreren Geschwindigkeiten

Das Konzept des Europas der verschiedenen oder mehreren Geschwindigkeiten, hat seit Beginn der westeuropäischen Integrationsentwicklung Anwendung gefunden. Es handelt sich dabei um zeitlich begrenzte Ausnahmen bei der Verwirklichung der Integrationsziele. Bei diesem Modell sind zwei Voraussetzungen der Gemeinschaftsmethode erfüllt: es beteiligen sich alle Mitgliedstaaten an sämtlichen Politikbereichen und sie teilen dieselben politischen Ziele. Sie verwirklichen die Ziele jedoch nicht alle zum gleichen Zeitpunkt. Es werden den Mitgliedstaaten vielmehr unterschiedliche Fristen zur Zielerreichung eingeräumt, um Divergenzen in der wirtschaftlichen Leistungsfähigkeit zwischen den Mitgliedstaaten Rechnung zu tragen. Einem oder mehreren Mitgliedstaaten wird entweder im Vertrag oder in Verordnungen, Richtlinien oder Entscheidungen das Recht eingeräumt, eine im Prinzip für alle Mitgliedstaaten geltende Norm vorübergehend nicht anzuwenden. Beispiele dafür sind die unterschiedlichen Fristen, die neu beitretenden Ländern für die Anpassung der nationalen Rechtsordnung an das Gemeinschaftsrecht oder Mitgliedstaaten für die Umsetzung einer Richtlinie eingeräumt werden.[31]

Der Begriff „mehrere Geschwindigkeiten“ kann allerdings auch Fälle betreffen, in denen die Ausnahmeregelung nicht von vornherein zeitlich begrenzt, sondern für die Zukunft offen ist. Dabei unterscheidet man drei verschiedene Konstellationen:

1. wenn die Entscheidung über die Beendigung der Ausnahmeregelung einem Gemeinschaftsorgan übertragen worden ist und die Beschlussfassung vom begünstigten Mitgliedstaat nicht blockiert werden kann;
2. wenn der begünstigte Mitgliedstaat selbst in der Lage ist, den Gemeinschaftsbeschluss zu verhindern;
3. wenn es allein dem begünstigten Mitgliedstaat überlassen ist, die Ausnahmeregelungen für beendet zu erklären. Das ist allerdings nicht ohne besondere vertragliche Sondervorschriften mit dem Gemeinschaftsrecht vereinbar.

Juristisch ist es dabei belanglos, ob der von der Sondervorschrift begünstigte Mitgliedstaat die mit der Gemeinschaftsregelung verfolgten Ziele teilt oder nicht. Beispiele für die zuletzt genannten Situationen sind die Ausnahmeregelungen über den Euro einerseits und das Sozialprotokoll des Maastrichter Vertrages andererseits.[32]

---

[31] Katrin Forgó, Differenzierte Integration, IEF Working Paper Nr. 23, S. 11, 12.
[32] Ehlermann, a.a.O., S. 363.

5. Kerneuropa der Sechs

Die Idee eines Kerneuropas der Sechs, das sich um die „Achse“ Paris-Bonn gruppiert, war eine Konstante der französischen Europapolitik. Sie fand sich z.B. bei de Gaulle im Zusammenhang mit der Ablehnung des britischen Beitrittsgesuchs[33] und erneut 1980 in verschiedenen Reden und Erklärungen des damaligen Premierministers Raymond Barre[34].

Auch François Mitterand verfolgte dieses Konzept während seiner Amtszeit weiter: „Also will Mitterand zurück zu dem Kurs, den einst Pompidou verfolgte und den auch Willy Brandt einmal vorschlug: Europa zunächst auf den kleinstmöglichen gemeinsamen Nenner, nämlich den deutsch-französischen, einigen, einen Kern bilden, um den die anderen Staaten sich dann anschließen können“.[35]

Deutschland stand dieser Initiative ebenfalls positiv gegenüber: „Bundeskanzler Kohl hält nach seinem letzten Gespräch mit Staatspräsident François Mitterrand eine deutsch-französische Zweier-Union für vorstellbar. [...]
Die vom Kanzler positiv beurteilte Initiative soll demnach keineswegs den weiteren Zusammenschluss Europas ersetzen, sondern als eine Art Kernzelle die EG politisch voranbringen.“[36]

Über die Kernzelle Deutschland/Frankreich hinaus sollten Gründungsmitglieder dem Kern angehören: „Eine der Vorstellungen der Bundesregierung, um die EG aus der Sackgasse herauszuführen, geht dahin, den sechs Gründungsmitgliedern der Römischen Verträge als Kern einer Neubelebung der politischen Zusammenarbeit eine aktivere Rolle zuzuweisen. [...]
Kohls Konzeption scheint darin zu bestehen, dass der „Kern“ aus der Bundesrepublik, Frankreich und den Benelux-Staaten gebildet wird und dass Italien beteiligt werden soll, falls es Interesse hat“.[37]

Merkmal dieses Kerneuropas war die „geographische“ Teilung Europas. In einem regional eng begrenzten Rahmen sollten neue Gravitationsfelder herausgebildet werden. Es sollte ein stark integriertes Kerneuropa mit einer Peripherie von Nachzüglern geben, denen jedoch nach politischem Willen und wirtschaftlichem Vermögen der Anschluss offen stünde. Der politische Anschlusswille sollte sich um so kräftiger entwickeln, je mehr Anziehungskraft das Kerneuropa in-

---

33 Hans Stercken (Hrsg.), Vive la France – Vive l'Europe! Aus den Reden Charles de Gaules 1958-1968, München 1969, insb. S. 250 ff.

34 Vgl. z.B. seine Rede vor dem DIHT in Trier am 20. Juni 1980.

35 Die Welt, 17. Februar 1984,“Mitterand für ein Europa in zwei Gängen“.

36 Die Welt, 17. Februar 1984, „Bonn und Paris als Kernzelle der EG“.

37 SZ, 23. Februar 1984, „Bonn will die EG retten“.

folge seiner integrationspolitischen Errungenschaften ausübte. Gedacht war an ein integrationspolitisches Voranschreiten einer Gruppe von Mitgliedstaaten in bestimmten Politikbereichen, das auf den Umfang des Vertrages beschränkt bleiben oder auch über diesen hinausgehen können sollte.[38]

6. Europa der konzentrischen Kreise

Das Konzept des Europas der konzentrischen Kreise kann als Fortentwicklung der Theorie des Kerneuropas verstanden werden. Die Konzeption der konzentrischen Kreise beinhaltet wie jene des harten Kerns, eine räumliche Teilung Europas. Auch im Modell der konzentrischen Kreise gibt es einen Kern von Mitgliedstaaten, die sich an sämtlichen Politikbereichen beteiligen. Um diesen Ring kommen Ringe weniger vertiefter Integration zu liegen, denen Staaten, die (noch) keine Mitglieder der Europäischen Union sind, angehören können. Es ist also ein Modell das sowohl eine inner- als auch eine außergemeinschaftliche Integrationsordnung festlegt.

Angenommen wird, dass sich die verschiedenen Gruppen aus ihrer Vertiefungs- und Beitrittsfähigkeit automatisch bzw. natürlich konstruieren und dass sich für alle aufgrund angemessener institutioneller und prozeduraler Verknüpfungen ein harmonisches Verhältnis etablieren wird, das jede Gruppe – wie bei Satelliten – auf einer stabilen Umlaufbahn halten wird.[39] Gedacht wurde etwa zu Beginn der neunziger Jahre an einen engeren deutsch-französischen Kern innerhalb der EU, um den sich dann als ein erster Kreis die EFTA-Staaten und als zweiter Kreis die MOE-Staaten in fester vertraglicher Form gruppieren.[40] Schon heute stellen z.B. der Europäische Wirtschaftsraum (EWR), die Europa-, Assoziations- oder Kooperationsabkommen Ringe weniger dichter Integration dar, die als Vorstufe oder Alternative zu einem Beitritt zur Europäischen Union bestehen.[41]

7. Begriffsflut

Die Anzahl der unterschiedlichen Modelle und Konzepte zur differenzierten Integration ist trotz vieler Typologisierungsversuche inzwischen fast unüber-

---

38 Wessels/Jantz, a.a.O., S. 356; Forgó, Differenzierte Integration, S. 14, 15.

39 Forgó, Differenzierte Integration, S. 16; Wessels/Jantz, a.a.O., S. 361.

40 Hervé de Charette, "Noyau Dur ou Avant-Garde Européenne? Que Doit-On faire Ensemble. Que Peut-On Faire à Quelques-Uns? (Rede des französischen Außenministers vor der Europäischen Bewegung), Paris 1996; Wessels/Jantz, a.a.O., S. 361.

41 Josef Janning, „Europa braucht verschiedene Geschwindigkeiten", S. 533.

schaubar.[42] Allein im englischsprachigen Raum finden sich zur Zeit über dreißig Bezeichnungen.[43] Sie alle zeichnen sich durch divergierende bzw. wenig differenzierte Interpretationen konzeptioneller Ansätze aus.

Fest steht jedoch, dass das Thema der differenzierten Integration in Wissenschaft und Politik von großem Interesse war und ist und dass es viele Ansätze zur Lösung des Problems einer sich gleichzeitig vertiefenden wie erweiternden Union gibt.

V. Das Wiederaufflammen der politischen Diskussion

1. Einheitliche Europäische Akte

1986 wurden in der Einheitlichen Europäischen Akte[44] die Gründungsverträge umfassend novelliert. Dabei wurde eine wichtige Vertiefung der Europäischen Gemeinschaft vorgenommen. Die Staats- und Regierungschefs hatten sich u.a. auf eine schrittweise Errichtung des Binnenmarktes, eine Einführung neuer Politikbereiche, die Ausweitung der Abstimmungen mit qualifizierter Mehrheit sowie ein Mitbeteiligungsrecht des Europäischen Parlaments geeinigt.

Die erreichten Fortschritte machten eine definitive Antwort auf die Problemstellung eines differenzierten Voranschreitens der Mitgliedstaaten entbehrlich. Die Diskussion kam zu einem vorläufigen Ende.

2. Vertrag von Maastricht

Mit dem Vertrag von Maastricht 1992[45] eröffnete sich eine neue Dimension in der Zusammenarbeit der Mitgliedstaaten. Dieser Vertrag begriff sich als „eine neue Stufe bei der Verwirklichung einer immer engeren Union der Völker Europas“ (Artikel A Absatz 2 EUV). Der Unionsvertrag erschloss im Zusammenwirken der Mitgliedstaaten neue Bereiche der Zusammenarbeit außerhalb des Systems der drei Gemeinschaften und begründete als übergreifendes Gebilde die “Europäische Union“.

---

[42] Dimitris Tsatsos, “Verstärkte Zusammenarbeit”, S. 9; Forgó, Differenzierte Integration, S. 19; Peter M. Huber, „Differenzierte Integration und Flexibilität als neues Ordnungsmuster der Europäischen Union?“, EuR, 4/1996, S. 347.

[43] Alexander Stubb, “A Categorization of Differentiated Integration”, Journal of Common Market Studies 1996, 34, S. 285.

[44] ABl. EG Nr. L 169 vom 29.06.1987, S.1.

[45] ABl. EG Nr. L 293 vom 27.11.1993, S. 61.

Neben der Begründung der Europäischen Union enthielt der Vertrag von Maastricht eine Änderung der Gemeinschaftsverträge. Von besonderer Bedeutung waren die Bestimmungen über die Wirtschafts- und Währungsunion sowie das Abkommen über die Sozialpolitik. Diese beiden Bereiche beinhalteten das Prinzip der differenzierten Integration und zwar in Form von entsprechenden Vereinbarungen auf der Ebene des Primärrechts. Bei der Wirtschafts- und Währungsunion wurde der Integrationsfortschritt einiger Mitgliedstaaten durch einen einvernehmlichen Beschluss aller Mitgliedstaaten ermöglicht. Die Mitgliedstaaten, die zu Beginn nicht teilnehmen konnten oder wollten, hatten gleichwohl eine institutionelle Anbindung erhalten und konnten zu jedem späteren Zeitpunkt, wenn sie dies wollten und die objektiven Voraussetzungen erfüllten, an der dritten Stufe der Währungsunion teilnehmen. Bemerkenswert war in dem Zusammenhang, dass keine Pflicht zum Beitritt bestand.
Der zweite Fall war die Gewährung des „Opt-Outs" für das Vereinigte Königreich im Bereich der Sozialpolitik.[46]

3. CDU/CSU Bundestagsfraktion zur europäischen Politik

Politische Aktualität und Brisanz erhielt die Debatte über die differenzierte Integration erst wieder durch die Veröffentlichung des Papiers der CDU/CSU Bundestagsfraktion zur europäischen Politik im September 1994.[47]

In diesem Positionspapier wurde festgehalten, dass die westeuropäische Einigung an einem kritischen Punkt ihrer Entwicklung angelangt sei. Ursachen dafür seien eine Überdehnung der Institutionen, eine zunehmende Differenzierung der Interessen und eine unterschiedliche Wahrnehmung innerhalb der Union über ihre inneren und äußeren Aufgaben. Zu ihrer institutionellen Fortführung seien Kohärenz und Konsistenz mit Elastizität und Flexibilität zu verbinden, um die Union nicht zu einer „gehobenen" Freihandelszone werden zu lassen. Plädiert wurde für den Ausbau einer flexiblen Methode der Integration, wie sie bereits für die verschiedenen Stufen der Währungsunion vorgesehen sei und mit dem Schengener Abkommen außerhalb des Vertrages praktiziert werde. Um gemeinsame Entscheidungsfindung nicht zu gefährden, sollte durch ein verfassungsähnliches Dokument das Konzept eines Europas der variablen Geometrie oder der mehreren Geschwindigkeiten sanktioniert und institutionalisiert werden.

Dieses Papier stieß auf starke Kritik. Grund für die heftigen Reaktion auf das Positionspapier war, dass mehrere Passagen von einem „festen Kern integrati-

---

[46] Christian Deubner, Flexibilität als Reformkonzept für die Europäische Union, S. 11, 14.
[47] CDU/CSU-Fraktion des Deutschen Bundestages, „Überlegungen zur europäischen Politik", 01. September 1994.

onsorientierter und kooperationswilliger Länder“ sprachen, der sich bereits herausgebildet habe und zu dem expressis verbis Deutschland, Frankreich, Belgien, die Niederlande und Luxemburg gezählt wurden:[48]

„Daher muss sich neben der Effizienzsteigerung des Entscheidungsverfahrens und der Demokratisierung der Willensbildung der Union der feste Kern von integrationsorientierten und kooperationswilligen Ländern, der sich bereits herausgebildet hat, weiter festigen. Zu ihm gehören z.Zt. fünf bis sechs Länder. Der Kern darf nicht abgeschlossen, muss hingegen für jedes Mitglied offen sein, das willens und in der Lage ist, seinen Anforderungen zu entsprechen.

Der feste Kern hat die Aufgabe, den zentrifugalen Kräften in der immer größer werdenden Union ein starkes Zentrum entgegenzustellen und damit die Auseinanderentwicklung zwischen einer eher protektionismus-anfälligen Süd-West-Gruppe unter einer gewissen Anführung durch Frankreich und einer stärker dem freien Welthandel verpflichteten Nord-Ost-Gruppe unter einer gewissen Anführung durch Deutschland zu verhindern.

Zu diesem Zweck müssen Länder des festen Kerns sich nicht nur selbstverständlich an allen Politikbereichen beteiligen, sondern darüber hinaus gemeinsam erkennbar gemeinschaftsorientierter handeln als andere und gemeinsame Initiativen einbringen, um die Union weiterzuentwickeln. Belgien, Luxemburg und die Niederlande sollten daher stärker in die deutsch-französische Zusammenarbeit einbezogen werden – zumal auch die Niederlande ihre frühere, skeptische Haltung gegenüber der unerlässlichen Motor-Funktion dieser beiden Länder revidiert haben. Die Zusammenarbeit der Kernländer müsste sich vor allem auf die neuen Politikfelder erstrecken, die mit dem Vertrag von Maastricht dem von Rom hinzugefügt worden sind.“[49]

Diese Kerneuropagruppe sollte vor allem auf dem Währungssektor und in der gemeinsamen Verteidigungspolitik eng kooperieren.

In dem Papier wurde auch eine Aussage zum deutsch-französischen Sonderverhältnis getroffen: „Den Kern des festen Kerns bilden Deutschland und Frankreich“.[50]

Den Autoren Karl Lamers und Wolfgang Schäuble wurde die Absicht zugeschrieben, einen Vorschlag zur zukünftigen Architektur innerhalb der EU zu machen - ein für Außenseiter verschlossenes Kerneuropa.

---

[48] CDU/CSU-Papier, a.a.O., S. 1-6.
[49] CDU/CSU-Papier, a.a.O., S. 7.
[50] CDU/CSU-Papier, a.a.O., S. 8.

Diese politische Initiative zeigte auch den Zusammenhang mit der Perspektive des Beitritts weiterer Mitgliedstaaten. Der Vorschlag von Lamers/Schäuble war eine Antwort auf den für sie bestehenden Widerspruch zwischen Vertiefung und Erweiterung. Die negativen Reaktionen ergaben sich indessen aus den Folgen für die Beziehungen zwischen den damaligen Mitgliedstaaten. Diejenigen, die nicht zum Kerneuropa oder zum Innersten der konzentrischen Kreise gehörten, befürchteten negative Auswirkungen auf die bestehende EU und ihren eigenen Status.[51]

Kritisch äußerte sich z.B. Jaques Delors, als er bemerkte: „Ich will niemanden von vornherein ausschließen, weil ich Europa nicht in zwei Klassen spalten möchte. Denn wer in die zweite Liga verwiesen wird, entwickelt leicht aus Frust einen Minderwertigkeitskomplex, der für das Klima in Europa nicht förderlich ist."[52]

4. Edouard Balladur und John Major

Fast zeitgleich forderte der damalige französische Premierminister Edouard Balladur ein „Europa verschiedener Geschwindigkeiten".[53] Danach sollten sich durchaus überschneidende und nichtüberschneidende Klubs unterschiedlicher Länder für unterschiedliche Interessengebiete bilden können.

Er argumentierte, was als Organisation für zwölf Mitglieder akzeptabel sei, könne nicht in gleichem Maße für sechzehn oder zwanzig Länder gelten. Innerhalb der Union müsse eine kleine Gruppe von Staaten eine „besser strukturierte Organisation" aufbauen. Selbstverständlich seien alle Mitglieder aufgefordert, an diesem Prozess teilzunehmen, aber es sei wenig wahrscheinlich, dass „alle zur gleichen Zeit mitmachen" könnten.

Der britische Premierminister John Major reagierte auf die Vorschläge von Lamers/Schäuble in seiner Rede in Leiden am 07. September 1994.[54] Er bestand darauf, dass die Form in der sich die Union entwickelt, für alle Mitgliedstaaten akzeptabel sein muss und dass kein Mitgliedstaat von einem Politikbereich ausgeschlossen werden sollte an dem er teilnehmen könne und wolle. Major wandte sich gegen ein exklusives Kerneuropa von Mitgliedstaaten genauso wie gegen

---

[51] Siegfried Schwarz, Aufbruch zu einem flexiblen Europa, DEUTSCHLAND ARCHIV, September 1995, S. 968.

[52] Der Spiegel, Nr. 48, 28. November 1994, „Fortschritt aus der Krise".

[53] F.A.Z., 31. August 1994, "Balladur plädiert für ein Europa der drei Geschwindigkeiten"; Le Monde, 30. November 1994.

[54] Andrew Duff, The Treaty of Amsterdam – Text and Commentary, S. 188.

"chaotische Nicht-Konformität". Aber er fügte auch hinzu, dass Konformität niemals als automatisches Prinzip gesehen werden dürfte. Er sprach sich für ein Festhalten an intergouvernementalen Prinzipien aus und gegen zusätzlichen Kompetenztransfer an die Union.

Die Diskussion über mehr Flexibilität bei der Integration war damit auf die höchste politische Ebene zurückgekehrt. Die Überlegungen dazu sollten auch in die anstehende Vertragsrevision einfließen.

VI. Die Regierungskonferenz 1996

Die bereits im Vertrag von Maastricht 1992 festgeschriebene „Regierungskonferenz 1996"[55] nahm ihre Beratungen am 29. März 1996[56] auf und verhandelte über die Revision des Vertrags von Maastricht, wobei sie sich auf die Ergebnisse der vorbereitenden Arbeiten der bereits am 03. Juni 1995 konstituierten „Reflexionsgruppe"[57] stützen konnte.

Die deutsch-französische Zusammenarbeit bei der Vorbereitung des Amsterdamer Vertrages bezog sich auch auf die Aufnahme einer Flexibilitätsklausel. Dabei waren die Hauptargumente die Wirtschafts- und Währungsunion sowie die anstehende Osterweiterung.[58]

Die gemeinsamen Briefe von Bundeskanzler Helmut Kohl und Präsident Jaques Chirac vom 06. Dezember 1995[59] sowie von den Außenministern beider Länder, Klaus Kinkel und Hervé de Charette vom 17. Oktober 1996[60] hatten bestimmenden Einfluß auf die Regierungskonferenz.

---

55 Artikel N Absatz 2 EUV (Maastricht).

56 BullEU – 1996, Ziff. II.4.

57 BullEU – 1995, Ziff. I.48.

58 José de Areilza, Enhanced Cooperation in the Treaty of Amsterdam: some critical remarks, S. 8.

59 Schreiben des deutschen Bundeskanzlers Dr. Helmut Kohl und des französischen Staatspräsidenten Jaques Chirac an den amtierenden Vorsitzenden des Europäischen Rates, den spanischen Ministerpräsidenten Felipe González, veröffentlicht am 06. Dezember 1995 in Bonn und Paris.

60 Gemeinsamer deutsch-französischer Diskussionsbeitrag, „Verstärkte Zusammenarbeit im Hinblick auf die weitere Vertiefung des europäischen Einigungswerks", 17. Oktober 1996, aus: Presse- und Informationsamt der Bundesregierung, Bulletin, (23.10.1996) 84, S. 918-920.

1. Kohl-Chirac Brief 1995

Im Kohl-Chirac Brief vom 06. Dezember 1995 legten die beiden Staats- und Regierungschefs ihre Vorstellungen zu einer Flexibilitäts-Initiative dar:

„Wir wollen, dass in einer erweiterten Union alle Mitgliedstaaten in gleicher Weise am Fortschritt des europäischen Integrationsprozesses teilhaben können. Zeitweilige Schwierigkeiten eines Partners, Schritt zu halten, dürfen die Handlungsfähigkeit der Union und ihre Möglichkeiten, Fortschritte zu erzielen, nicht beeinträchtigen. Aus diesem Grund erachten wir es im Lichte der bisherigen Erfahrungen und Beispiele für wünschenswert und möglich, in den Vertrag eine allgemeine Klausel einzufügen, die Staaten, die dies wünschen und dazu in der Lage sind, die Möglichkeit eröffnet, unter Wahrung des einheitlichen institutionellen Rahmens der Union eine verstärkte Zusammenarbeit zu entwickeln“.[61]

2. Diskussionsbeitrag Frankreichs und Deutschlands 1996

Etwa ein Jahre später gab es eine weitere Initiative der beiden Länder. Bundesaußenminister Klaus Kinkel, und der französische Minister für Auswärtige Angelegenheiten, Hervé de Charette, verabschiedeten bei ihrem Treffen in Paris am 17. Oktober 1996 einen gemeinsamen deutsch-französischen Diskussionsbeitrag für die Regierungskonferenz mit dem Titel: „Verstärkte Zusammenarbeit im Hinblick auf die weitere Vertiefung des europäischen Einigungswerkes“.[62]

Dieser Beitrag sah die Einführung einer Klausel zur verstärkten Zusammenarbeit vor, die eine Fortsetzung des Prozesses des europäischen Einigungswerks ermöglichen sollte. Die verstärkte Zusammenarbeit könne nur nach vorne gerichtet sein, auch wenn zunächst nur ein Teil der Mitgliedstaaten bereit sei voranzuschreiten. Mit der Flexibilitätsklausel sollten Formen verstärkter Zusammenarbeit innerhalb des Vertrages ermöglicht werden, die ohne eine solche Klausel nur außerhalb des Vertrages praktiziert werden könnten.

Es folgten konkrete Vorschläge für eine Generalklausel über die verstärkte Zusammenarbeit, die in das gemeinsame Dach der drei Pfeiler des Maastrichter Vertrages einzufügen sei, sowie drei besondere Artikel, die Einzelheiten für jeden der drei Pfeiler festlegten:

---

[61] Schreiben des deutschen Bundeskanzlers Dr. Helmut Kohl und des französischen Staatspräsidenten Jaques Chirac, a.a.O.

[62] Gemeinsamer deutsch-französischer Diskussionsbeitrag , a.a.O.

„Einleitung
(1) Die Europäische Union wird größer werden. Dieser Erweiterungsperspektive muss die Europäische Union in vollem Umfang Rechnung tragen; zugleich müssen aber auch die institutionellen Voraussetzungen für eine solche Erweiterung geschaffen werden. Insbesondere darf die wachsende Mitgliederzahl der Fähigkeit der Europäischen Union zu weiteren Vertiefungen keinen Abbruch tun.
Daher soll die Einführung einer (oder mehrerer) Klausel(n) über verstärkte Zusammenarbeit es den Mitgliedstaaten, die dies wollen und können ermöglichen, mit der Vertiefung des europäischen Einigungswerkes schneller voranzugehen als andere.

(2) [...]

(3) [...]

(4) (Absatz 2) Es erscheint möglich, einerseits gemeinsame Grundsätze für eine verstärkte Zusammenarbeit in allen drei Säulen (EG-Vertrag, GASP, Justiz und Inneres) aufzustellen und andererseits bestimmte unterschiedliche Modalitäten vorzusehen, mit denen den Besonderheiten jedes Bereichs Rechnung getragen wird. Es würden also eine allgemeine Klausel und ergänzende Spezialklauseln eingeführt. [...]

I. Allgemeine Klauseln über verstärkte Zusammenarbeit

(1) [...]

(2) Einheitlicher institutioneller Rahmen

(a) Rat
Die Entscheidung über eine verstärkte Zusammenarbeit im einheitlichen institutionellen Rahmen soll beim Rat liegen. Für die Einleitung einer verstärkten Zusammenarbeit müssen je nach Pfeiler geeignete Modalitäten vorgesehen werden. Kein Staat darf ein Vetorecht haben. Die Durchführungsbeschlüsse im Rahmen einer verstärkten Zusammenarbeit werden im Rat von den teilnehmenden Mitgliedstaaten gefasst.

(b) Kommission
Die Kommission wird im Rahmen der verstärkten Zusammenarbeit als Gesamtorgan (Kollegium) tätig. Eine Differenzierung ihrer Mitglieder nach Zugehörigkeit zu teilnehmenden oder nicht teilnehmenden Mitgliedstaaten sollte verhin-

dert werden. Dies wäre mit der Natur der Kommission, die nicht die Mitgliedstaaten vertritt, nicht zu vereinbaren.

(c) Europäisches Parlament
Die angemessene Beteiligung des Europäischen Parlaments ist unter den Vorgaben des Vertrages zu ermöglichen. Wie auch im allgemeinen Rahmen ist hier eine Differenzierung nach Pfeilern vorzunehmen.

(d) Gerichtshof
Der Gerichtshof nimmt im Rahmen seiner Zuständigkeit bei der verstärkten Zusammenarbeit seine volle Kontrollfunktion wahr.

(e) Beitritt nicht teilnehmender Mitgliedstaaten
Ein nicht teilnehmender Mitgliedstaat kann einer verstärkten Zusammenarbeit zu denselben Bedingungen wie die ursprünglichen Mitglieder beitreten.

II. Spezialklausel zur verstärkten Zusammenarbeit im EG-Vertrag

(1) [...]

(2) Initiativrecht für verstärkte Zusammenarbeit
Der Kommission muss im Bereich des EG-Vertrages eine ausschlaggebende Rolle zukommen. Unbeschadet ihres Initiativrechts nimmt die Kommission zu den Vorschlägen der Mitgliedstaaten für eine verstärkte Zusammenarbeit Stellung. [...]

(3) Finanzierung
Soweit es um allgemeine Verwaltungskosten geht, die durch die Inanspruchnahme von Gemeinschaftsorganen und etablierten Strukturen entstehen, wären diese dem Gemeinschaftshaushalt anzulasten. Operative Kosten, die bei Durchführungsmaßnahmen anfallen, sollten in der Regel von den teilnehmenden Mitgliedstaaten getragen werden. [...]

III. Spezialklausel zur verstärkten Zusammenarbeit im Bereich der GASP

(1) Anwendungsbereiche

(a) Die verstärkte Zusammenarbeit kann im Bereich der GASP bei der Festlegung einer gemeinsamen Verteidigungspolitik nach Artikel J 4 und der ebenfalls dort avisierten gemeinsamen Verteidigung – im Einklang mit unseren gemeinsamen Zielen für die WEU – sowie im Rahmen der Rüstungszusammenarbeit zur Anwendung kommen. [...]

(2) [...]

(3) Anwendungsmodalitäten
Hierbei wäre eine Mindestzahl von Mitgliedstaaten für die Umsetzung einer verstärkten Zusammenarbeit festzulegen.

(4) Entscheidungsverfahren
Die Entscheidungsverfahren der GASP finden auch auf die verstärkte Zusammenarbeit Anwendung. Der Beschluss zum Beginn einer verstärkten Zusammenarbeit erfolgt mit qualifizierter Mehrheit.

IV. Spezialklausel zur verstärkten Zusammenarbeit im Bereich Justiz und Inneres

(1) Anwendungsbereich
Die Gesamtheit der von Titel VI EU-V erfassten Bereiche kommt grundsätzlich für eine verstärkte Zusammenarbeit in Betracht. [...]

(2) Einleitung der verstärkten Zusammenarbeit
Initiativen für eine verstärkte Zusammenarbeit können von den Mitgliedstaaten oder der Kommission ausgehen.

Die niederländische Präsidentschaft hat diese Struktur aufgegriffen. Sie ist in den Amsterdamer Vertrag eingegangen.

VII. Aussagen der Gemeinschaftsorgane

Das Europäische Parlament äußerte sich im Verlauf der Regierungskonferenz mehrmals zum Stand der Verhandlungen.

1. Entschließung des Europäischen Parlaments zur Konferenz 1997

In seiner Entschließung zur Regierungskonferenz vom 13. März 1997[63] bestätigte das Europäische Parlament noch einmal, dass eine verstärkte Zu-

[63] Entschließung des Europäischen Parlaments zur Regierungskonferenz vom 13. März 1997, ABl. EG Nr. C 115 vom 14.04.1997, S. 165.

sammenarbeit seiner Meinung nach nur als letzter Ausweg in Betracht komme. Die verstärkte Zusammenarbeit dürfe nur angewandt werden, wenn die institutionelle Einheit und die Ziele der EU dadurch nicht in Frage gestellt würden. Eine verstärkte Zusammenarbeit müsse gegenüber dem gemeinschaftlichen Besitzstand einen zusätzlichen Gewinn bedeuten und jeden Gedanken an ein „Europa à la carte" ausschließen.

Es vertrat die Ansicht, dass es keine verstärkte Zusammenarbeit im ersten Pfeiler geben sollte, wenn die Regierungskonferenz die nötigen Vorkehrungen für die Ausweitung auf die Abstimmung mit qualifizierter Mehrheit träfe; wenn die Einstimmigkeit jedoch in irgendeinem Bereich beibehalten würde, wäre die verstärkte Zusammenarbeit die einzige Möglichkeit, um einen Stillstand zu vermeiden.

Das Europäische Parlament bekräftigte, dass gemeinsame Aktionen im Bereich der Außenpolitik auf gemeinsamen Zielen und Interessen aufbauen müssten. Im Bereich der justiziellen Zusammenarbeit und des Inneren erkannte es gewisse Sachlagen, bei denen die Anwendung von Verfahren verstärkter Zusammenarbeit die weitere Entwicklung des Integrationsprozesses fördern könnte.

Es war der Auffassung, dass der Mechanismus für die Ingangsetzung der verstärkten Zusammenarbeit entweder durch ein Ersuchen der Mitgliedstaaten mit anschließender Zustimmung der Kommission (mit Ausnahme der GASP) oder durch eine Initiative der Kommission ausgelöst werden sollte. Über beide Fälle sollte im Rat mit qualifizierter Mehrheit und mit Zustimmung des Parlaments entschieden werden.

Die finanziellen Auswirkungen müssten die Regel der Einheitlichkeit des Gemeinschaftshaushalts respektieren.

Das Europäischen Parlament bekräftigte seine Unteilbarkeit als Organ, das alle Bürger vertritt und verurteilte den Vorschlag, das Abstimmungsrecht auf Mitglieder aus den teilnehmenden Mitgliedstaaten zu reduzieren.

2. Entschließung des Europäischen Parlaments zur Funktionsweise des EU-Vertrages

In einer Entschließung zur Funktionsweise des Vertrages über die Europäische Union im Hinblick auf die Regierungskonferenz 1996 bekräftigte das Parlament die Notwendigkeit, die zu mühsam, zu schwerfällig und oft ineffizient gewordenen Beschlussfassungsverfahren neu zu definieren.[64]

Flexible Vereinbarungen könnten erforderlich sein angesichts der künftig zunehmenden Vielfalt in der EU, die jedoch:
- nicht den einheitlichen institutionellen Rahmen, den Gemeinschaftlichen Besitzstand oder die Grundsätze der Solidarität und des wirtschaftlichen und sozialen Zusammenhalts auf Unionsebene in Frage stellen dürften;
- den Grundsatz der Gleichheit aller Staaten und Bürger der Union vor dem Vertrag nicht in Frage stellen dürften;
- nicht zu einem „Europa à la carte" führen dürften.

3. Bericht der Europäischen Kommission

Auch die Europäische Kommission war in ihrem Bericht an die Reflexionsgruppe der Meinung, dass über ein Europa der verschiedenen Geschwindigkeiten nachgedacht werden müsse genauso wie über die Stärkung der Entscheidungsfähigkeit bei wechselnden Mehrheiten.[65] Dies sei erforderlich aufgrund der anstehenden Erweiterung der Union, da nicht alle Beitrittskandidaten zum gleichen Zeitpunkt über dieselbe Integrationsfähigkeit verfügen würden.

Die Kommission könne eine abgestufte Integration aber nur befürworten, wenn die Flexibilisierung in einem einheitlichen institutionellen Rahmen und mit Blick auf ein gemeinsames Ziel erfolgen würde. Die nicht teilnehmenden Staaten dürften die schneller voranschreitenden Mitgliedstaaten nicht blockieren. Ein „Europa à la carte" lehnte die Kommission ausdrücklich ab.

VIII. Ergebnis der Regierungskonferenz

Im Rahmen der Tagung des Europäischen Rates von Amsterdam[66] vom 16. bis 18. Juni 1997 konnte die Regierungskonferenz, die auf der Ebene der Staats- und Regierungschefs der fünfzehn EU-Mitglieder zusammengetreten war, politisches Einvernehmen über den Entwurf des Vertrages von Amsterdam erzielen.

---

64 Entschließung des Europäischen Parlaments zur Funktionsweise des Vertrages über die Europäische Union im Hinblick auf die Regierungskonferenz 1996 – Verwirklichung und Entwicklung der Union, ABl. EG Nr. C 151 vom 19.06.1997, S. 56.

65 Regierungskonferenz 1996; Bericht der Kommission an die Reflexionsgruppe, Luxemburg 1995, S.8.

66 ABl. EG Nr. C 340 vom 10. November 1997, S. 145-172 u. 173-308.

Unterzeichnet wurde der Vertragstext jedoch erst am 02. Oktober 1997, da noch eine rechtliche Überarbeitung erforderlich war.

In einem eigenen Titel VII „Bestimmungen über eine verstärkte Zusammenarbeit" im EU-Vertrag wurde die Möglichkeit einer verstärkten Zusammenarbeit einzelner Mitgliedstaaten in bestimmten Bereichen festgeschrieben.

Mit diesen Regelungen hatte das Prinzip der „Flexibilität" in die erste und dritte Säule der Europäischen Union Einzug gehalten.

Bundeskanzler Helmut Kohl äußerte sich in einer Regierungserklärung vor dem Deutschen Bundestag zu den Ergebnissen des Europäischen Rates von Amsterdam. Zur verstärkten Zusammenarbeit sagte er:

„Wir haben uns in Amsterdam schließlich auf klare Regeln zu mehr Flexibilität in der Europäischen Union geeinigt. Dieses Handlungsprinzip sichert auch für eine erweiterte Union - mit 20 oder mehr Mitgliedstaaten - die Möglichkeit, die Integration weiter voranzubringen."[67]

---

[67] Erklärung der Bundesregierung zum Europäischen Rat von Amsterdam sowie zum Weltwirtschaftsgipfel in Denver und zur Sondergeneralversammlung der Vereinten Nationen; abgegeben von Bundeskanzler Dr. Helmut Kohl vor dem Deutschen Bundestag, Bulletin des Presse- und Informationsamts der Bundesregierung, Nr. 55, vom 1. Juli 1997, S. 629-633.

Kapitel 3

Aufnahme der verstärkten Zusammenarbeit in den Vertrag von Amsterdam

I. Einführung

Die Regelung einer verstärkten Zusammenarbeit von Mitgliedstaaten, die schneller in der Integration voranschreiten wollen als andere, war eines der zentralen Themen der Regierungskonferenz zum Vertrag von Amsterdam. Ihre Einführung wurde insbesondere im Hinblick auf die anstehende Osterweiterung, die die Union noch heterogener machen wird, als erforderlich angesehen.[68]
Die Verankerung des Konzepts der Flexibilität war nicht zuletzt von der Einsicht geprägt, dass verstärkte Zusammenarbeit besser im Rahmen der Verträge als außerhalb der Union erfolgen sollte, da man sie innerhalb der Gemeinschaft effektiver kontrollieren könne.[69]

Die Erörterungen in der Regierungskonferenz zeigten die Schwierigkeiten der Festlegung exakter Bedingungen für Flexibilität auf. Die relativ strengen Voraussetzungen und Mechanismen für eine verstärkte Zusammenarbeit reflektierten die Spannungslage zwischen Integrationsfortschritt durch integrationswillige Staaten um den Preis einheitlicher Integration einerseits, und Rechtseinheit in Gemeinschaft und Union mit der Gefahr integrationspolitischer Stagnation andererseits. In den beschlossenen Vorschriften über Flexibilität wurde versucht, einen Ausgleich zwischen Mitgliedstaaten, die künftig verstärkte Zusammenarbeit begründen, und solchen, die sich nicht daran beteiligen werden, herzustellen.[70]

Die neuen Vorschriften des Amsterdamer Vertrages zur verstärkten Zusammenarbeit folgen in ihrer Struktur den bereits im vorigen Kapitel erwähnten deutsch-französischen Vorschlägen.

Ein neuer Titel VII EUV „Bestimmungen über eine verstärkte Zusammenarbeit“ (ex-Titel VI a) EUV), bestehend aus den Artikeln 43 bis 45 EUV (ex-Artikel K.

---

68 de Areilza, a.a.O., S. 8.

69 Christoph Thun-Hohenstein, Der Vertrag von Amsterdam, Die neue Verfassung der Europäischen Union, S. 114.

70 Thun-Hohenstein, Der Vertrag von Amsterdam, S. 114; Callies/Ruffert-Ruffert, Kommentar des Vertrages über die Europäische Union und des Vertrages zur Gründung der Europäischen Gemeinschaft, Artikel 43 EUV, Rn. 2.

15-K. 17 EUV) legt allgemein Bedingungen und Grundsätze für die Flexibilität fest, die ergänzt werden durch besondere Artikel im ersten und dritten Pfeiler. Artikel 11 EGV enthält zusätzlich Vorschriften über eine verstärkte Zusammenarbeit im ersten Pfeiler. Im dritten Pfeiler wird der Titel VI EUV durch einen neuen Artikel 40 EUV (ex-Artikel K. 12 EUV) geändert.[71]

Aus den erwähnten Bestimmungen ergibt sich ein Recht der Mitgliedstaaten auf verstärkte Zusammenarbeit in der ersten und in der dritten Säule bei Erfüllung der allgemeinen und jeweiligen besonderen Voraussetzungen, das von den Organen entsprechend zu beachten ist.[72]

Für die EGKS und die EAG ist keine engere Zusammenarbeit eingeführt worden.

Im zweiten Pfeiler, der Gemeinsamen Außen- und Sicherheitspolitik (GASP), wurde ebenfalls keine spezielle Flexibilisierungsklausel verankert, obwohl es eines der vordringlichen Ziele der deutsch-französischen Initiative zur Einführung der verstärkten Zusammenarbeit war, in diesem Politikfeld neuen Handlungsspielraum zu schaffen.[73]

Die Entwürfe der niederländischen Präsidentschaft sahen die Einführung einer verstärkten Zusammenarbeit bis in die Schlussphase der Regierungskonferenz auch für den zweiten Pfeiler vor. Sie ist jedoch vom Europäischen Rat in Amsterdam in letzter Minute auf Betreiben Österreichs, Griechenlands, Irlands und dem Vereinigten Königreich wieder gestrichen worden.[74]

Die Ablehnung der Einführung verstärkter Zusammenarbeit in den zweiten Pfeiler mag den Befürwortern dieser Zusammenarbeit deswegen leichter gefallen sein, weil in den Vertrag von Amsterdam erstmals Bestimmungen über die „konstruktive Enthaltung“ eingeführt worden sind, die eine zusätzliche Option zur Effektivierung der GASP darstellen.[75]

---

[71] Lenz-Lenz, Kommentar zu dem Vertrag zur Gründung der Europäischen Gemeinschaften, in der durch den Amsterdamer Vertrag geänderten Fassung, Artikel 11 EGV, Rn. 2; Ehlermann, a.a.O., S. 371.

[72] Thun-Hohenstein, Der Vertrag von Amsterdam, S. 114.

[73] Werner Weidenfeld/Claus Giering, Die Europäische Union nach Amsterdam – Bilanz und Perspektive; in: Werner Weidenfeld (Hrsg.), Strategien für Europa, Amsterdam in der Analyse, S. 61.

[74] Geoffrey Edwards/Eric Phillipart, Flexibility and the Treaty of Amsterdam: Europe's new Byzantium?, 1997, S. 30; Ehlermann, a.a.O., S. 371.

[75] Ehlermann, a.a.O., S. 387.

Festzuhalten bleibt aber, dass es eine verstärkte Zusammenarbeit im Bereich des zweiten Pfeilers nicht im institutionellen Rahmen der Europäischen Union geben wird sondern weiterhin außerhalb dieses Rahmens.

Die zur Durchführung verstärkter Zusammenarbeit angenommenen Rechtsakte und Beschlüsse sind abgeleitetes Unionsrecht bzw. sekundäres Gemeinschaftsrecht mit eingeschränktem räumlichen Geltungsumfang, rechnen andererseits aber nicht zum acquis communautaire. Dementsprechend sind sie, solange sie nicht von allen Mitgliedstaaten akzeptiert und damit in den acquis überführt werden, nicht Teil des Besitzstandes, der von Beitrittskandidaten zu übernehmen ist.[76]

II. Grundsatzartikel

Titel VII EUV ist mit „Bestimmungen über eine verstärkte Zusammenarbeit“ überschrieben und enthält in drei Artikeln allgemeine Bedingungen und Grundsätze der Flexibilität.

Der erste Artikel, Artikel 43 EUV, enthält die Rahmenregelungen, die erst i.V.m. Artikel 11 EGV und Artikel 40 EUV Handlungsbefugnisse verleihen. Artikel 44 und Artikel 45 EUV beinhalten Grundsätze für die Beschlussfassung im Rahmen einer verstärkten Zusammenarbeit, Regelungen über die Finanzierung der Zusammenarbeit sowie die Pflicht des Rates, das Europäische Parlament regelmäßig zu unterrichten.

1. Artikel 43 EUV

a) Voraussetzungen

Nach Artikel 43 Absatz 1 EUV können Mitgliedstaaten, die eine verstärkte Zusammenarbeit beabsichtigen, hierfür die im EUV und EGV vorgesehenen Organe, Verfahren und Mechanismen in Anspruch nehmen, sofern die Zusammenarbeit:

(a), darauf ausgerichtet ist, die Ziele der Europäischen Union zu fördern und ihre Interessen zu schützen und ihnen zu dienen;

[76] Thun-Hohenstein, Der Vertrag von Amsterdam, S. 122; Calliess/Ruffert-Ruffert, a.a.O., Artikel 43 EUV, Rn. 20; Rudolf Geiger, EUV/EGV, Artikel 43 EUV, Rn. 8.

(b), die Grundsätze der genannten Verträge und den einheitlichen institutionellen Rahmen der Europäischen Union beachtet;

(c), nur als letztes Mittel herangezogen wird, wenn die Ziele der genannten Verträge mit den darin festgelegten Verfahren nicht erreicht werden konnten;
(d), mindestens die Mehrheit der Mitgliedstaaten betrifft;

(e), den Besitzstand der Gemeinschaft und die nach Maßgabe der sonstigen Bestimmungen der genannten Verträge getroffenen Maßnahmen nicht beeinträchtigt;

(f), die Zuständigkeiten, Rechte, Pflichten und Interessen der nicht an der Zusammenarbeit beteiligten Mitgliedstaaten nicht beeinträchtigt;

(g), allen Mitgliedstaaten offen steht und es ihnen gestattet, sich der Zusammenarbeit jederzeit anzuschließen, sofern sie dem Grundsatz Beschluss und den in jenem Rahmen bereits gefassten Beschlüssen nachkommen;

(h), je nach Bereich den spezifischen zusätzlichen Kriterien gemäß Artikel 11 EGV und Artikel 40 EUV genügt und vom Rat nach den darin festgelegten Verfahren genehmigt wird.

Die Vorschrift des Artikels 43 EUV enthält die allgemeinen Voraussetzungen für flexible Integration. Sie müssen gegeben sein, bevor nach den spezifischen Bestimmungen der Artikel 11 EGV und Artikel 40 EUV geprüft werden kann, ob eine verstärkte Zusammenarbeit in der ersten bzw. dritten Säule zulässig ist.[77]

Artikel 43 Absatz 1 EUV nennt insgesamt sieben Voraussetzungen:

aa) Förderung der Union
Nach Artikel 43 Absatz 1 lit. a) EUV muss die verstärkte Zusammenarbeit auf die Förderung der Ziele und Interessen der Union ausgerichtet sein. Die verstärkte Zusammenarbeit ist somit nur als Mittel zum schnelleren Voranschreiten gedacht. Sie ist kein Mechanismus, der eine Rücknahme von Integrationsfortschritten erlaubt.[78] Durch eine verstärkte Zusammenarbeit sind keine Vertragsänderungen möglich.[79]

---

77 Schwarze-Hatje, EU-Kommentar, Artikel 43 EUV, Rn. 16.
78 Ehlermann, a.a.O., S. 372.
79 Ehlermann, a.a.O., S. 372; Calliess/Ruffert-Ruffert, a.a.O., Artikel 43 EUV, Rn. 12.

bb) Bedingungen

Buchstabe b) ermöglicht den an der engeren Zusammenarbeit interessierten Mitgliedstaaten die Nutzung des institutionellen Rahmens der Europäischen Union unter der Beachtung der Grundsätze der Verträge. Die verstärkte Zusammenarbeit muss auf dem Boden des bestehenden Unions- und Gemeinschaftsrechts verbleiben.[80] Positiv ausgedrückt bedeutet dies die Befugnis, bestehende Organe zu nutzen. Andererseits wird unterstrichen, dass für eine verstärkte Zusammenarbeit keine neuen Institutionen geschaffen werden dürfen.[81]

cc) Letztes Mittel

Die verstärkte Zusammenarbeit darf nur als ultima ratio angewendet werden, wenn die Ziele der Verträge mit den darin festgelegten Mitteln nicht erreicht werden können, Artikel 43 Absatz 1 lit c) EUV.

Wann eine verstärkte Zusammenarbeit als letztes Mittel gelten kann, hängt vor allem von den Verfahren ab, die im Rahmen der jeweiligen Verträge normalerweise für die Beschlussfassung gelten.[82] Die Anwendung und Kontrolle dieser Voraussetzungen dürfte problematisch sein, da den Gemeinschaftsorganen und den betroffenen Mitgliedstaaten ein weiter Spielraum zugestanden werden muss. Diese Vorschrift zeigt die Skepsis und Zurückhaltung der Mitgliedstaaten, als es um die vertragliche Absicherung von Möglichkeiten verstärkter Zusammenarbeit ging. Eine engere Zusammenarbeit soll die Ausnahme bleiben und nicht im Rat den Druck verringern, doch noch gemeinsame Lösungen zu finden.[83]

Gemäß dem Wortlaut ist die verstärkte Zusammenarbeit als letztes Mittel anzusehen in Fällen, in denen die Abstimmungserfordernisse, die in einer bestimmten Vertragsbestimmung gefordert werden, nicht mit allen teilnehmenden Mitgliedstaaten erreicht werden können.

An diesem Punkt soll erwähnt werden, dass die Vertragsbestimmungen keine wirkliche Antwort darauf geben, wie lange der normale Ansatz verfolgt werden muss, um von einer Blockade der gemeinschaftlichen Integration sprechen zu können und damit eine verstärkte Zusammenarbeit zu erlauben. Man kann argumentieren, dass das Kriterium nicht nur auf die Blockaden im Rat abzielt, sondern auch auf andere Hindernisse im Entscheidungsprozeß.[84]

In diesem Kontext muss das Fehlen eines Kommissionsvorschlags hervorgehoben werden. Gemäß Artikel 208 EGV kann der Rat die Kommission auffordern,

---

80 Calliess/Ruffert-Ruffert, a.a.O., Artikel 43 EUV, Rn. 13.

81 Ehlermann, a.a.O., S. 373.

82 Calliess/Ruffert-Ruffert, a.a.O., Artikel 43 EUV, Rn. 14.

83 Schwarze-Hatje, a.a.O., Artikel 43 EUV, Rn. 19.

84 Wolfgang Wessels, Verstärkte Zusammenarbeit: Eine neue Variante flexibler Integration; in: Mathias Jopp/Andreas Maurer/Otto Schmuck (Hrsg.), Die Europäische Union nach Amsterdam – Analysen und Stellungnahmen zum neuen EU-Vertrag, S. 201, 202.

einen geeigneten Vorschlag für eine gemeinsame Maßnahme zu unterbreiten, wobei die entsprechende Ratsentscheidung mit einfacher Mehrheit zu treffen ist.[85] Mitgliedstaaten, die eine verstärkte Zusammenarbeit zu begründen wünschen, werden einen ernstzunehmenden Versuch machen müssen, die Möglichkeiten in Artikel 208 EGV auszunutzen. Dies ist die Vorbedingung, um in der Lage zu sein, verstärkte Zusammenarbeit nur als letztes Mittel zu nutzen. In all den Fällen, in denen der Rat keine Übereinstimmung in der Anforderung eines Vorschlags gemäß Artikel 208 EGV erzielen kann, wäre eine verstärkte Zusammenarbeit als letztes Mittel anzusehen.

Im Hinblick auf das oben gesagte kann man schließen, dass jede Auslegung der Bedingung, die nicht alleine auf die Entscheidungsfindung im Rat ausgerichtet ist, sondern auf den gesamten Entscheidungsprozeß, den Integrationsprozess fördern kann, indem sie den Institutionen Anreize gibt, zu handeln. Im Gegensatz dazu würde eine limitierte Interpretation von Artikel 43 Absatz 1 lit. c) EUV, die sich nur auf den Rat allein bezieht, den Gegnern einer verstärkten Zusammenarbeit eine größere Variation an Möglichkeiten geben, eine engere Zusammenarbeit zu verhindern.

Zusammenfassend lässt sich sagen, dass nichts im Vertrag darauf hindeutet, dass eine enge Interpretation der besagten Kriterien angewandt werden soll. Im Gegenteil, Artikel 43 Absatz 1 lit. c) EUV bezieht sich auf „Verfahren“, die in den Verträgen niedergelegt sind und nicht auf die Entscheidungsfindung des Rats allein. Somit werden grundsätzlich alle Blockaden des Entscheidungsprozesses einen Grund für die Annahme der Erfüllung der in Frage stehenden Voraussetzungen geben.

Der EuGH ist im Hinblick auf Titel VII EUV unter den in Artikel 11 EGV und Artikel 40 EUV festgelegten Voraussetzungen zuständig.[86] Daher könnten zukünftige Gerichtsentscheidungen des EuGH aufklären, wie die Kriterien der Begründung der verstärkten Zusammenarbeit in Artikel 43 Absatz 1 EUV, Artikel 40 Absatz 1 EUV und Artikel 11 EGV zu interpretieren sind.

Ehlermann wirft noch weitere Fragen auf, die im Zweifel nur der EuGH abschließend beantworten kann, da sie im Vertrag nicht geregelt sind und teilweise auch politischer Natur sind:
Nach welchen Kriterien ist zu entscheiden, dass die Ziele der Verträge mit den festgelegten einschlägigen Verfahren nicht erreicht werden konnten? In welchem Zeitraum muss der Rat zu eine Entscheidung kommen? Wie ist der Fall zu behandeln, in dem eine Einigung zwar möglich ist, aber nur auf einem Niveau,

[85] Siehe Artikel 208 EGV.
[86] Artikel 46 lit. c) EUV.

das den zur engeren Zusammenarbeit bereiten Mitgliedstaaten nicht ausreicht? Und wie ist eine Situation zu beurteilen, in der einige Mitgliedstaaten (finanzielle) Forderungen stellen, welche die an engerer Zusammenarbeit interessierten Mitgliedstaaten nicht zu erfüllen bereit sind?[87]

dd) Beteiligung der Mehrheit
Nach Buchstabe d) setzt die verstärkte Zusammenarbeit voraus, dass sich eine Mehrheit von Mitgliedstaaten (derzeit 8 von 15) an ihr beteiligt. Dies ist vor dem Hintergrund zu sehen, dass die verstärkte Zusammenarbeit eine „kritische Masse" an Mitgliedstaaten vereinen soll, die als Träger des Integrationsfortschritts genügend Durchschlagskraft besitzen. Die Voraussetzung soll verhindern, dass innerhalb der Union verschiedene Gruppen von Staaten auftreten, die in einem identischen Bereich eine verstärkte Zusammenarbeit mit unterschiedlichen Zielen gründen wollen.

Dabei ist es egal, ob es sich um kleine oder große Mitgliedstaaten handelt. Es gilt das Prinzip der souveränen Gleichheit der Staaten. Allerdings kann es für einen Ermächtigungsbeschluss gemäß Artikel 11 Absatz 2 EGV und Artikel 40 Absatz 2 EUV eine Rolle spielen, über welche Stimmenzahl die Beteiligten verfügen.[88]

Vorstellungen einzelner Mitgliedstaaten, wonach auch wesentlich weniger Mitgliedstaaten die Möglichkeit von Flexibilität im Rahmen der Verträge eingeräumt werden sollte, konnten sich somit nicht durchsetzen.[89]

ee) Unantastbarkeit des Besitzstandes
Die verstärkte Zusammenarbeit darf den „Besitzstand der Gemeinschaft und die nach Maßgabe der sonstigen Bestimmungen der Verträge getroffenen Maßnahmen" nicht beeinträchtigen, Artikel 43 Absatz 1 lit. e) EUV. Durch diese Bedingung wird das in Artikel 43 Absatz 1 lit. a) EUV formulierte Ziel konkretisiert, die Ziele der Union zu fördern, nicht aber den erreichten Stand wieder zurückzuführen.[90]

Geschützt ist die Gesamtheit aller geschriebenen und ungeschriebenen Rechtsnormen, welche die Gemeinschaftsrechtsordnung bilden sowie die Maßnahmen, die im Bereich der zweiten Säule bereits getroffen wurden. Es ist den Mitgliedstaaten im Rahmen der verstärkten Zusammenarbeit untersagt, den acquis com-

---

[87] Ehlermann, a.a.O., S. 373
[88] Calliess/Ruffert-Ruffert, a.a.O., Artikel 43 EUV, Rn. 15.
[89] Thun-Hohenstein, Der Vertrag von Amsterdam, S. 116.
[90] Ehlermann, a.a.O., S. 373.

munautaire und die sonstigen Maßnahmen durch abweichende Regelungen anzutasten.[91]
Diese Vorschrift ist von besonderer Bedeutung und wird daher auch in den Spezialvorschriften der Artikel 11 EGV und Artikel 40 EUV präzisiert.

ff) Wahrung der Befugnisse und Interessen der Nichtbeteiligten
Nach Buchstabe f) dürfen die „Zuständigkeiten, Rechte, Pflichten und Interessen der nicht an der Zusammenarbeit beteiligten Staaten nicht [von an verstärkter Zusammenarbeit beteiligten Mitgliedstaaten] beeinträchtigt" werden. Er konkretisiert Artikel 10 Absatz 2 Satz 2 EGV und weitet diese Prinzipien auf die neue Situation engerer Zusammenarbeit innerhalb des institutionellen Rahmens der Union aus für die es in der Währungsunion bereits ein Vorbild gibt. Spiegelbildlich stehen, wie Artikel 43 Absatz 2 EUV ergänzt, die nicht beteiligten Staaten nicht im Wege. Diese Regelung ist Ausdruck des fundamentalen Grundsatzes der Loyalität zwischen den Mitgliedstaaten, der auch nicht durch eine verstärkte Zusammenarbeit aufgehoben wird.[92]

Diese Vorschrift erlegt den beteiligten Mitgliedstaaten die Pflicht auf, die Arbeit der an verstärkter Zusammenarbeit beteiligten Mitgliedstaaten nicht zu behindern. Jeder Mitgliedstaat hat die Möglichkeit, ein Veto gegen die Begründung einer verstärkten Zusammenarbeit einzulegen. Ist die verstärkte Zusammenarbeit jedoch einmal begründet, dann besteht die Pflicht zur Loyalität.

gg) Offenheit der verstärkten Zusammenarbeit
Buchstabe g) legt das Prinzip der Offenheit fest. Jeder Mitgliedstaat hat das Recht, sich der Zusammenarbeit jederzeit anzuschließen, wenn er dem Ermächtigungsbeschluss und den bereits gefassten Beschlüssen nachkommen kann. Die schon beteiligten Mitgliedstaaten können ihn nicht an einer Teilnahme hindern.

Insoweit Artikel 43 Absatz 1 lit. g) EUV nur von Beschlüssen spricht, handelt es sich um ein Redaktionsversehen, da Artikel 43 Absatz 2 EUV ausdrücklich „Rechtsakte und Beschlüsse" erwähnt und sich Buchstabe g) auf den gesamten Besitzstand der betreffenden verstärkten Zusammenarbeit beziehen soll.[93]
Dieses Prinzip der Offenheit ist grundlegend für die verstärkte Zusammenarbeit.[94] Es stellt sicher, dass sich die enger kooperierenden Staaten von den übrigen Mitgliedern nicht aus eigenem Willen absondern können. Außerdem wird der Bildung geographisch und politisch fest umrissener Kerne im Rahmen der

91 Calliess/Ruffert-Ruffert, a.a.O., Artikel 43 EUV, Rn. 16.
92 Ehlermann, a.a.O., S. 373; Calliess/Ruffert-Ruffert, a.a.O., Artikel 43 EUV, Rn. 17.
93 Thun-Hohenstein, Der Vertrag von Amsterdam, S. 115.
94 Alexander Stubb, The 1996 Intergovernmental Conference and the management of flexible integration, S. 48.

Europäischen Union vorgebeugt.[95] Der grundsätzlich vorübergehende Charakter der verstärkten Zusammenarbeit im Sinne des Konzepts der abgestuften Integration soll dadurch zum Ausdruck kommen. Artikel 40 Absatz 3 EUV präzisiert diese Offenheit für die dritte Säule und Artikel 11 Absatz 3 EGV für die erste Säule.

hh) Verweisungsklausel

Nach Buchstabe h) müssen für die Zulässigkeit einer konkreten verstärkten Zusammenarbeit über die genannten Bedingungen hinaus die spezifischen Kriterien erfüllt werden, die in Artikel 40 EUV und Artikel 11 EGV genannt sind. Die Verweisung verdeutlicht die Funktion des Artikel 43 EUV als Grundsatzregelung, die für sich genommen zu keiner verstärkten Zusammenarbeit ermächtigt, sondern einer Konkretisierung durch spezielle Vorschriften bedarf.[96]

Die meisten der in Artikel 43 Absatz 1 EUV aufgeführten allgemeinen Bedingungen sind nicht eindeutig und bedürfen daher einer einheitlichen Auslegung. Dazu wurden die Artikel 43 und 44 EUV in Artikel 46 EUV ausdrücklich der Zuständigkeit des EuGH unterstellt. In Artikel 46 lit. c) EUV ist festgelegt, dass die Regelungen der drei Gemeinschaftsgründungsverträge betreffend die Zuständigkeit des EuGH und die Ausübung dieser Zuständigkeit für „die Bestimmungen des Titels VII EUV nach Maßgabe des Artikels 11 EGV und des Artikels 40 EUV“ gelten. Beide Artikel lassen eine Ermächtigung zu engerer Zusammenarbeit nur „vorbehaltlich der Artikel 43 und 44 EUV“ zu. Dies ist so auszulegen, dass sowohl die für die Prüfung der Zulässigkeit verstärkter Zusammenarbeit relevanten Kriterien des Artikels 43 Absatz 1 EUV gemeint sind, da sonst die Anführung von Artikel 44 EUV sinnlos wäre, als auch sonstigen Rahmenbedingungen und Grundsätze für verstärkte Zusammenarbeit. Dazu zählen insbesondere die Pflichten nach Artikel 43 Absatz 2 EUV und die in Artikel 44 Absatz 2 EUV geregelte Kostentragung. Dem EuGH wird damit bei seiner „Flexibilitätskontrolle“ eine Bewertung der allgemeinen und besonderen Voraussetzungen ermöglicht.[97]

b) Rechtswirkungen der Beschlüsse

aa) Bindungswirkung

Artikel 43 Absatz 2 S. 1 EUV verpflichtet die Mitgliedstaaten, soweit sie betroffen sind, zur Anwendung und Durchführung der Rechtsakte und Beschlüsse, die „für die Durchführung der verstärkten Zusammenarbeit“ angenommen wurden.

---

95 Schwarze-Hatje, a.a.O., Artikel 43 EUV, Rn. 23.
96 Calliess/Ruffert-Ruffert, a.a.O., Artikel 43 EUV, Rn. 19.
97 Thun-Hohenstein, Der Vertrag von Amsterdam, S. 116.

Diese Bestimmung hat nur klarstellende Funktion. Es ist jedem Mitgliedstaat freigestellt, sich an einer verstärkten Zusammenarbeit zu beteiligen. Hat er sich jedoch zu einer Teilnahme entschlossen, so ist er verpflichtet, die Maßnahmen im Rahmen der verstärkten Zusammenarbeit mitzutragen. Er kann dann kein partielles „opting-out" für sich beanspruchen.[98] Die Einhaltung dieser Verpflichtung ist vor dem EuGH nach den einschlägigen Bestimmungen des EGV bzw. der dritten Säule überprüfbar.

Artikel 43 Absatz 2 S. 1 EUV bestimmt implizit auch, dass Maßnahmen differenzierter Integration nur die daran beteiligten Mitgliedstaaten binden.[99] An dieser Zusammenarbeit nicht beteiligten Mitgliedstaaten ist es untersagt, der Durchführung der Zusammenarbeit im Wege zu stehen, Artikel 43 Absatz 2 S. 2 EUV. Dies erweitert das in Artikel 10 EGV zum Ausdruck kommende Gebot der Mitgliedstaaten zur Loyalität in den wechselseitigen Beziehungen.[100] Die Einhaltung dieses Obstruktionsverbots kann vor dem EuGH gemäß Artikel 46 EUV überprüft werden.[101]

bb) Konsequenzen für völkerrechtliche Handlungsfähigkeit

Sind die Voraussetzungen in der Aufzählung des Artikels 43 Absatz 1 EUV erfüllt, so sind die Mitgliedstaaten, die verstärkt zusammenzuarbeiten beabsichtigen, ermächtigt, dies innerhalb der Organe von Union und Gemeinschaft und nach den im EUV und EGV vorgesehenen Verfahren zu tun.

Da der Amsterdamer Vertrag Regelungen für eine verstärkte Zusammenarbeit innerhalb des Vertragsrahmens vorsieht, ist es fraglich, ob eine Zusammenarbeit außerhalb des Unionsrahmens in Bereichen, die vom Konzept der verstärkten Kooperation erfasst sind, zulässig ist.[102]

Artikel K.7 EUV a.F. erlaubte Zusammenarbeit außerhalb des Rahmens der Union soweit diese Kooperation der nach Titel VI a.F. EUV vorgesehenen Zusammenarbeit nicht zuwiderlief und diese nicht behinderte. Dieser Artikel über freie Kooperation wurde aufgehoben. Dadurch erscheint in diesem Bereich jeder andere Weg der Zusammenarbeit unter den Mitgliedstaaten verboten. Auch die neuen Voraussetzungen zur qualifizierten Enthaltung in der GASP, deren Nutzung dort das Feld denkbarer „freier Kooperation" ebenfalls deutlich verengt, scheinen dies zu implizieren.[103]

---

[98] Schwarze-Hatje, a.a.O., Artikel 43 EUV, Rn. 27.

[99] Callies/Ruffert-Ruffert, a.a.O., Artikel 43 EUV, Rn. 21.

[100] Siehe dazu auch Artikel 43 Absatz 1 lit. f) EUV, II., 1. a) ff).

[101] Thun-Hohenstein, Der Vertrag von Amsterdam, S. 117.

[102] Stefan Griller/Dimitri P. Droutsas/Gerda Falkner/Katrin Forgó/Michael Nentwich, The Treaty of Amsterdam, Facts, Analysis, Prospects, S. 233.

[103] Christian Deubner, Verstärkte Zusammenarbeit im System der Europäischen Union, S. 57.

Die Abschaffung des Artikels K.7 und die Beibehaltung der Möglichkeit zur freien verstärkten Zusammenarbeit im sicherheitspolitischen Feld der GASP (Artikel 17 Absatz 4 EUV) lassen einen restriktiven Schluss für die Zulässigkeit freier verstärkter Zusammenarbeit außerhalb des Vertrages zu: Sie wäre danach nur noch in den Bereichen erlaubt, die der Vertrag durch ausdrückliche Regelungen vorgibt.[104]

Es gibt jedoch gute Argumente gegen solche Überlegungen. Insbesondere der Wortlaut von Artikel 40 Absatz 1 EUV und anderen relevanten Vorschriften ermöglicht folgende Schlussfolgerung:
Erstens, die Bezeichnung „verstärkte Zusammenarbeit" bleibt im Vertrag undefiniert. Zweitens, die Aufgabe von Artikel 40 Absatz 1 EUV, Artikel 43 EUV und Artikel 11 EGV ist, zu regulieren, unter welchen Voraussetzungen verstärkte Zusammenarbeit den institutionellen Rahmen nutzen kann, ohne die Interpretation des Begriffs „verstärkte Zusammenarbeit" zu limitieren. Drittens, Mitgliedstaaten, die beabsichtigen eine „verstärkte Zusammenarbeit" zu begründen „müssen" nicht, sondern „können" den institutionellen Rahmen nutzen, sofern gewisse Kriterien erfüllt sind.[105]

Daher ist in Artikel 40 Absatz 1 EUV eher eine Erlaubnis erteilt als eine Verpflichtung auferlegt worden. Auch unter politischen Gesichtspunkten wäre es überraschend, wenn die Mitgliedstaaten übereingekommen wären, dass eine Zusammenarbeit außerhalb der Union illegal wäre, wenn man den beträchtlichen Verlust an Souveränität sieht.[106]

Zusammenarbeit außerhalb des Rechtsrahmens der Union wird auch in Gebieten zulässig sein, die vom neuen Mechanismus in Artikel 40 und Artikel 43 EUV und Artikel 11 EGV abgedeckt sind, falls dadurch keine Pflichten verletzt werden, die sich aus den Verträgen ergeben.[107]

Von daher wird die Union weiterhin Gruppen von Mitgliedstaaten haben, die eine Form von enger Zusammenarbeit auf intergouvernementaler Ebene suchen werden. Der Vertrag von Amsterdam erlaubt nur den Willigen den institutio-

---

[104] Deubner, Verstärkte Zusammenarbeit im System der Europäischen Union, S. 57.
[105] Siehe Artikel 40 Absatz 1 EUV.
[106] Griller/Droutsas/Falkner/Forgó/Nentwich, a.a.O., S. 233 f.
[107] Calliess/Ruffert-Ruffert, a.a.O., Artikel 43 EUV, Rn. 20; Schwarze-Hatje, a.a.O., Artikel 43 EUV, Rn. 28; so auch Ehlermann, a.a.O., S. 372; dagegen Vlad Constantinesco, Les clauses de „coopération renforceé" - Le protocol sur l'application des principes de subsidiarité et de proportionalité, R.T.D.E. 33, S. 47.

nellen Rahmen zu nutzen, wird aber nicht notwendigerweise eine Zusammenarbeit außerhalb des Vertrages verschwinden lassen.[108]

2. Artikel 44 EUV

a) Einführung

Artikel 44 EUV behandelt, abgesehen von der Frage der Parlamentsbeteiligung, die institutionelle Verwirklichung verstärkter Zusammenarbeit. Er regelt die Festlegung der Zuständigkeit und des Verfahrens, die Abgrenzung der mitgliedstaatlichen Beteiligungsrechte im Rat und die Finanzierung der zur Durchführung der verstärkten Zusammenarbeit beschlossenen Maßnahmen.

Die Regelungen der verstärkten Zusammenarbeit im Amsterdamer Vertrag bestimmen die Einbindung der an verstärkter Zusammenarbeit beteiligten Mitgliedstaaten in den institutionellen Rahmen von Union und Gemeinschaft. Entsprechend gelten für die erforderlichen Rechtsakte und Beschlüsse die einschlägigen institutionellen Normen von EUV und EGV.[109]

b) Institutionelle Grundsätze

Artikel 44 Absatz 1 S. 1 EUV legt die institutionellen Grundsätze für eine verstärkte Zusammenarbeit fest und verweist für die Einzelheiten auf die Spezialvorschriften der einzelnen Pfeiler.

Er stellt klar, dass nach der prinzipiellen Entscheidung über den Eintritt in die verstärkte Zusammenarbeit nach Maßgabe des Auslösemechanismus „für die Annahme der Rechtsakte und Beschlüsse, die für die Durchführung der Zusammenarbeit nach Artikel 43 [EUV] erforderlich sind, [...] die einschlägigen institutionellen Bestimmungen [der Verträge]“ gelten.

Diese Verweisung konkretisiert die Pflicht der verstärkt zusammenarbeitenden Mitgliedstaaten, den einheitlichen institutionellen Rahmen zu wahren (vgl. Artikel 43 Absatz 1 lit. b) EUV).[110] Die Festlegung abweichender institutioneller Modalitäten für verstärkte Zusammenarbeit wäre unzulässig. Die Beachtung der Grundsätze des Artikels 44 Absatz 1 EUV ist, wie Artikel 46 EUV klarstellt, vor dem EuGH überprüfbar.

---

[108] Griller/Droutsas/Falkner/Forgó/Nentwich, a.a.O., S. 233 f.; Edwards/Phillipart, a.a.O., S. 14.

[109] Calliess/Ruffert-Ruffert, a.a.O., Artikel 44 EUV, Rn. 2.

[110] Schwarze-Hatje, a.a.O., Artikel 43 EUV, Rn. 2.

c) Beteiligungsrecht der Mitgliedstaaten

Artikel 44 Absatz 1 S. 2 EUV enthält darüber hinaus die aus den Vorschriften über die Währungsunion bekannte Ausnahmeregelung, dass bei einer verstärkten Zusammenarbeit zwar „alle Mitglieder des Rates [...] an den Beratungen teilnehmen [können], jedoch [...] nur die Vertreter der an der Zusammenarbeit beteiligten Mitgliedstaaten an der Beschlussfassung teil [nehmen]."

Diese Regelung ist Artikel 122 Absatz 5 EGV nachempfunden, der den Ausschluss des Stimmrechts für die Mitgliedstaaten vorsieht, die sich nicht an der dritten Stufe der Währungsunion beteiligen. Die Ausnahmevorschriften im Sozialbereich sahen hingegen nicht einmal die Beteiligung Großbritanniens an den Sitzungen des Rates vor. Ein vollkommener Ausschluss der nicht teilnehmenden Staaten wäre im Hinblick auf ihre mögliche spätere Beteiligung wenig sinnvoll. Vielmehr geht es um eine frühestmögliche Einbindung der nicht beteiligten Staaten in die Beratungen. Dies stellt klar, dass es sich nur um ein vorübergehend unterschiedliches Integrationstempo handeln soll - das Ziel ist nach wie vor ein gemeinsames Vorgehen.[111]

d) Qualifizierte Mehrheit

Artikel 44 Absatz 1 S. 3 und 4 EUV präzisieren: „Als qualifizierte Mehrheit gilt derselbe Anteil der gewogenen Stimmen der betreffenden Mitglieder des Rates, der in Artikel 205 Absatz 2 des [EG-Vertrages] festgelegt ist.[112] Die Einstimmigkeit bezieht sich allein auf die betroffenen Mitglieder des Rates". Auch dies entspricht dem Vorbild der Vorschriften über die Währungsunion, Artikel 122 Absatz 5 EGV.[113]

Artikel 44 EUV enthält nur eine Sonderregelungen für die Beschlussfassung im Rat, nicht aber für die übrigen Organe. Die Mitwirkungsrechte dieser Staaten bzw. der von ihnen benannten Organwalter in den übrigen Gemeinschaftsinstitutionen bleiben daher bestehen. Der Gerichtshof, das Gericht erster Instanz, das Parlament sowie der Rechnungshof beschließen somit in ihrer vertragsgemäßen Zusammensetzung.[114]

Das ist für Kommission und Gericht naheliegend, weil sie keine Staatenvertretung sind. Für das Europäische Parlament ist eine Abstimmung des gesamten Plenums umstritten, da es die Vertretung der jeweiligen Völker der Mitgliedstaaten ist.

---

[111] Schwarze-Hatje, a.a.O., Artikel 43 EUV, Rn. 3.
[112] Das sind 71,264368 % der Stimmen (62x100:87).
[113] Ehlermann, a.a.O., S. 374.
[114] Geiger, a.a.O., Artikel 44 EUV, Rn. 2.

Abgeordnete der Länder mitwirken zu lassen, die an der verstärkten Zusammenarbeit nicht beteiligt sind, erscheint inkonsequent.[115] Es kann die Situation entstehen, dass die Mehrheit der abstimmenden Abgeordneten aus Mitgliedstaaten kommt, die nicht an der verstärkten Zusammenarbeit teilnehmen. Damit würde die Mehrheit über etwas entscheiden, was ihre Herkunftsstaaten gar nicht betrifft. Dies könnte zu negativen Auswirkungen auf die demokratische Legitimation des Verfahrens führen.[116]

Andererseits repräsentiert das Parlament auch eine im Werden befindliche politische Einheit, deren interne Differenzierung weniger von der Volkszugehörigkeit als von politischen Kriterien abhängt.[117] Letztere Ansicht wird von *Ruffert* geteilt, der der Meinung ist, dass das Europäische Parlament als eigenständiges, supranationales Repräsentativorgan der Völker und Mitgliedstaaten (Artikel 189 EGV) anzusehen sei und dass es als solches geschlossen zu beteiligen sei. Die eigentliche Repräsentation der Mitgliedstaaten und ihrer Regierungen finde im Rat statt, so dass nur dort eine differenzierte Beteiligung gerechtfertigt erscheine.[118]

Durch das Europaparlament werden die Staatsvölker der Gemeinschaft auf europäischer Ebene repräsentiert. Damit wurde die Möglichkeit geschaffen, hoheitliches Handeln der Gemeinschaft besser zu legitimieren. Eine Legitimation durch das gesamte Europäische Parlament ist auch für die verstärkte Zusammenarbeit erforderlich.

Alle Bürger werden von den Beschlüssen betroffen sein, die im Rahmen einer verstärkten Zusammenarbeit gefaßt werden. Daher müssen auch alle Europaabgeordneten die Möglichkeit haben, Einfluß auf die Beschlussfassung zu nehmen.[119]

e) Finanzierung

Die Finanzierung der sich aus der Durchführung der Zusammenarbeit ergebenden Ausgaben richtet sich nach Artikel 44 Absatz 2 EUV. Er etabliert das Prinzip der Kostentragung durch die beteiligten Mitgliedstaaten: „Die sich aus der Durchführung der Zusammenarbeit ergebenden Ausgaben, mit Ausnahme der

---

[115] Ehlermann, a.a.O., S. 374.

[116] Griller/Doutras/Falkner/Forgó/Nentwich, a.a.O., S. 232.

[117] Zur Repräsentation einer politischen Einheit durch das Europäische Parlament: Hans-Joachim Seeler, Die Legitimation des hoheitlichen Handelns der Europäischen Gemeinschaft/Europäischen Union, EuR 1998, Heft 6, insb. S. 726 ff.; Schwarze-Hatje, a.a.O., Artikel 43 EUV, Rn. 24.

[118] Calliess/Ruffert-Ruffert, a.a.O., Artikel 44 EUV, Rn. 3.

[119] José M. Gil-Robles, Die Flexibilität, ein Mechanismus für eine verstärkte Integration, S. 353.

Verwaltungskosten der Organe, werden von den beteiligten Mitgliedstaaten finanziert, sofern der Rat nicht einstimmig etwas anderes beschließt." Die Vorschrift unterscheidet zwischen Verwaltungsausgaben und operativen Ausgaben. Das Problem der Finanzierung löst Artikel 44 Absatz 2 EUV also dahin auf, dass – vorbehaltlich einer Übertragung auf den Gemeinschaftshaushalt durch einstimmigen Ratsbeschluss – nur die an der verstärkten Zusammenarbeit beteiligten Mitgliedstaaten die Projekte finanzieren.[120]

Die Verwaltungsausgaben werden von allen Mitgliedstaaten nach Maßgabe des gemeinschaftlichen Haushaltsrechts finanziert. Sie sind gemäß Artikel 268 Absatz 2 EGV Teil des Gesamthaushalts der Gemeinschaft.

Nach dieser Regelung bleibt es jedoch unklar, ob die operativen Ausgaben im Gesamthaushalt der Europäischen Union gemäß Artikel 268 ff. EGV zu veranschlagen sind oder getrennt davon finanziert werden müssen. Nach den einschlägigen Vorschriften des Haushaltsrechts ist danach zu unterscheiden, in welcher Säule die verstärkte Zusammenarbeit durchgeführt wird. Erfolgt die verstärkte Zusammenarbeit auf der Grundlage des EG-Vertrages, sind die Kosten als Ausgaben der Gemeinschaft gemäß Artikel 268 Absatz 1 EGV anzusehen und werden grundsätzlich dem Haushalt angelastet. Für die Ausgaben, die im Rahmen der Zusammenarbeit nach Artikel 40 EUV notwendig sind, gilt Artikel 268 Absatz 2 S. 2 EGV, wonach operative Ausgaben dieses Bereichs in den Haushalt eingestellt werden können. Der Rat kann aber durch einstimmigen Beschluss auch eine andere Art der Finanzierung beschließen, Artikel 44 Absatz 1 a.E. EUV. Für die Beschaffung der Einnahmen müssen in jedem Fall gesonderte Bestimmungen festgelegt werden, um die zusätzlichen Ausgaben von den Teilnehmern der verstärkten Zusammenarbeit einfordern zu können.[121]

Auch die Frage der Einhaltung von Artikel 44 Absatz 2 EUV kann gemäß Artikel 46 EUV, durch den EuGH überprüft werden.[122]

3. Artikel 45 EUV

Artikel 45 EUV schreibt darüber hinaus die regelmäßige Unterrichtung des Europäischen Parlaments durch Rat und Kommission über die Entwicklung der durch Titel VII EUV begründeten verstärkten Zusammenarbeit vor. Dies gilt unabhängig von den in den Spezialvorschriften der dritten Säule und des EGV verankerten Mitwirkungsrechten des Europäischen Parlaments bezüglich der

---

[120] Calliess/Ruffert-Ruffert, a.a.O., Artikel 44 EUV, Rn. 4.
[121] Schwarze-Hatje, a.a.O., Artikel 44 EUV, Rn. 6.
[122] Thun-Hohenstein, Der Vertrag von Amsterdam, S. 118.

Rechtsakte und Beschlüsse zur Durchführung verstärkter Zusammenarbeit.[123] Die regelmäßige Unterrichtung des Parlaments durch Rat und Kommission dient der politischen Kontrolle der verstärkten Zusammenarbeit.

Diese regelmäßige Unterrichtung ist vermutlich als Ausgleich für die schwache Stellung des Parlaments im Mechanismus zur Auslösung der engeren Zusammenarbeit gedacht.[124] Da das Europäische Parlament jedoch von den Informationen nur Kenntnis nehmen kann ohne Einfluß nehmen zu können, ist die Unterrichtung kein wirksamer Ausgleich im Verfahren der Begründung einer verstärkten Zusammenarbeit.

III. Spezialvorschrift in der ersten Säule

1. Einführung

Artikel 11 EGV enthält im ersten Pfeiler im Rahmen des größer angelegten Konzepts bestehend aus Titel VII EUV und Artikel 40 EUV die besondere Ermächtigungsklausel für eine verstärkte Zusammenarbeit in der ersten Säule. Er stellt eine Reihe von Bedingungen auf, die erfüllt sein müssen, um eine engere Zusammenarbeit zu begründen.

Bemerkenswert an dieser Aufzählung ist ihre negative Formulierung. Artikel 11 EGV zählt nicht auf, in welchen Bereichen engere Zusammenarbeit zulässig ist sondern definiert, welche Bereiche der Zusammenarbeit versperrt sind und welche Grundsätze bei der verstärkten Zusammenarbeit eingehalten werden müssen.[125]

Dieser defensive Ansatz spiegelt die allgemeine Ansicht wieder, dass sich innerhalb des ersten Pfeilers am wenigsten Gelegenheit zur verstärkten Zusammenarbeit bietet, da eine solche Zusammenarbeit das hohe Maß an Integration in der ersten Säule nicht gefährden darf. Artikel 11 EGV entspricht dieser Meinung mit streng formulierten Voraussetzungen einerseits und erleichterten Möglichkeiten des Beitritts zur verstärkten Zusammenarbeit andererseits.[126]

---

[123] Geiger, a.a.O., Artikel 45 EUV, Rn. 1; Calliess/Ruffert-Ruffert, a.a.O., Artikel 45 EUV.
[124] Gil-Robles, a.a.O., S. 353; Schwarze-Hatje, a.a.O., Artikel 45 EUV; Ehlermann, a.a.O., S. 375.
[125] Ehlermann, a.a.O., S. 376.; Lenz-Lenz, a.a.O., Artikel 11 EGV, Rn. 13; Schwarze-Hatje, a.a.O. Artikel 11 EGV, Rn. 5.
[126] Calliess/Ruffert-Ruffert, a.a.O., Artikel 11 EGV, Rn. 1.

Die verstärkte Zusammenarbeit im Rahmen des EG-Vertrages ist durch besondere Verfahrensvorschriften sowie durch eine gesonderte Rechtsetzung gekennzeichnet. Dies bedeutet insbesondere, dass die Initiativbefugnis grundsätzlich bei der Kommission liegt. Sie kann auf diesem Wege den weiteren Fortgang der verstärkten Zusammenarbeit maßgeblich beeinflussen.

2. Voraussetzungen

Gemäß Absatz 1 können Mitgliedstaaten, die eine verstärkte Zusammenarbeit beabsichtigen, vorbehaltlich der Artikel 43 und 44 EUV ermächtigt werden, die im EGV vorgesehenen Organe, Verfahren und Mechanismen in Anspruch zu nehmen, sofern die beabsichtigte Zusammenarbeit:

a) keine in die ausschließliche Zuständigkeit der Gemeinschaft fallenden Bereiche betrifft;

b) die Gemeinschaftspolitiken, -aktionen oder –programme nicht beeinträchtigt;

c) nicht die Unionsbürgerschaft betrifft und auch keine Diskriminierung zwischen Staatsangehörigen der Mitgliedstaaten bedeutet;

d) die der Gemeinschaft durch den EGV zugewiesenen Befugnisse nicht überschreitet; und

e) keine Diskriminierung oder Beschränkung des Handels zwischen den Mitgliedstaaten darstellt und die Wettbewerbsbedingungen zwischen den Mitgliedstaaten nicht verzerrt.

Diese Bedingungen gelten zusätzlich zu den in Artikel 43 Absatz 1 EUV genannten Voraussetzungen. Sie ergänzen vor allem die Durchführung der verstärkten Zusammenarbeit um Regelungen über den Einstieg in diese Zusammenarbeit. Die in Artikel 11 EGV genannten besonderen Bedingungen umfassen insbesondere den Binnenmarkt und die begleitenden Politiken, zu denen der wirtschaftliche und soziale Zusammenhalt gehören.

(a) Bereiche der Zusammenarbeit
Nach Buchstabe a) ist eine verstärkte Zusammenarbeit in den Bereichen nicht möglich, in denen die Gemeinschaft ausschließlich zuständig ist. Dies bedeutet, dass eine Zusammenarbeit nur auf Gebieten mit konkurrierender Kompetenz erlaubt ist.[127]

---

[127] Lenz-Lenz, a.a.O., Artikel 11 EGV, Rn. 15.

Der Begriff der ausschließlichen Zuständigkeit wird auch in Artikel 5 Absatz 2 EGV verwandt. Er wird dort jedoch ebenfalls nicht definiert. Eine ausschließliche Zuständigkeit ist durch eine Verpflichtung der Gemeinschaft gekennzeichnet, als zuständige Instanz bei der Wahrnehmung bestimmter Aufgaben tätig zu werden. Die einzelnen Mitgliedstaaten müssen allein aufgrund der Existenz der gemeinschaftlichen Zuständigkeit jegliche Maßnahmen unterlassen,[128] ein gemeinsames Handeln aller Mitgliedstaaten ist zwingend geboten.[129]

Ausgeschlossen ist die verstärkte Zusammenarbeit auch bei ausschließlicher Zuständigkeit, die der Gemeinschaft durch die Ausübung primärrechtlich eingeräumter Befugnisse erwachsen ist.[130]

Beispiele für eine ausschließlich Kompetenz sind weite Bereiche der Handelspolitik[131], auch aus der Verpflichtung zur Errichtung des Binnenmarkts wird eine ausschließliche Kompetenz gefolgert.[132] Daher ist eine Anwendung der verstärkten Zusammenarbeit im ersten Pfeiler beschränkt auf Bereiche, die nicht im Zentrum des Integrationsprozesses stehen.

Es bleiben insbesondere die in den Titeln XII – XVI des dritten Teils des EGV „die Politiken der Gemeinschaft" geregelten Bereiche der Kultur, der Gesundheit, des Verbraucherschutzes, der Transeuropäischen Netze sowie der Industrie.

Eine Zusammenarbeit auf dem Sektor der Wirtschaft ist kaum denkbar, da solche Tätigkeit immer Gemeinschaftspolitiken berühren, wenn nicht sogar den Wettbewerb verzerren würde, was gegen Artikel 11 Absatz 1 lit. e) EGV verstieße.

(b) Besitzstand der Gemeinschaft

Buchstabe b) hat einen engen Bezug zu der in Artikel 43 Absatz 1 lit. e) EUV festgelegten Bedingung, wonach die beabsichtigte Zusammenarbeit den Besitzstand der Gemeinschaft nicht beeinträchtigen darf. Er konkretisiert auch den acquis communautaires sowie Artikel 10 EGV. Die Voraussetzungen sind erfüllt, wenn sich die beabsichtigte Zusammenarbeit nach objektiver Einschätzung auf

---

[128] Lenz-Langguth, a.a.O., Artikel 5 EGV, Rn. 19; Grabitz/Hilf-Bogdany, Das Recht der Europäischen Union, Artikel 3 b EGV, Rn. 12.

[129] Schwarze-Hatje, a.a.O., Artikel 11 EGV, Rn. 7.

[130] Christoph Thun-Hohenstein, Die Europäische Union nach dem Vertrag von Amsterdam; in: Waldemar Hummer (Hrsg.), Die Europäische Union nach dem Vertrag von Amsterdam, S. 131.

[131] Zu den Ausnahmen EuGH Gutachten 1/94, WTO/GATS/TRIPS, Slg. 1994, I-5267 Rn. 54-105; vgl. aber neu Artikel 133 Absatz 5 EGV.

[132] Lenz-Languth, a.a.O., Artikel 5 EGV Rn. 19.

die Gemeinschaftspolitiken, -aktionen oder –programme bzw. auf den aquis communautaire in seiner Gesamtheit nicht negativ auswirkt.[133]

(c) Unionsbürgerschaft
Die Unionsbürgerschaft darf durch verstärkte Zusammenarbeit nicht betroffen werden, Artikel 11 Absatz 1 lit. c) 1. Alt. EGV. Es macht dabei keinen Unterschied, ob ein Mitgliedstaat an einer verstärkten Zusammenarbeit teilnimmt oder nicht, da die subjektive Rechtsstellung der Unionsbürger überall die gleiche sein soll. Die Einräumung von Individualrechten in Rechtakten, die im Rahmen einer verstärkten Zusammenarbeit beschlossen werden, geht daher stets über die an der Zusammenarbeit teilnehmenden Staaten hinaus.[134] Artikel 11 Absatz 1 lit. c) 2. Alt. EGV enthält ein absolutes Diskriminierungsverbot, das auch explizit in Artikel 12 EGV genannt ist.

(d) Befugnisse
Artikel 11 Abs. 1 lit. d) EGV enthält das Prinzip der begrenzten Einzelermächtigung für die verstärkte Zusammenarbeit. Die verstärkte Zusammenarbeit soll somit nicht zu einer Ausweitung der Gemeinschaftstätigkeit auf Sachgebiete führen, die der Union vertraglich nicht zugewiesen sind.[135]

Es darf durch die Inanspruchnahme der Einrichtungen der Gemeinschaft für Zwecke der Zusammenarbeit nicht zu Maßnahmen kommen, die sich nicht auf die Aufgaben und den Kompetenzbereich der Gemeinschaft zurückführen lassen.[136]

(e) Verzerrung des Wettbewerbs
Artikel 11 Absatz 1 lit. e) EGV verbietet im Anschluß an Artikel 28 EGV eine Diskriminierung oder Beschränkung des Handels sowie die Verzerrung der Wettbewerbsbedingungen. Die mit letzterem erstrebte Rechtseinheit übersteigt nach *Ehlermann* sogar das bisherige Leitbild des (unvollkommenen) Binnenmarkts.[137]

Durch diese Vorschrift wird der Anwendungsbereich für eine verstärkte Zusammenarbeit entscheidend eingeschränkt, da kaum eine verstärkte Zusammenarbeit denkbar ist, die ohne Auswirkungen auf Handel oder Wettbewerb bliebe.

---

133 Schwarze-Hatje, a.a.O., Artikel 11 EGV, Rn. 8.
134 Calliess/Ruffert-Ruffert, a.a.O., Artikel 11 EGV, Rn. 5 ; Schwarze-Hatje, a.a.O., Artikel 11 EGV, Rn. 9.
135 Geiger, a.a.O., Artikel 11 EGV, Rn. 12.
136 John Shaw, Flexibility and Legitimacy in the Domain of the Treaty Establishing the European Community, S. 96.
137 Ehlermann, a.a.O., S. 376.

Es ist die am schwierigsten auszulegende Bedingung, da sie den unklaren Begriff der Wettbewerbsverzerrung enthält. Bei einer restriktiven Auslegung könnte das Ergebnis eintreten, dass jede verstärkte Zusammenarbeit eine Verzerrung der Wettbewerbsbedingungen unter den Mitgliedstaaten bewirkt. Damit hätte sie keine praktischen Auswirkungen. Dies kann nicht gewollt sein, weil dann Artikel 11 EGV überflüssig wäre. Daher ist ein weniger strenger Maßstab heranzuziehen, der Spielraum für verstärkte Zusammenarbeit beläßt.[138]
Letztlich geht es auch bei diesem Kriterium um den Schutz des gemeinschaftlichen Besitzstandes, zu dem insbesondere ein freier Handel und ein System unverfälschten Wettbewerbs gehören.

3. Ermächtigungsverfahren

a) Einleitung des Verfahrens
Artikel 11 Absatz 2 EGV regelt das Verfahren zur Begründung verstärkter Zusammenarbeit. Grundsätzlich wird die Ermächtigung zur Einleitung „vom Rat mit qualifizierter Mehrheit auf Vorschlag der Kommission und nach Anhörung des Europäischen Parlaments erteilt". Bei dem Ermächtigungsbeschluss nehmen alle Ratsmitglieder an der Abstimmung teil. Dabei handelt es sich um einen gemeinschaftsinternen Rechtsakt sui generis, der die zusammenarbeitswilligen Mitgliedstaaten berechtigt, unter Nutzung der vertraglichen Organe und Verfahren in einem abgegrenzten Bereich verstärkt zusammenzuarbeiten. Für das Verfahren bis zur Abstimmung gelten die allgemeinen Vorschriften.

Da für eine Ermächtigung zu verstärkter Zusammenarbeit bei Nichtabweichung vom Kommissionsvorschlag die qualifizierte Mehrheit im Rat ausreicht, sind durchaus Nichtigkeitsklagen überstimmter Mitgliedstaaten denkbar.[139]

Die Kommission hat das Initiativmonopol, doch kann sie durch einen Antrag von Mitgliedstaaten, die eine verstärkte Zusammenarbeit begründen wollen, zu einem Vorschlag veranlaßt werden und muss bei einer Ablehnung des Vorschlags ihre Gründe angeben, Artikel 11 Absatz 2 UAbs. 3 EGV.[140]

Der Rat ist ohne Kommissionsvorschlag nicht handlungsfähig. Er kann alleine keine verstärkte Zusammenarbeit im Unionsrahmen begründen.

---

138 Thun-Hohenstein, Der Vertrag von Amsterdam, S. 120.
139 Schwarze-Hatje, a.a.O., Artikel 11 EGV, Rn. 17.
140 Ehlermann, a.a.O., S. 377.

b) Schlüsselrolle der Kommission

Die Kommission hat in diesem Verfahren der ersten Säule eine Schlüsselrolle inne.[141] Der Eintritt in die verstärkte Zusammenarbeit hängt davon ab, ob sie bereit ist, einen entsprechenden Vorschlag zu machen. Wenn sie dies nicht tut, ist der Weg zu einer engeren Zusammenarbeit versperrt.

Es gelten die allgemeinen Grundsätze über die Beschlussfassung auf Grund eines Kommissionsvorschlags. Daher kann der Rat von einem Kommissionsvorschlag nur einstimmig abweichen, obwohl er im Prinzip mit qualifizierter Mehrheit entscheiden darf, Artikel 250 Absatz 1 EGV.[142] Die Kommission kann von den Mitgliedstaaten nicht gezwungen werden, einen Vorschlag über eine verstärkte Zusammenarbeit vorzulegen. Bis zur Abstimmung im Rat hat sie das Recht, ihren Vorschlag zurücknehmen[143], muss aber ihre negative Haltung begründen, Artikel 11 Absatz 2 a.E. EGV. Sie kann im Rahmen des normalen Gemeinschaftsrechts ohne Aufforderung einen Vorschlag zur Begründung einer verstärkten Zusammenarbeit abgeben.

Die Rolle der Kommission ist somit viel ausgeprägter als in Artikel 40 Absatz 2 EUV. Dort kann sie nur eine Stellungnahme abgeben. Dieser Unterschied liegt im intergouvernementalen Charakter der dritten Säule begründet.

Die Kommission entscheidet auch über den nachträglichen Beitritt weiterer Mitgliedstaaten zur verstärkten Zusammenarbeit, Artikel 11 Absatz 3 EGV. Im dritten Pfeiler hingegen entscheidet gemäß Artikel 40 Absatz 3 EUV der Rat.

c) Inhalt des Antrags und Befugnisse der Kommission

Der notwendige Inhalt des Antrags der zusammenarbeitswilligen Mitgliedstaaten wird vom Vertrag nicht näher bestimmt. Erforderlich sind solche Informationen, die für die Beurteilung der Zulässigkeit notwendig sind. Daher sind zumindest Angaben über den Gegenstand der verstärkten Zusammenarbeit, die beabsichtigten Maßnahmen oder angestrebten Ziele, sowie die Mitteilung, welche Mitgliedstaaten daran teilnehmen wollen, zu machen.[144]

Die Kommission ist nicht verpflichtet, dem Antrag zu folgen und einen entsprechenden Vorschlag zu machen. Sie „kann“ einen entsprechenden Vorschlag gemäß Artikel 11 Absatz 2 UAbs. 3 EGV vorlegen. Diese Formulierung bedeutet, dass sie einen Ermessens- oder Beurteilungsspielraum hat. Sie ist jedoch verpflichtet, eine Entscheidung über den Antrag zu treffen. Sofern sie dem Antrag

[141] Lenz-Lenz, a.a.O., Artikel 11 EGV, Rn. 18; Ehlermann, a.a.O., S. 377.
[142] Geiger, a.a.O., Artikel 11 EGV, Rn. 16; Ehlermann, a.a.O., S. 378
[143] Schwarze-Hatje, a.a.O., Artikel 11 EGV, Rn. 12.
[144] Schwarze-Hatje, a.a.O., Artikel 11 EGV, Rn. 13.

nicht folgt, muss sie die betroffenen Mitgliedstaaten unterrichten und die Gründe für ihre Ablehnung angeben. Bei Untätigkeit der Kommission kommt eine Klage der betroffenen Mitgliedstaaten gemäß Artikel 232 EGV in Betracht.[145]

Die Kommission muss den Antrag ablehnen, wenn die notwendigen Bedingungen für eine verstärkte Zusammenarbeit nicht erfüllt sind. Die Gründe, die zu einer Ablehnung der Initiative führen können, sind nicht genannt. Damit ist offen, ob die Kommission bei ihrer Bewertung nur formale Voraussetzungen prüfen darf oder ob sie auch mögliche negative Auswirkungen für die europäische Integration berücksichtigen kann.

Ihre Beurteilung in den formalen Fragen der Beteiligung der Mehrheit der Mitgliedstaaten (Artikel 43 Absatz 1 lit. d) EUV), der Beachtung der Grundsätze des EG-Vertrages und des einheitlichen institutionellen Rahmens (Artikel 43 Absatz 1 lit. b) EUV), der konkurrierenden Zuständigkeit der Gemeinschaft (Artikel 11 Absatz 1 lit. a) EGV) und der Nichtbeeinträchtigung der Kompetenzen der Gemeinschaft (Artikel 11 Absatz 1 lit. d) EGV), unterliegt einer vollständigen gerichtlichen Kontrolle.

Die übrigen Kriterien des Artikels 43 Absatz 1 EUV sowie des Artikels 11 Absatz 1 EGV eröffnen jedoch schon dem Wortlaut nach einen erheblichen Beurteilungsspielraum, der auch integrationspolitische Überlegungen einschließt und gerichtlich kaum überprüfbar ist.[146]
Sollte der Rat von ihrem Vorschlag abweichen, kann die Kommission gegen den abweichenden Grundsatzbeschluss Nichtigkeitsklage nach Artikel 230 EGV erheben.[147]

Außerdem ist die inhaltliche Bindung der Kommission an den Antrag der Mitgliedstaaten nicht festgelegt. Hält man sich den notwendigen Inhalt des Grundbeschlusses vor Augen, insbesondere das Erfordernis einer Bestimmung der Kompetenzen und der Abstimmungsverfahren, hat das ganz wesentliche Bedeutung. Artikel 11 Absatz 2 EGV sieht vor, dass die Kommission einen „entsprechenden Vorschlag“ unterbreiten kann. Auch wenn der Vorschlag dem Antrag entsprechen soll, läßt sich daraus keine strikte Bindung der Kommission an die Initiative der Mitgliedstaaten ableiten. Nach Meinung von *Hatje* kann sie bei der Begründung der verstärkten Zusammenarbeit ihrer Funktion nur gerecht werden, sofern ihr eine gewisse Gestaltungsmöglichkeit zusteht. Die Kommis-

[145] Ulrich Becker, Differenzierungen der Rechtseinheit durch „abgestufte Integration“, EuR Beiheft I/1998, S. 51.
[146] Schwarze-Hatje, a.a.O., Artikel 11 EGV, Rn. 13, 14.
[147] Geiger, a.a.O., Artikel 11 EGV, Rn. 14.

sion muss die Möglichkeit haben, einen abweichenden Vorschlag vorzulegen, der dem Interesse der Union nach ihrer Ansicht besser entspricht.[148]

Eine verstärkte Zusammenarbeit von Mitgliedstaaten soll nur in den Fällen ermöglicht werden, in denen aus Sicht der Gemeinschaft die Verhinderung von Integrationsfortschritten nicht mehr akzeptabel erscheint. Daher muss es bei der Letztentscheidungskompetenz der Kommission bleiben, die ihr die Berücksichtigung integrationspolitischer Auswirkungen ermöglicht. Das Antragsrecht erschöpft sich in seiner Wirkung darin, die Kommission zu einer Prüfung zu veranlassen.[149]

d) Veto

Auf der Regierungskonferenz von Amsterdam konnten sich die Staaten, die einen einstimmigen Beschluss für die Ermächtigung gefordert hatten, nicht durchsetzen. Artikel 11 Absatz 2 UAbs. 2 EGV trägt jedoch ihrem Anliegen Rechnung. Erklärt danach ein Mitgliedstaat, „dass [er] aus wichtigen Gründen der nationalen Politik, die er auch nennen muss, die Absicht hat, eine mit qualifizierter Mehrheit zu erteilende Ermächtigung abzulehnen, so erfolgt keine Abstimmung“.

Die verstärkte Zusammenarbeit ist im Unionsrahmen somit bei Gebrauch dieser de facto Vetomöglichkeit, die dem Luxemburger Kompromiß von 1966 ähnelt, nicht zulässig.

Die gleiche Vetovorkehrung findet sich im Auslösemechanismus für die dritte Säule (Artikel 40 Absatz 2 Uabs. 2 EUV). Sie ist offenbar aus den Ausnahmebestimmungen der zweiten Säule zur Mehrheitsabstimmung (Artikel 23 Absatz 2 Uabs. 2 EUV) übernommen worden.

Nach *Weidenfeld/Giering* stellt diese Regelung die Krönung des Intergouvernementalismus dar, „da sie einerseits eine mögliche konsensuale Beschlussfassung offenhält, andererseits aber jeder Regierung beträchtlichen Handlungsspielraum von der Zustimmung über die Verzögerung bis hin zur endgültigen Ablehnung der Entscheidung bietet“.[150]

---

148 Schwarze-Hatje, a.a.O., Artikel 11 EGV, Rn. 16.

149 Ulrich Becker, Differenzierung der Rechtseinheit durch „abgestufte Integration“, Europarecht 1998, S. 51.

150 Werner Weidenfeld/Claus Giering, Die Europäische Union nach Amsterdam – Bilanz und Perspektive; in: Werner Weidenfeld (Hrsg.), Amsterdam in der Analyse: Strategien für Europa, S. 58.

Der Rat kann allerdings „mit qualifizierter Mehrheit verlangen, dass die Frage zur einstimmigen Beschlussfassung an den in der Zusammensetzung der Staats- und Regierungschefs tagenden Rat verwiesen wird“, Artikel 11 Absatz 2 UAbs. 2 S. 2 EGV.

e) Rolle des Europäischen Parlaments
Die Stellung des Europäischen Parlaments bei der Begründung der verstärkten Zusammenarbeit ist schwach. Es ist gemäß Artikel 11 Absatz 2 Uabs. 1 EGV nur anzuhören. Seine schwache Position wird auch nicht dadurch ausgeglichen, dass das Parlament bei den Rechtsakten und Beschlüssen zur Durchführung der verstärkten Zusammenarbeit seine normale vertragsmäßige Rolle wieder findet. Die allgemeine Informationspflicht von Rat und Kommission gemäß Artikel 45 EUV ist nur ein unbefriedigender Ersatz.[151]

4. Nachträglicher Beitritt

Artikel 11 Absatz 3 EGV regelt die spätere Teilnahme von Mitgliedstaaten an verstärkter Zusammenarbeit.

Ein wesentliches Merkmal des Konzepts der verstärkten Zusammenarbeit ist die Offenheit gegenüber nicht teilnehmenden Staaten, um einem „Kerneuropa“ entgegenzuwirken. Die Staaten, die der verstärkten Zusammenarbeit zu Beginn ferngeblieben sind, haben gemäß Artikel 43 Absatz 1 lit. g) EUV jederzeit das Recht, an der verstärkten Zusammenarbeit teilzunehmen, sofern sie dem Grundsatzbeschluss und den im Rahmen der verstärkten Zusammenarbeit gefaßten Beschlüssen nachkommen. Allerdings bedarf es nach Artikel 11 Absatz 3 EGV zuvor eines Beschlusses der Kommission über den Beitritt. Die Kommission hat in der Phase der Ausweitung der verstärkten Zusammenarbeit auf andere Mitgliedstaaten die alleinige Entscheidungsbefugnis.

a) Verfahren
„Jeder Mitgliedstaat, der sich der Zusammenarbeit nach diesem Kapitel anschließen will, teilt dem Rat und der Kommission seine Absicht mit“. Binnen drei Monaten nach Eingang des Antrags legt die Kommission dem Rat eine Stellungnahme vor. Diese Stellungnahme ist gemäß Artikel 249 Absatz 5 EGV zwar unverbindlich aber rechtlich keineswegs irrelevant. Die Stellungnahme muss vorgelegt werden und ist daher eine zwingende Verfahrensvoraussetzung. Sie soll den Rat über die Haltung der Kommission informieren. Etwaige Reaktionsmöglichkeiten des Rates sind nicht vorgesehen. Insbesondere verfügt er über

[151] Ehlermann, a.a.O., S. 378.

kein Vetorecht gegen den Beitritt. Das Europäische Parlament wird in Artikel 11 Absatz 3 EGV noch nicht einmal erwähnt.

„Innerhalb von vier Monaten vom Tag des Antrags an gerechnet beschließt die Kommission über den Antrag und über die spezifischen Regelungen, die sie gegebenenfalls für notwendig hält". Unter diesen speziellen Regelungen sind insbesondere Übergangsmaßnahmen und Ausnahmevorschriften zu verstehen.

Es entscheidet somit die Kommission und nicht der Rat, ob ein Mitgliedstaat der verstärkten Zusammenarbeit beitreten kann.[152] Fraglich ist, ob die Kommission einen Beitrittsantrag auch ablehnen darf.

In diesem Zusammenhang ist auf das in Artikel 43 Absatz 1 lit. g) EUV und Artikel 11 Absatz 3 EGV verankerte Recht aller Mitgliedstaaten hinzuweisen, sich verstärkter Zusammenarbeit jederzeit anzuschließen, sofern sie dem Grundsatzbeschluss und den in jenem Rahmen bereits gefaßten Beschlüssen nachkommen. Gegen ein Ablehnungsrecht spricht, dass die Interessen der Gemeinschaft und der bereits teilnehmenden Staaten durch besondere Auflagen im Beitrittsbeschluss geschützt werden können. Für ein Ablehnungsrecht läßt sich hingegen die Kontrollaufgabe, die Artikel 11 Absatz 3 EGV der Kommission zuweist, anführen. Sie muss einerseits gewährleisten, dass die Gemeinschaftsinteressen gewahrt werden und andererseits die verstärkte Zusammenarbeit arbeitsfähig bleibt. Deshalb ist das Beitrittsrecht gemäß Artikel 43 Absatz 1 lit. g) EUV an die Voraussetzung geknüpft, dass die betreffenden Mitgliedstaaten „den in [jenem] Rahmen bereits gefaßten Beschlüssen nachkommen", was voraussetzt, dass sie sie auch tatsächlich befolgen können. Daraus folgt, dass die Kommission, soll sie ihrer Kontrollfunktion gerecht werden, einen Antrag jedenfalls dann ablehnen darf, wenn der beitrittswillige Staat offensichtlich außerstande ist, diese Bedingungen zu erfüllen.[153]

b) Folgen des Beitritts

Der an der verstärkten Zusammenarbeit neu teilnehmende Mitgliedstaat tritt mit allen Rechten und Pflichten in die verstärkte Zusammenarbeit ein und ist an die bis dahin erlassenen Rechtsakte und Beschlüsse gebunden.[154]

---

[152] Die Regelung, dass die Kommission dem Rat eine Stellungnahme vorlegt, obwohl die Entscheidung über eine spätere Teilnahme eines Mitgliedstaates bei ihr liegt, erklärt sich daraus, dass für Artikel 11 Absatz 3 EGV eine ähnliche Regelung geplant war, wie in Artikel 40 Absatz 3 EUV. In der Schlußphase der Regierungskonferenz wurde die Entscheidungsbefugnis des Rates dann aber durch eine solche der Kommission ersetzt (s. Thun-Hohenstein, Der Vertrag von Amsterdam, S. 121).

[153] Thun-Hohenstein, Der Vertrag von Amsterdam, S. 121.

[154] Schwarze-Hatje, a.a.O., Artikel 11 EGV, Rn 33.

Nicht aufgenommen wurde eine ausdrückliche Verpflichtung, beitrittswillige aber unfähige Mitgliedstaaten in der Weise zu unterstützen, dass ihr Beitritt ermöglicht wird. Diese Bedingung ist in der Vergangenheit immer wieder diskutiert worden, da sie vor allem für die wirtschaftlich schwächeren Mitgliedstaaten von Bedeutung ist. Das Fehlen ist aber kein Grund, auf die Forderung nach Hilfe zu verzichten, denn diese Forderung kann von der Kommission in ihren Vorschlägen gebührend berücksichtigt werden. Damit ist für den ersten Pfeiler sichergestellt, dass die Interessen der zur Zusammenarbeit bereiten Nachzügler beachtet werden.[155]

5. Durchführung

Gemäß Artikel 11 Absatz 4 EGV unterliegen die Rechtsakte und Beschlüsse zur Durchführung der verstärkten Zusammenarbeit „allen einschlägigen Bestimmungen des EGV, sofern in diesem Artikel und in den Artikeln 43 und 44 EUV nichts anderes bestimmt ist".

Artikel 11 Absatz 4 EGV ergänzt insofern Artikel 44 Absatz 1 S. 1 EUV, da er das gesamte materielle Recht und die gerichtliche Kontrolle einschließt.[156]

Die Ermächtigung gestattet es den teilnehmenden Staaten, die Handlungsformen des EGV für die Durchführung der verstärkten Zusammenarbeit zu nutzen (VOen, RLen und Entscheidungen erlassen sowie Empfehlungen und Stellungnahmen abgeben).

Für die beteiligten Mitgliedstaaten stellt Artikel 11 Absatz 4 EGV klar, dass die im Rahmen der verstärkten Zusammenarbeit erlassenen Rechtsakte und Beschlüsse gewöhnlichem Gemeinschaftsrecht gleichstehen.[157]

6. Schengen Protokoll

Nach Artikel 11 Absatz 5 EGV läßt dieser Artikel das ebenfalls neue Protokoll zur Einbeziehung des Schengen-Besitzstandes unberührt. Das bedeutet, dass das Protokoll der besonderen Ermächtigungsklausel des Artikel 11 EGV vorgeht. In seinem Artikel 5 sieht es sogar eine primärrechtliche Erteilung der Ermächti-

---

[155] Ehlermann, a.a.O., S. 379.
[156] Calliess/Ruffert-Ruffert, a.a.O., Artikel 11 EGV, Rn. 12.
[157] Thun-Hohenstein, Der Vertrag von Amsterdam, S. 121.

gung nach Artikel 11 EGV bezüglich der Nichtteilnahme Großbritanniens bzw. Irlands vor.[158]

Dieser Vorbehalt findet sich in einer Vorschrift des EG-Vertrages, da der Amsterdamer Vertrag wichtige Teile des dritten in den ersten Pfeiler überführt hat.

7. Außenkompetenz der an verstärkter Zusammenarbeit beteiligten Mitgliedstaaten

Die Vorschriften über eine verstärkte Zusammenarbeit enthalten keine Regelungen für die Außenkompetenzen der Union. Es gibt also keine Vertragsvorgaben über die Möglichkeit der an einer verstärkten Zusammenarbeit beteiligten Mitgliedstaaten, in dem von der Zusammenarbeit erfaßten Bereich mit Drittländern Verträge zu schließen.

Nach der AETR-Rechtsprechung des EuGH führt die Wahrnehmung einer Kompetenz im Inneren der Gemeinschaft zu einer entsprechenden ausschließlichen Zuständigkeit der Gemeinschaft zum Abschluß völkerrechtlicher Verträge mit Drittländern (EuGH Rs. 22/70, AETR, Slg. 1971, 263 En. 29/22). Deshalb ist es denkbar, dass eine verstärkte Zusammenarbeit einen solchen AETR-Effekt auslöst und damit die beteiligten Mitgliedstaaten die Kompetenz zum Abschluß von Verträgen mit Drittländern hätten.
Durch diese Verträge wären nur die an der verstärkten Zusammenarbeit beteiligten Mitgliedstaaten gebunden. Die völkerrechtliche Handlungsfähigkeit der anderen Staaten würde uneingeschränkt fortbestehen.[159]

Gegen den AETR-Effekt spricht jedoch, dass es keine verstärkte Zusammenarbeit bei ausschließlicher Gemeinschaftszuständigkeit geben kann, Artikel 11 Absatz 1 lit. a) EGV. Artikel 11 EGV erlaubt zwar eine Zusammenarbeit mit Drittstaaten, aber ohne dass eine ausschließliche Kompetenz begründet wird.[160]

Allerdings gibt es Bereiche, die nicht unter eine ausschließliche Kompetenz fallen und nach dem Subsidiaritätsprinzip von den Teilnehmern einer verstärkten Zusammenarbeit wahrgenommen werden können.[161] Für diese Bereiche stellt sich wiederum doch die Frage der Außenkompetenz.

---

[158] Thun-Hohenstein, Der Vertrag von Amsterdam, S. 122.
[159] Ehlermann, a.a.O., S. 379; Edwards/Phillipart, a.a.O., S. 17.
[160] Calliess/Ruffert-Ruffert, a.a.O., Artikel 11 EGV, Rn. 13; Schwarze-Hatje, a.a.O., Artikel 11 EGV, Rn. 28.
[161] Lenz-Lenz, a.a.O., Artikel 11 EGV, Rn. 23.

Gegen eine solche Kompetenz der an einer verstärkten Zusammenarbeit beteiligten Mitgliedstaaten spricht, dass der sog. AETR-Effekt die Rechtseinheit in der gesamten Gemeinschaft durch Begründung einer gemeinsamen Außenkompetenz schützen soll (EuGH Rs. 22/70, AETR, Slg. 1971, 263 Rn. 20/22), während eine gemeinsame Außenkompetenz innerhalb einer verstärkten Zusammenarbeit eine gespaltene Rechtsordnung im Innern der Union hervorrufen würde.[162] Die gesamte Gemeinschaft müsste Verpflichtungen übernehmen, obwohl nur ein Teil der Mitgliedstaaten diesen Verpflichtungen zugestimmt hat. Die Union als Ganzes hätte die volle völkerrechtliche Verantwortung für die Vertragserfüllung.

Deshalb kann nicht davon ausgegangen werden, dass die Wahrnehmung der Befugnisse im Rahmen der verstärkten Zusammenarbeit zu einer Verschiebung der Außenkompetenz führen soll, da sonst die verstärkte Zusammenarbeit die Kompetenzen der nicht beteiligten Mitgliedstaaten beschneiden könnte und vor allem das Auftreten nach außen hin nicht einheitlich für die gesamte Gemeinschaft erfolgte.[163]

Damit ist keine Kompetenz zum Abschluß von Verträgen mit Drittstaaten für an verstärkter Zusammenarbeit beteiligte Mitgliedstaten gegeben. Die Außenkompetenz verbleibt bei der gesamten Union.

IV. Spezialvorschrift in der dritten Säule

1. Einführung

Ebenso wie die erste Säule läßt die dritte Säule die engere Zusammenarbeit im institutionellen Rahmen der Europäischen Union ausdrücklich zu. Artikel 40 EUV enthält die besondere Ermächtigungsklausel für verstärkte Zusammenarbeit im Rahmen der im dritten Pfeiler verbliebenen „polizeilichen und justiziellen Zusammenarbeit in Strafsachen".

Der Artikel ersetzt den vorherige Artikel K.7 EUV a.F., der bereits eine engere Zusammenarbeit zwischen zwei und mehr Mitgliedstaaten im Bereich Inneres und Justiz zuließ, solange diese der vorgesehenen Zusammenarbeit nicht zuwiderlief. Die Möglichkeit einer flexiblen Zusammenarbeit ist daher nicht wirklich neu im Vertrag. Sie bezog sich bisher allerdings vor allen Dingen auf die Zusammenarbeit der Schengen-Staaten und ermöglichte eine engere Zusammenarbeit nur außerhalb der Gemeinschaftsverträge. Durch Artikel 40 EUV werden

---

162 So auch Calliess/Ruffert-Ruffert, a.a.O., Artikel 11 EGV, Rn 13.
163 Becker, a.a.O., S. 54.

zusätzlich zur Generalklausel des Titels VII EUV Bedingungen festgelegt, nach denen die Institutionen und Verfahren der Gemeinschaft verwendet werden können.[164] Der Artikel bringt zum Ausdruck, dass jedoch grundsätzlich im Bereich der dritten Säule eine Zusammenarbeit aller Mitgliedstaaten gewollt ist, die zwischen einigen soll die Ausnahme bleiben.[165]

Die materiellen Voraussetzungen zur Anwendung von Artikel 40 EUV finden sich in Absatz 1 lit. a) und lit. b). Sie sind als lex specialis vorrangig zu prüfen. Die formellen Voraussetzungen sind in Absatz 2 geregelt. Artikel 40 Absatz 3 EUV regelt den nachträglichen Beitritt. Die Absätze 4 und 5 enthalten Vorschriften zur Anwendung anderer Bestimmungen des EUV sowie des Schengen Protokolls.

2. Voraussetzungen

Gemäß Artikel 40 Absatz 1 können Mitgliedstaaten, die eine verstärkte Zusammenarbeit beabsichtigen, vorbehaltlich der Artikel 43 und 44 EUV ermächtigt werden, die in den Verträgen vorgesehenen Organe, Verfahren und Mechanismen in Anspruch zu nehmen, sofern die beabsichtigte Zusammenarbeit

a) die Zuständigkeiten der Europäischen Gemeinschaft sowie die in der dritten Säule festgelegten Ziele wahrt; und

b) zum Ziel hat, dass die Union sich rascher zu einem Raum der Freiheit, der Sicherheit und des Rechts entwickeln kann.

Diese Bedingungen gelten zusätzlich zu den in Artikel 43 Absatz 1 EUV genannten Kriterien, insbesondere müssen Artikel 43 Absatz 1 lit. c) und lit. d) EUV erfüllt sein. Ihre Einhaltung ist gemäß Artikel 40 Absatz 4 EUV vor dem EuGH überprüfbar.
Die verstärkt zusammenarbeitenden Mitgliedstaaten haben sich stets der Organe, Verfahren und Mechanismen des Unionsrechts zu bedienen.[166]

a) Wahrung der Zuständigkeit
Nach Buchstabe a) müssen die Mitgliedstaaten die Zuständigkeiten der Gemeinschaft wahren. Die Vorschrift bestimmt, dass die Ziele des Titels VI nicht beeinträchtigt werden dürfen. Die Wahrungspflicht betrifft den acquis communautaire aber auch den acquis der dritten Säule. Eine verstärkte Zusammenarbeit

---

[164] Weidenfeld/Giering, a.a.O., S. 60.
[165] Grabitz/Hilf-Röben, a.a.O., Artikel 40 EUV, Rn. 1.
[166] Calliess/Ruffert-Brechmann, a.a.O., Artikel 40 EUV, Rn. 2.

darf darüber hinaus die künftige Wahrnehmung der gemeinschaftlichen Zuständigkeiten nicht präjudizieren. Die Mitgliedstaaten genügen der hier geforderten Wahrungspflicht, wenn sie die in Artikel 40 EUV niedergelegten verfahrensrechtlichen Vorschriften beachten.[167]

b) Ziel
Das in Buchstabe b) erwähnte Ziel entspricht den allgemeinen Zielen, die in Artikel 2 EUV aufgeführt sind. Aus der systematischen Interpretation mit Absatz 4 EUV i.V.m. Artikel 43 Absatz 1 EUV folgt, dass dazu auch der einheitliche institutionelle Rahmen sowie die Einbindung in die Verfassungsstruktur der Union zählen.[168]

Im Gegensatz zu Artikel K.7 EUV a.F. besteht jetzt die Verpflichtung, die Ziele positiv zu fördern und nicht nur, ihre Erreichung nicht zu behindern bzw. diesen nicht zuwiderzulaufen.[169]

3. Verfahren der Ermächtigung

a) Begründung der verstärkten Zusammenarbeit
Artikel 40 Absatz 2 EUV regelt das Verfahren zur Begründung verstärkter Zusammenarbeit. Die Zusammenarbeit bedarf der Ermächtigung durch den Rat, die nur ergehen kann, wenn Artikel 43 und 44 EUV gewahrt sind.[170]

Die an einer verstärkten Zusammenarbeit interessierten Mitgliedstaaten richten ihren Antrag an den Rat.[171] Der Rat ersucht die Kommission um Stellungnahme[172] und hört das Parlament an. Trotz des im Vergleich zu Artikel 11 Absatz 2 EGV unterschiedlichen Wortlauts („zuleiten“) muss das Europäischen Parlament vor dem Beschluss des Rates angehört werden[173].

Der Grundsatzbeschluss muss generell vorher vorliegen. Ausnahmsweise kann er aber auch nachgeholt werden. Dies folgt aus der Genehmigung gemäß Artikel 1 S. 1 Schengen Protokoll der bisher tatsächlich bereits stattfindenden verstärkten Zusammenarbeit einiger Mitgliedstaaten im Rahmen des Schengen-Systems.[174]

---

[167] Grabitz/Hilf-Röben, a.a.O., Artikel 40 EUV, Rn. 13.
[168] Grabitz/Hilf-Röben, a.a.O., Artikel 40 EUV, Rn. 15.
[169] Grabitz/Hilf-Röben, a.a.O., Artikel 40 EUV, Rn. 14.
[170] Schwarze-Böse, a.a.O., Artikel 40 EUV, Rn. 1, 3.
[171] Zum notwendigen Inhalt des Antrags siehe Artikel 11 Absatz 1 EGV, III. 3. c).
[172] Zur Bedeutung der Stellungnahme siehe Artikel 11 Absatz 3 EGV, III. 4. a).
[173] Calliess/Ruffert-Brechmann, a.a.O., Artikel 40 EUV, Rn. 3.
[174] Grabitz/Hilf-Röben, a.a.O., Artikel 40 EUV, Rn. 7.

Der Rat entscheidet mit qualifizierter Mehrheit, wobei er nicht auf einen Vorschlag der Kommission angewiesen ist. Dies gilt auch dann, wenn der Rat von der Stellungnahme der Kommission abweicht.[175]

Für die Frage der Stimmengewichtung und des Zustimmungsquorums verweist Artikel 40 Absatz 2 UAbs. 3 EUV auf Artikel 205 Absatz 2 EGV, allerdings mit der Besonderheit, dass für eine qualifizierte Mehrheit mindestens 62 Stimmen und die Zustimmung von mindestens zehn Mitgliedern erforderlich ist.[176]

b) Veto

Erklärt jedoch ein Mitgliedstaat, dass er „aus wichtigen Gründen der nationalen Politik, die [er] auch nennen muss, die Absicht hat, eine mit qualifizierter Mehrheit zu erteilende Ermächtigung abzulehnen, so erfolgt keine Abstimmung". Es muss sich dabei um ein nationales Interesse handeln, das durch die verstärkte Zusammenarbeit der anderen Mitgliedstaaten betroffen würde.[177] Eine verstärkte Zusammenarbeit im Gemeinschaftsrahmen ist somit bei Gebrauch dieser Vetomöglichkeit, die dem Luxemburger Kompromiß nachempfunden ist, und sich auch in Artikel 23 Absatz 2 UAbs. 2 EUV und 11 Absatz 2 UAb. 2 EGV findet, nicht zulässig. Der Gebrauch dieser Vetomöglichkeit ist nach Artikel 40 Absatz 4 EUV vor dem EuGH im Rahmen eines Vertragsverletzungsverfahrens nach Artikel 227 EGV anfechtbar.[178] Der Rat kann jedoch „mit qualifizierter Mehrheit verlangen, dass die Frage zur einstimmigen Beschlussfassung an den Europäischen Rat verwiesen wird".

In der Parallelvorschrift in Artikel 11 Absatz 2 EGV kann der Rat in der Zusammensetzung der Staats- und Regierungschefs mit der Entscheidung über den Grundsatzbeschluss befasst werden. Der hier tätig werdende Europäische Rat hat nicht nur die Aufgabe, einen politischen Konsens zu suchen, sondern kann auch selbst den Ermächtigungsbeschluss fassen oder aber die Angelegenheit zur Beschlussfassung an den Rat zurückverweisen.[179]

4. Nachträglicher Beitritt

Artikel 40 Absatz 3 EUV regelt die spätere Teilnahme von Mitgliedstaaten an verstärkter Zusammenarbeit in der Dritten Säule. Danach ist jeder Mitgliedstaat

175 Thun-Hohenstein, Der Vertrag von Amsterdam, S. 123.
176 Calliess/Ruffert-Brechmann, a.a.O., Artikel 40 EUV, Rn. 3.
177 Grabitz/Hilf-Röben, a.a.O., Artikel 40 EUV, Rn. 2.
178 Thun-Hohenstein, Der Vertrag von Amsterdam, S. 123.
179 Thun-Hohenstein, Der Vertrag von Amsterdam, S. 123; Grabitz/Hilf-Röben, a.a.O., Artikel 40 EUV, Rn. 2.

befugt, sich auch im nachhinein einer flexiblen Zusammenarbeit anderer Mitgliedstaaten anzuschließen.

„Jeder Mitgliedstaat, der sich der Zusammenarbeit nach diesem Artikel anschließen will, teilt dem Rat und der Kommission seine Absicht mit; [...] Innerhalb von vier Monaten vom Zeitpunkt der Mitteilung an gerechnet entscheidet der Rat über den Antrag und über die spezifischen Regelungen, die er für notwendig hält.“

Das Verfahren ist von dem des ersten Pfeilers grundlegend verschieden, da dort die Kommission über den Antrag entscheidet und nicht wie hier der Rat.[180]

Der betreffende Mitgliedstaat, der der verstärkten Zusammenarbeit beitreten will, teilt dies dem Rat und der Kommission mit.
„Die Kommission legt dem Rat binnen drei Monaten nach Eingang der Mitteilung eine Stellungnahme dazu vor, der gegebenenfalls eine Empfehlung für die spezifischen Regelungen beigefügt ist, die sie für notwendig hält, damit sich der Mitgliedstaat der betreffenden Zusammenarbeit anschließen kann.“ Mit den Regelungen sind insbesondere Übergangsmaßnahmen und Ausnahmevorschriften gemeint. Eine Anhörung des Europäischen Parlaments ist in diesem Verfahren nicht vorgesehen.

Innerhalb von vier Monaten vom Tag der Mitteilung an gerechnet entscheidet der Rat über den Antrag und über die spezifischen Regelungen, die er für notwendig hält. Der Antrag gilt einschließlich der von der Kommission empfohlenen Regelungen als angenommen, wenn der Rat ihn nicht mit qualifizierter Mehrheit zurückstellt. Artikel 40 Absatz 3 S. 3 HS 1 EUV fingiert die Annahme nach Ablauf einer Entscheidungsfrist von vier Monaten.

Der Rat beschließt hierbei gemäß Artikel 40 Absatz 3 S. 4 EUV nach Maßgabe des Artikels 44 EUV. Das bedeutet, dass an der Beschlussfassung des Rates über die spätere Teilnahme eines Mitgliedstaates an verstärkter Zusammenarbeit in der dritten Säule nur jene Mitgliedstaaten mitwirken dürfen, die an der betreffenden Zusammenarbeit bereits beteiligt sind. An den vorherigen Beratungen dürfen hingegen alle Mitgliedstaaten teilnehmen.[181]

Im Fall eines negativen Beschlusses gibt der Rat die Gründe hierfür an und setzt eine Frist für dessen Überprüfung, Artikel 40 Absatz 3 S. 3 EUV.

---

[180] Ehlermann, a.a.O., S. 390.
[181] Schwarze-Böse, a.a.O., Artikel 40 EUV, Rn. 4.

Nach Artikel 43 Absatz 1 lit. g) EUV besteht jedoch ein grundsätzliches Recht eines jeden Mitgliedstaats, sich später einer verstärkten Zusammenarbeit anzuschließen. Daher kann sich die Entscheidung des Rates nur auf die Frage beziehen, ob der antragende Mitgliedstaat dem Ermächtigungsbeschluss und den auf dieser Grundlage angenommenen Rechtsakten und Beschlüssen nachkommen kann bzw. welche speziellen Regelungen erforderlich sind, damit dies der Fall ist.[182]

Die Annahme des Antrags durch den Rat unter Angabe eigener spezifischer Regelungen ist nach dem Schrifttum möglich.[183] Dies folge e contrario daraus, dass der Rat gemäß Artikel 40 Absatz 3 S. 3 HS 2 EUV Gründe für eine Zurückstellung anzugeben habe. Der Grund dieser Regelung liege gerade darin, dem Antragsteller ein Wahlrecht einzuräumen, ob er unter diesen Bedingungen an der verstärkten Zusammenarbeit teilnehmen wolle. Nach Artikel 40 Absatz 3 S. 3 HS 2 EUV sei eine zwingende Überprüfung des Teilnahmeantrags im Falle seiner Zurückstellung obligatorisch. Gegenstand der Prüfung sei der ursprüngliche Antrag, allerdings auf der nunmehrigen Rechts- und Tatsachengrundlage.[184]

Da nach dem Vertrag ein Beitritt jederzeit möglich sein soll, ist für den antragenden Mitgliedstaat ein Wahlrecht besser als eine direkte Ablehnung durch den Rat. Bei einer mit Gründen versehenen Ablehnung durch den Rat kann der beantragende Mitgliedstaat ebenfalls versuchen, den Ablehnungsgründen innerhalb der Überprüfungsfrist abzuhelfen. Daher kann der Rat den Antrag unter Angabe eigener spezifischer Regelungen annehmen.[185]

5. Anwendungen anderer Bestimmungen

Nach Artikel 40 Absatz 4 UAbs. 1 EUV gelten sämtliche Vorschriften des dritten Pfeilers, mit Ausnahme der in Artikel 42 EUV vorgesehenen „Brücke“ auch für die verstärkte Zusammenarbeit im Bereich der dritten Säule. Damit kann der Rat in den Formen des Artikels 34 EUV handeln.[186]

Die Bestimmung trifft eine Regelung zur richtigen Reihenfolge bei der auf eine verstärkte Zusammenarbeit im Bereich der dritten Säule anwendbaren Voraussetzungen. Danach ist zunächst Artikel 40 EUV als lex specialis anzuwenden.

---

182 Grabitz/Hilf-Röben, a.a.O., Artikel 40 EUV, Rn. 19; zur Parallelvorschrift siehe Artikel 11 Absatz 3 EGV, III. 4. a).

183 Grabitz/Hilf-Röben, a.a.O., Artikel 40 EUV, Rn. 19; Thun-Hohenstein, Der Vertrag von Amsterdam, S. 124.

184 Grabitz/Hilf-Röben, a.a.O., Artikel 40 EUV, Rn. 19.

185 Zu den Folgen des Beitritts siehe Artikel 11 Absatz 3 EGV, III. 4. b).

186 Schwarze-Böse, a.a.O., Artikel 40 EUV, Rn. 5.

Soweit diese Vorschrift Lücken enthält, sind Artikel 43 und 44 EUV heranzuziehen. Wenn weitere Lücken bestehen, ist auf die allgemeinen Vorschriften des Titels VI EUV zurückzugreifen.

In Artikel 40 Absatz 4 UAbs. 1 EUV i.V.m. Artikel 44 Absatz 1 S. 2 EUV ist bestimmt, dass die für die Annahme der Rechtsakte und Beschlüsse zur Durchführung der verstärken Zusammenarbeit modifizierten Verfahrensregeln insoweit gelten, als sich die nach der jeweiligen Rechtsgrundlage gebotene Einstimmigkeit/Mehrheit auf die an der Zusammenarbeit beteiligenden Mitgliedstaaten bezieht.

6. Zuständigkeit des EuGH

In Abweichung von Artikel 35 EUV bestimmt Artikel 40 Absatz 4 UAbs. 2 EUV, dass die Zuständigkeit des EuGH nach dem Gemeinschaftsrecht auch für die Anwendung und Auslegung der Absätze 1 bis 3 gilt. Damit können die materiellen und formellen Voraussetzungen einer verstärkten Zusammenarbeit von Mitgliedstaaten durch den EuGH in den Verfahren gemäß Artikel 230 ff. EGV überprüft werden, ohne dass es einer Zustimmung zur Jurisdiktionsgewalt des EuGH durch die Mitgliedstaaten bedarf (s. aber Artikel 35 Absatz 2 EUV).[187] In diesen Bereichen hat der EuGH die gleichen Befugnisse wie im ersten Pfeiler.

Rechtsakte und Beschlüsse zur Durchführung der verstärkten Zusammenarbeit unterliegen dagegen den Voraussetzungen der Sachzuständigkeit des EuGH nach Artikel 35 EUV, da diese Rechtsakte und Beschlüsse auf die entsprechenden Rechtsgrundlagen der dritten Säule zu stützen sind, Artikel 40 Absatz 4 UAbs. 1 EUV.[188]

Bei einer verstärkten Zusammenarbeit im dritten Pfeiler folgen die Kompetenzen des EuGH demnach entweder den Vorschriften des ersten oder des dritten Pfeilers, je nachdem welche Bereiche betroffen sind.[189]

Eine entsprechende Vorschrift für den EGV ist nicht erforderlich, da sich die Zuständigkeit des Gerichtshofs automatisch auf den neuen Artikel 11 EGV erstreckt.[190]

---

[187] Schwarze-Böse, a.a.O., Artikel 40 EUV, Rn. 5; Thun-Hohenstein, Der Vertrag von Amsterdam, S. 124.
[188] Thun-Hohenstein, Der Vertrag von Amsterdam, S. 124.
[189] Griller/Droutas/Falkner/Forgó/Nentwich, a.a.O., S. 235.
[190] Ehlermann, a.a.O., S. 391.

7. Schengen-Protokoll

Nach Absatz 5 läßt Artikel 40 ebenso wie Artikel 11 Absatz 5 EGV das Protokoll zur Einbeziehung des Schengen-Besitzstandes unberührt. Die verstärkte Zusammenarbeit der Schengen-Vertragstaaten unterfällt daher nur den Vorschriften des genannten Protokolls.

Der Schengen-Besitzstand ist bezüglich bestimmter Voraussetzungen eine Form der verstärkten Zusammenarbeit nach Artikel 40 EUV, hinsichtlich der Freizügigkeit der Unionsbürger aber eine Vertiefung von Gemeinschaftsrecht.[191]

Der Vorbehalt ist einleuchtend, da ein Teil des Besitzstandes zu den Materien des dritten Pfeilers gehört.

V. Verstärkte Zusammenarbeit in der zweiten Säule

In der zweiten Säule ist keine verstärkte Zusammenarbeit vorgesehen. Ihre Einführung ist von einigen Mitgliedstaaten gestoppt worden.[192]

In der gemeinsamen Außen- und Sicherheitspolitik ist jedoch eine konstruktive Enthaltung eingeführt worden. Danach kann ein Mitgliedstaat, der im Rat Stimmenthaltung übt, eine förmliche Erklärung nach Artikel 23 Absatz 1 UAbs. 2 EUV abgeben. Anders als bei der gewöhnlichen Stimmenthaltung ist er dann nicht verpflichtet, den Beschluss durchzuführen, akzeptiert jedoch, dass der Beschluss für die Union bindend ist und zum EU-Besitzstand gehört. Im Geiste gegenseitiger Solidarität unterläßt der betreffende Mitgliedstaat alles, was dem auf diesem Beschluss beruhenden Vorgehen der Union zuwiderlaufen oder es behindern könnte, und die anderen Mitgliedstaaten respektieren seinen Standpunkt.

Wenn hinsichtlich eines in Aussicht genommenen Beschlusses mehr als ein Drittel der Mitgliedstaaten konstruktive Enthaltung übt, wird der Beschluss nicht angenommen, da das Teilnahmequorum zur Verabschiedung des Beschlusses zwei Drittel der nach Artikel 205 Absatz 2 EGV gewogenen Stimmen beträgt, Artikel 23 Absatz 1 UAbs. 2 EUV. Dieses Obstruktionsverbot des sich enthaltenden Mitgliedstaates ist etwas strenger formuliert als jenes nach Artikel 43 Absatz 2 EUV für an verstärkter Zusammenarbeit nicht beteiligte Mitgliedstaaten, weist aber große Ähnlichkeit auf.[193]

---

[191] Grabitz/Hilf-Röben, a.a.O., Artikel 40 EUV, Rn. 23.
[192] Edwards/Phillipart, a.a.O., S. 30; Ehlermann, a.a.O., S. 371.
[193] Thun-Hohenstein, Der Vertrag von Amsterdam, S. 125.

Artikel 23 Absatz 1 UAbs. 2 EUV bezieht sich auf den Geist der gegenseitigen Solidarität, indem er die anderen Mitgliedstaaten verpflichtet, die Position des betreffenden Mitgliedstaates zu respektieren.

Der EuGH hat innerhalb des Titel V EUV keine Zuständigkeit.[194]

VI. Austritt

Fraglich ist die Möglichkeit eines Austritts aus verstärkter Zusammenarbeit. Er ist weder in den Rahmenbedingungen noch in den besonderen Ermächtigungsklauseln für die erste und die dritte Säule vorgesehen. Ein Austritt einzelner Mitglieder wird in der Literatur dennoch für zulässig gehalten.[195] Übereinstimmend wird dabei festgestellt, dass ein Austritt jedoch nicht in das Belieben des Mitgliedstaaten gestellt werden darf. Er ist ein actus contrarius und stellt damit die verstärkte Zusammenarbeit auf eine neue Grundlage. Allerdings gehe es dabei nicht um einen neuen Grundsatzbeschluss, der die übrigen an der verstärkten Zusammenarbeit beteiligten Mitgliedstaaten zu einer neuen verstärkten Zusammenarbeit ermächtigen würde.[196]

Umstritten ist jedoch ob der Austritt als actus contrarius gemäß der jeweiligen Absätze 3 oder Absätze 2 zu erfolgen hat.
Es wird die Ansicht vertreten, dass ein Verfahren analog Absatz 3 anzuwenden sei, da ein Austritt ein actus contrarius zu einem späteren Beitritt darstelle, denn der austrittswillige Mitgliedstaat erfülle die Voraussetzungen einer Teilnahme, nämlich den Willen, dem Grundsatzbeschluss nachzukommen, nicht mehr.[197]

Dem stehe entgegen, dass ein Austritt ein schwerwiegender Akt sei, der nur gemäß dem Verfahren betreffend die Ermächtigung zu verstärkter Zusammenarbeit in Artikel 11 Absatz 2 EGV für die erste bzw. Artikel 40 Absatz 2 EUV für die dritte Säule erfolgen könne. Das Verfahren nach Absatz 3 sei zu „einfach“, da es das Hinzustoßen weiterer Mitgliedstaaten möglichst erleichtern wolle.[198]

Jeder Austritt setzt die Zusammenarbeit in ein anderes Licht. Deshalb muss der Austritt eines Mitgliedstaates von einem „actus contrarius“ bestätigt werden, gemäß dem Verfahren, das angewandt wird, wenn die Erlaubnis zur Nutzung

---

[194] Griller/Droutsas/Falkner/Forgó/Nentwich, a.a.O., S. 255 f.
[195] Thun-Hohenstein, Der Vertrag von Amsterdam, S. 126; Grabitz/Hilf-Röben, a.a.O., Artikel 40 EUV, Rn. 21; Griller/Droutsas/Falkner/Forgó/Nentwich, a.a.O., S. 240.
[196] Thun-Hohenstein, Der Vertrag von Amsterdam, S. 127; Griller/Droutsas/Falkner/Forgó/Nentwich, a.a.O., S. 241.
[197] Grabitz/Hilf-Röben, a.a.O., Artikel 40 EUV, Rn. 21.
[198] Thun-Hohenstein, Der Vertrag von Amsterdam, S. 127.

dieses institutionellen Rahmens gewährt wird, Artikel 11 Absatz 2 EGV und Artikel 40 Absatz 2 EUV.[199]

Die Grundsätze der verstärkten Zusammenarbeit werden durch einen Austritt betroffen. Dies ist nicht mit der Rückgängigmachung eines Beitritt in schon bestehende verstärkte Zusammenarbeit zu vergleichen.

VII. Beendigung

Es gibt keine Regelung darüber, ob und unter welchen Voraussetzungen die verstärkte Zusammenarbeit endet.

Die verstärkte Zusammenarbeit von Mitgliedstaaten ist kein Konzept, das auf Dauer angelegt ist. Es soll vielmehr ein Voranschreiten eines Teils der Mitgliedstaaten im Interesse der gesamten Union ermöglichen. Damit ist die engere Zusammenarbeit automatisch beendet, wenn sich alle Mitglieder angeschlossen haben, da es sich ab diesem Zeitpunkt um gewöhnliche Tätigkeit der Gemeinschaft bzw. dritten Säule handelt.

Ein Ende verstärkter Zusammenarbeit kann sich auch aus der Feststellung der Nichtigkeit (bzw. Ungültigkeit) des Ermächtigungsbeschlusses durch den EuGH ergeben.[200] Weiterhin ist vorstellbar, dass der Rat mit den Stimmen der an verstärkter Zusammenarbeit beteiligten Mitgliedstaaten eine Aufhebung des Gründungsaktes beschließt.[201]

VIII. Fazit

Um Blockaden eines gemeinsamen Integrationsprozesses in der Zukunft zu vermeiden, haben verschiedene Mitgliedstaaten nach einem Mechanismus verlangt, der es einer Gruppe von EU-Staaten ermöglicht, schneller die Ziele der Verträge zu erreichen als andere.

Mit dem Amsterdamer Vertrag ist es Mitgliedstaaten nun gestattet, eine „verstärkte Zusammenarbeit“ innerhalb des institutionellen Rahmens zu begründen wobei sie die Institutionen, Verfahren und Mechanismen, die im EGV und EUV festgelegt sind für Integrationsprojekte nutzen können, die nicht von allen Mitgliedstaaten unterstützt werden. Flexibilität ist damit von einer Ausnahme inner-

[199] Griller/Droutsas/Falkner/Forgó/Nentwich, a.a.O., S. 241.
[200] Thun-Hohenstein, Der Vertrag von Amsterdam, S. 127.
[201] Becker, a.a.O., S. 55.

halb der Gemeinschaftsregeln zu einem wichtigen Bestandteil des Amsterdamer Vertrages geworden.[202] Gleichwohl bevorzugt der Vertrag weiterhin die Gemeinschaftsmethode bei einem Voranschreiten der Mitgliedstaaten, was an den strengen Voraussetzungen zur Begründung einer verstärkten Zusammenarbeit deutlich wird.

Die verstärkte Zusammenarbeit kann im ersten und dritten Pfeiler begründet werden unter der Bedingung, dass verschiedene Kriterien, die in den Verträgen festgelegt sind, erfüllt sind. Der Wortlaut und die Natur der besagten Kriterien bleiben zum Teil allerdings relativ unklar.[203]

Die Kriterien in der ersten Säule für die Begründung der verstärkten Zusammenarbeit sind sehr strikt, da sowohl der acquis communautaire als auch die existierenden Gemeinschaftsaktionen und –programme nicht beeinträchtigt werden dürfen. Die Entscheidungsverfahren im ersten Pfeiler sind am stärksten geprägt von der Rolle der Kommission und des Parlaments und einem hohen Anteil an Mehrheitsabstimmungen im Rat. Von daher ist für eine verstärkte Zusammenarbeit kein große Aktionsfeld gegeben.[204]

Im dritten Pfeiler sind die Möglichkeiten für eine praktische Nutzung der verstärkten Zusammenarbeit größer, da die Handlungsbereiche nicht so limitiert sind.[205]

Es bleibt abzuwarten, wie die Regelungen zur verstärkten Zusammenarbeit wirklich funktionieren. Bis jetzt ist dieser Mechanismus noch nicht zur Anwendung gekommen.

Die Stimmen im Schrifttum zur verstärkten Zusammenarbeit sind überwiegend kritisch. Das auffälligste Merkmal der Flexibilitätsregelungen im Amsterdamer Vertrag sei, dass sie mit Absicht extrem limitiert in ihrer Anwendbarkeit seien. Was auch immer die politischen Gründe für die Einführung des Konzepts der Flexibilität in die Verhandlungen der Regierungskonferenz gewesen sein mögen, die aktuellen Änderungen im Europäischen Regelwerk durch den Vertrag von Amsterdam, seien minimal. Abgesehen davon, dass sie kaum Raum für Manöver gäben, seien sie auch schwer zu aktivieren. Ihre Anwendung sei strikten Grenzen und Voraussetzungen unterworfen. Das offensichtlichste Zeichen dafür sei, dass die Verfahren entworfen wurden mit dem expliziten Zweck sicherzu-

---

202 Griller/Droutsas/Falkner/Forgó/Nentwich, a.a.O., S. 278.
203 Griller/Droutsas/Falkner/Forgó/Nentwich, a.a.O., S. 278.
204 Deubner, Verstärkte Zusammenarbeit im System der Europäischen Union, S. 47.
205 Deubner, Verstärkte Zusammenarbeit im System der Europäischen Union, S. 47.

stellen, dass Flexibilität nur als letztes Mittel genutzt werde. Sie stellten keine Basis für große Reformen für die europäische Zusammenarbeit dar.[206]

Es stehe zu befürchten, dass die große Anzahl von flexiblen Verfahren die Struktur der Union noch komplizierter und noch weniger transparent machen werde als vor dem in Kraft treten des Vertrages von Amsterdam.[207]

Nach *Janning* begründet das Konzept der verstärkten Zusammenarbeit in seiner jetzigen Form eher eine theoretische Option auf wirksame Differenzierung als ein praktisches Instrument.[208] Es konstruiere eine „inflexible Flexibilität", ein „Placebo" für Deutschland und Frankreich.

De Areilza hingegen sieht in der verstärkten Zusammenarbeit ein nützliches Werkzeug für Deutschland und Frankreich bei der Kontrolle von Mehrheitsentscheidungen in Bereichen wo diese beiden Staaten wichtige Abstimmungen verlieren könnten. Sie könnte ihnen auch helfen, Einstimmigkeitserfordernisse zu umgehen. Außerdem könnten Mitgliedstaaten mit der verstärkten Zusammenarbeit ein formales Recht zur Initiierung von Gesetzen erlangen, das sie vorher nicht hatten. Auf der politischen Ebene bekämen die EU-Mitglieder mehr Verhandlungsmacht, da sie mit dem Instrument der verstärkten Zusammenarbeit drohen könnten. Allerdings könnten Mitgliedstaaten sich auch mit einem Veto vor einer unliebsamen verstärkten Zusammenarbeit anderer Staaten schützen.

Schließlich kann man sich die engere Zusammenarbeit als mächtiges Instrument zur Änderung der Konsequenzen der kommenden Erweiterung vorstellen.[209]

Duff fragt: Wenn die Regelungen zu verstärkter Zusammenarbeit die Antwort sind – was ist die Frage?
Für ihn haben die Flexibilitätsregeln eine übertriebene Wichtigkeit erreicht.[210]

Es gibt aber auch durchaus positive Anmerkungen.
Die spezifischen Grenzen der Vertragsvorschriften sollten die Bedeutung des wichtigen Punktes nicht schmälern, dass zum ersten Mal die Möglichkeit flexibler Integration in das europäische Regelwerk eingeführt worden sei. Die Sor-

---

206 Metcalfe, a.a.O., S. 20.
207 Griller/Droutsas/Falkner/Forgó/Nentwich, a.a.O., S. 278.
208 Josef Janning, Dynamik in der Zwangsjacke - Flexibilität in der Europäischen Union nach Amsterdam; in: integration 04/97, S. 215.
209 José de Areilza, Enhanced Cooperation in the Treaty of Amsterdam: some critical remarks, Harvard Jean Monnet Working Paper 13/98, S. 10, 11.
210 Andrew Duff, Flexibility and Enlargement; in: den Boer/Guggenbühl/Vanhoonacker, Coping with Flexibility and Legitimacy after Amsterdam, S. 45.

ge vor einem Europa à la carte konnte durch die Regelungen genommen werden.[211]

Auch wenn der direkte Effekt der verstärkten Zusammenarbeit zur Zeit nur gering ist, da Flexibilität nur innerhalb eines begrenzten Rahmens erlaubt ist - auf lange Sicht, insbesondere nach der Osterweiterung werde das anders aussehen.[212]

Trotz der sicher nicht unberechtigten Kritik an dem neu eingeführten Mechanismus wird die Möglichkeit der flexiblen Integration, wie limitiert sie auch sein mag, eine treibende Kraft für mehr Integration und Kooperation werden. Flexibilität macht eine Erweiterung der Europäischen Union und eine tiefere Integration gleichzeitig möglich. Dazu kommt, wenn sich verstärkte Zusammenarbeit zwischen einer Reihe von Mitgliedstaaten als erfolgreich erweist, werden andere Mitgliedstaaten folgen, da sie nicht zurückgelassen werden möchten.

Die verstärkte Zusammenarbeit kann die Union vor einem Auseinanderbrechen schützen, weil die Mitgliedstaaten, die schneller voranschreiten wollen, daran nicht mehr durch andere Mitgliedstaaten gehindert sind und es somit nicht zu Frustrationen und Streitigkeiten kommt, die einen Bruch herbeiführen könnten. Die zweifelsohne bestehenden Unzulänglichkeiten der verstärken Zusammenarbeit im Vertrag von Amsterdam wurde auch von den Mitgliedstaaten erkannt. Allerdings setzte sich diese Erkenntnis bei einigen früher durch als bei anderen.

Die Staats- und Regierungschefs beschlossen auf der Regierungskonferenz zum Vertrag von Nizza Änderungen des Instruments. Die Flexibilität sollte sich nun im Raum einer großen Europäischen Union mit mehr als zwanzig Mitgliedstaaten entfalten dürfen und dort als Mechanismus des Integrationsfortschritts für die heutigen Mitgliedstaaten Anwendung finden können.

---

[211] Metcalfe, a.a.O., S. 22.
[212] Metcalfe, a.a.O., S. 21.

Kapitel 4

Entwicklung der Verhandlungen über die verstärkte Zusammenarbeit im Verlauf der Regierungskonferenz zum Vertrag von Nizza

I. Einführung

Im Laufe des Jahres 2000, an dessen Ende die Regierungskonferenz in Nizza stattfinden sollte, gewann die Diskussion über die so genannte „verstärkte Zusammenarbeit" ständig an Dynamik.

Im Juni 1992, als Portugal erstmals turnusgemäß den Vorsitz in der Gemeinschaft führte, hatten die Staats- und Regierungschefs in ihrer Abschlußerklärung des Lissabonner Gipfeltreffens festgehalten, dass die Aufnahme mittel- und osteuropäischer Reformländer sowie Maltas und Zyperns einen weiteren institutionellen Aufbau der Union erfordere. Die 1995 begonnenen Verhandlungen zur Reform des Maastrichter Vertrages von 1992 mündeten in die Amsterdamer Vereinbarung von 1997[213]. Sie wurden dem Ziel, die Gemeinschaft institutionell für die Ost-Erweiterung zu rüsten, jedoch nur in Ansätzen gerecht.

Noch ehe der Vertrag von Amsterdam im Mai 1999 in Kraft getreten war, entbrannte eine Diskussion über Umfang und Tragweite der nächsten Vertragsrevision. Diese galt besonders der Frage, ob neben den in Amsterdam ungelösten Problemen zu Fragen der Ausweitung der Mehrheitsentscheidungen der Regierungen und der Stimmengewichtung im Ministerrat sowie der Größe und Zusammensetzung der Europäischen Kommission weitere Reformschritte ins Auge gefaßt werden sollten. Dazu zählten neben Vertragsänderungen, die durch den Ausbau der europäischen Sicherheits- und Verteidigungspolitik erforderlich werden könnten, vor allem die Erleichterung der Möglichkeit für eine begrenzte Zahl von Mitgliedstaaten, auf bestimmten Politikfeldern voranzuschreiten (verstärkte Zusammenarbeit).

Wie kam es zu dieser Dynamik? Woher kam das zunehmende Interesse für die verstärkte Zusammenarbeit?

Auf der Tagung des Europäischen Rates in Köln beschlossen die Staats- und Regierungschefs die Einberufung einer weiteren Regierungskonferenz im Jahr 2000. Diese sollte sich mit den „left-overs" von Amsterdam befassen.

---

[213] ABl. EG Nr. C 340 vom 10. November 1997, S. 145-172 u. 173-308.

Die Konferenz sollte im Rahmen des Europäischen Rates in Helsinki vorbereitet, unter portugiesischem Vorsitz Anfang 2000 einberufen und nach Möglichkeit bereits Ende 2000 unter französischem Vorsitz abgeschlossen werden.[214]

Im Dezember 1999 beschlossen die Regierungschefs auf dem Gipfel von Helsinki mit dreizehn Ländern offizielle Beitrittsverhandlungen aufzunehmen[215]. Die Europäische Union verpflichtete sich gleichzeitig, bis zum Jahr 2002 aufnahmebereit zu sein[216].

An gleicher Stelle wurde auch der Termin und die Agenda für die Regierungskonferenz in Nizza am 7. und 8. Dezember 2000 festgelegt. Auf dieser Konferenz sollten institutionelle Reformen der Gemeinschaft beschlossen werden, um die Europäische Union aufnahmebereit zu machen. Dabei ging es insbesondere um die Vereinfachung der Entscheidungsmechanismen.

Die Organe, Mechanismen und Verfahren, die ursprünglich für die Bedürfnisse der sechs Gründungsstaaten der Europäischen Wirtschaftsgemeinschaft geschaffen worden waren und in den folgenden Jahren mit den Beitritten neuer Mitgliedstaaten nur geringe Änderungen erfahren hatten, sollten nun für die Aufnahme der neuen Beitrittskandidaten in einigen wichtigen Punkten grundlegend geändert werden.

Auf der Agenda standen die schon erwähnten sogenannten „Überbleibsel“, die „left-overs“ der Vertragsverhandlungen zum Vertrag von Amsterdam, der auf dem Gipfel von Amsterdam am 02. Oktober 1997 angenommen worden war.
Der Begriff „Überbleibsel“ verbarg jedoch die Tatsache, dass diese Themen zu den existenziellsten wie umstrittensten institutionellen Fragen innerhalb der Staatengemeinschaft gehörten, auf deren Lösung man sich auf dem Gipfel von Amsterdam nicht hatte verständigen können.

II. Die Verhandlungen zur Regierungskonferenz 2000 in Nizza

Am 14. Februar 2000 wurde die Regierungskonferenz zur institutionellen Reform der Europäischen Union unter portugiesischer Präsidentschaft eröffnet. Einen Tag später begann die Gruppe zur Vorbereitung der Regierungskonferenz ihre Arbeit.

---

[214] Schlußfolgerungen des Vorsitzes des Europäischen Rates in Köln vom 3. – 4. Juni 1999.

[215] Schlußfolgerungen des Vorsitzes zum Gipfel von Helsinki am 10. und 11. Dezember 1999, I. 4.

[216] Schlußfolgerungen des Vorsitzes zum Gipfel von Helsinki am 10. und 11. Dezember 1999, I. 5.

An diesen Sitzungen nahmen Vertreter der Mitgliedstaaten, ein Vertreter der Kommission sowie zwei Vertreter des Europäischen Parlaments teil.

Die Arbeit in der Vorbereitungsgruppe wurde in zwei Runden organisiert, in denen alle Themen diskutiert wurden. In der ersten Runde wurde mit der Frage der qualifizierten Mehrheit begonnen, dann wurden die institutionellen Fragen in Verbindung mit den „left-overs" bestimmt und erst danach Fragen der Kommission und der Stimmengewichtung behandelt. Eingeschlossen in die institutionellen Fragen war die Frage der verstärkten Zusammenarbeit. Die zweite Runde wurde in der Schlußphase der Verhandlungen begonnen. In ihr wurden erneut die bereits behandelten Fragen geprüft und versucht, Probleme zu erkennen, die auftreten könnten.

Auch wenn die verstärkte Zusammenarbeit am Anfang nicht offiziell als eigener Punkt auf der Agenda stand, so war dieses Instrument doch von Anbeginn an ein wichtiges Thema.

1. Erklärungen der Ratspräsidentschaft, des Europäischen Parlaments und der Kommission zur Eröffnung der Regierungskonferenz

Noch vor Beginn der Regierungskonferenz erklärte der portugiesische Regierungschef und Ratsvorsitzende, Guterres, dass die Globalisierung, der schärfer werdende internationale Wettbewerb den EU-Partnern keine andere Wahl lasse, als wirtschaftlich und politisch noch enger zusammenzustehen. Andererseits sei aber die Osterweiterung der Union ebenfalls ein Gebot, weil sie nichts anderes als die Wiedervereinigung Europas mit sich selbst darstelle. Im Spannungsfeld zwischen Vertiefung und Erweiterung des Gebildes, das aus den Trümmern des zweiten Weltkriegs entstanden sei und das dem westlichen Teil des Kontinents Demokratie und Wohlstand gesichert habe, stehe die Europapolitik nun seit einem Jahrzehnt. Auch seine Regierung habe die Flexibilitätsklausel einst mit Skepsis beäugt. Vor dem Hintergrund eines Erweiterungsprozesses, der durch den Kosovo-Krieg noch an Dringlichkeit gewonnen habe, gelte diese Skepsis nicht mehr. „Wenn man erweitert, wird die Union heterogener. Dann ist es klar, dass man weitergehen muss", begründet Guterres den portugiesischen Sinneswandel zur Flexibilitätsklausel.

Ähnlich wie Bundesaußenminister Fischer sah Guterres die Erleichterung der Bedingungen für eine verstärkte Zusammenarbeit einer begrenzten Anzahl von Mitgliedstaaten in einem engen Zusammenhang mit verbesserten Möglichkeiten zu Mehrheitsabstimmungen im jetzt schon oft und künftig wohl noch häufiger durch den Einstimmigkeitszwang gelähmten Ministerrat. Wenn Europa den Einigungsprozeß vertiefen wolle, müssten Situationen vermieden werden, die in eine politische Sackgasse zu führen drohten, argumentierte der portugiesische Regierungschef. Deshalb müssten für eine Reihe von Fällen, in denen die Mitgliedstaaten nicht zu Mehrheitsentscheidungen bereit seien, die Möglichkeit zu einer engeren Zusammenarbeit von Mitgliedstaaten verbessert werden. Nur „Flexibilität zu mehr Flexibilität“ eröffne die Möglichkeit, die Integration der Gemeinschaft voranzubringen, sagte Staatssekretär Seixas da Costa. Es sei an der Zeit, sich bei den Überlegungen zu institutionellen Reformen der EU von dem an der Fünfzehnergemeinschaft orientierten Modell zu lösen. Seixas da Costa wollte daher für eine engere Zusammenarbeit eine Mindestzahl von Mitgliedstaaten zur Diskussion stellen[217].

Die Präsidentin des Europäischen Parlaments, Nicole Fontaine, sagte in ihrer Ansprache zur Eröffnung der Regierungskonferenz am 14. Februar 2000 ebenfalls zu diesem Thema: „.... die Regierungskonferenz müsse mittels Flexibilisierung, aber gleichzeitiger Achtung der Vorrechte des Parlaments, das System der verstärkten Zusammenarbeit verbessern“[218].

Die Europäische Kommission erklärte in ihrer Stellungnahme zur Regierungskonferenz 2000[219] in Bezug auf die verstärkte Zusammenarbeit, dass zwei Änderungen vorzunehmen seien. Die Mindestzahl der Mitgliedstaaten, die zur Begründung der verstärkten Zusammenarbeit nötig sei, sei auf ein Drittel der Mitgliedstaaten festzulegen. Außerdem sollte die Möglichkeit, dass die Begründung der verstärkten Zusammenarbeit auf Antrag eines Mitgliedstaates der Zustimmung des Europäischen Rates und der einstimmigen Beschlussfassung unterworfen werde, ausgeschlossen werden.

Damit sollte vermieden werden, dass die Mitgliedstaaten, die enger zusammenarbeiten möchten, dies außerhalb des in den Verträgen vorgesehenen institutionellen Rahmens durchführten, wenn sie innerhalb des Rahmens blockiert würden. Sie stützte sich bei ihrer Stellungnahme auf den Bericht der „Drei Weisen“ vom 18. Oktober 1999 den Kommissionspräsident Romano Prodi in Auftrag gegeben hatte. In diesem Bericht forderten Jean-Luc Dehaene, Richard von Weizäcker und Lord Simon, die Reformen nicht nur auf die drei Leftovers zu beschränken, da sich Reformbedarf für alle übrigen Organe ergebe. Weiterhin mahnten sie vereinfachte Methoden differenzierter Integration an.

---

217 F.A.Z., 10. Januar 2000, "EU-Ratspräsident zwischen Ehrgeiz und Realismus".

218 Rede der Präsidentin des Europäischen Parlaments Nicole Fontaine zur Eröffnung der Regierungskonferenz am 14. Februar 2000 in Brüssel.

219 Regierungskonferenz 2000, "Institutionelle Reform für eine erfolgreiche Erweiterung", Stellungnahme der Kommission, Bulletin der Europäischen Union – Beilage 2/2000.

2. Anmerkungen von Jaques Delors

Wenige Tage später sorgte Jaques Delors mit einem in der französischen Zeitung „Le Monde" erschienenen Interview[220] für Aufsehen, als er – dem man seine europäische Gesinnung nicht abstreiten kann - die Debatte über ein „Kerneuropa" wieder belebte, ohne allerdings den Ausdruck zu verwenden.

Er versicherte, dass er Erweiterung und Vertiefung der Union nicht gegeneinander ausspielen wolle, warnte aber eindringlich vor der Illusion, die Gemeinschaft könne die Osterweiterung ohne grundlegende Reformen politisch verkraften.

Damit forderte er eine Abkehr von der herkömmlichen EU-Methode der kleinen Schritte, wie sie gerade in Paris für die Überarbeitung des Amsterdamer Vertrages befürwortet werde. Wie einst beim Binnenmarkt und später bei der Wirtschafts- und Währungsunion, versuchte Delors auch jetzt mit einer anspruchsvollen Vision für eine Integrationsdynamik zu werben. Die Herausbildung einer vornehmlich aus den sechs Gründerstaaten Deutschland, Frankreich, Italien und den Benelux-Ländern zusammengesetzten „Avantgarde" sollte dazu beitragen, auch in einer bis zu 27 Mitglieder zählenden Gemeinschaft Spielraum für eine Vertiefung der Einigung zu sichern. Als einer der Väter des Euro versprach sich Delors davon insbesondere eine bessere wirtschaftspolitische Abstimmung in der Währungsunion. Auch in der Sicherheits- und Verteidigungspolitik sollte im kleineren Kreis das möglich werden, was in einer mehr als zwei Dutzend umfassenden Union an der Vielfalt der Auffassungen und Traditionen zu scheitern drohe.

Mit diesen Thesen belebte Delors die 1994 von den CDU-Politikern Lamers und Schäuble angestoßene Diskussion[221] um das so genannte Kerneuropa neu.

Nicht zuletzt dieser Appell des früheren EU-Kommissionspräsidenten Delors rüttelte viele Politiker in Paris und Berlin wach.

Auf dem EU-Gipfeltreffen in Helsinki im Dezember 1999 hatten sich insbesondere die Benelux-Länder, Italien und Portugal, für vereinfachte Möglichkeiten zur engeren Zusammenarbeit von einigen Mitgliedstaaten ausgesprochen. Während Außenminister Fischer schon damals zu den Verfechtern der so genannten Flexibilitätsklausel gehörte, schwenkte Bundeskanzler Schröder erst wenige Wochen später in dieses Lager über. Dagegen zögerten die französischen Verantwortlichen noch zum Auftakt der Verhandlungen zur Vertragsreform Mitte

---

220 Le Monde, 19. Februar 2000, „L'européen Delors critique l'Europe".

221 „Überlegungen zur europäischen Politik", CDU/CSU-Fraktion des Deutschen Bundestages, 01. September 1994.

Februar. Dahinter stand die Befürchtung, bei einer thematischen „Überfrachtung" die Regierungskonferenz nicht fristgerecht zum Jahresende in Nizza abschließen zu können.

3. Sitzungen der Vorbereitungsgruppe und Reaktionen darauf

Schon nach der ersten Sitzung der Vorbereitungsgruppe am 15. Februar 2000 zeichnete sich nach Meinung von Prof. Tsatsos, Vertreter des Europäischen Parlaments bei der Regierungskonferenz, ab, dass die meisten Mitgliedstaaten trotz einiger Vorbehalte die Frage der verstärkten Zusammenarbeit auf die Tagesordnung der Regierungskonferenz setzen wollten.[222]

Nach der dritten Sitzung der Vorbereitungsgruppe zur Regierungskonferenz am 07. März 2000 erklärte der Vorsitzende der Gruppe, der portugiesische Staatssekretär für europäische Angelegenheiten, Francisco Seixas da Costa, auf seiner Pressekonferenz, dass bei den Sitzungen alle institutionellen Fragen analysiert werden sollten, die mit den Überbleibseln von Amsterdam verbunden seien, einschließlich der Grauzonen. Nach der Ansicht der meisten Mitgliedstaaten könnte das Problem der Flexibilität „nicht umgangen werden".[223]

Der Vertreter des Europäischen Parlamentes bei der Regierungskonferenz Elmar Brok warnte in einer Pressemitteilung zwei Tage später davor, „dass durch ein Scheitern bei der Ausweitung der Mehrheitsentscheidungen im Rat das Prinzip der 'verstärkten Zusammenarbeit' vermehrt greifen werde. Es könne nicht Ziel der Reform der Verträge sein, dass im Rat Entscheidungen von Fall zu Fall durch unterschiedliche Interessengruppen getroffen würden, selbst bei binnenmarktrelevanten Entscheidungen. Die Einheit der europäischen Rechtsordnung sei zu jedem Zeitpunkt der große Pluspunkt der Europäischen Union gewesen. Sollte diese Rechtsordnung aufs Spiel gesetzt werden, verliere die EU an Attraktivität".[224]

In diesem frühen Stadium zeigten sich auch schon die Befürchtungen der Beitrittskandidaten für den Fall einer Ausweitung der verstärkten Zusammenarbeit. Bei dem Besuch des polnischen Ministerpräsidenten Buzek in Brüssel äußerte sich dieser besorgt über die von einigen Mitgliedstaaten angestrebten flexibleren Formen der Zusammenarbeit. Alle Beitrittskandidaten befürchteten, dass daraus ein Europa der zwei Geschwindigkeiten mit zwei unterschiedlichen Formen der

---

[222] Agence Europe Nr. 7667 vom 02. März 2000, EP/IGC.
[223] Pressekonferenz von Staatssekretär Seixas da Costa am 07. März 2000.
[224] Pressemitteilung von Elmar Brok, MdEP, vom 09. März 2000.

Mitgliedschaft entstehen könnte. Die Erweiterung dürfte nicht nur anhand wirtschaftlicher Kosten und Nutzen beurteilt werden.[225]

4. Gemeinsame Erklärung von Valéry Giscard d'Estaing und Helmut Schmidt

Neben Jaques Delors meldeten sich nun auch der frühere Präsident der französischen Republik Valéry Giscard d'Estaing und der ehemalige deutsche Bundeskanzler Helmut Schmidt zu Wort. In einem gemeinsamen Artikel, der in der französischen Tageszeitung „Le Figaro" mit dem Title „La leçon d'Europe" sowie in mehreren französischen und deutschen Zeitungen erschien[226], prangerten die Autoren die Mißstände des europäischen Aufbauwerkes an und zeigten eine Lösung für die Zukunft auf.

Diese beiden Persönlichkeiten, die die Geschichte Europas mit prägten, indem sie mit den ihnen obliegenden Befugnissen und Verantwortlichkeiten die Gründung der einheitlichen Währung nachhaltig unterstützten, einigten sich im wesentlichen auf eine ähnliche Schlußfolgerung wie die, die Anfang des Jahres Jaques Delors beschrieben hatte: Eine echte Integration sei mit dreißig Mitgliedern nicht möglich. Um die „ursprünglichen Ambitionen" zu bewahren, müssten die sechs Gründerländer der Europäischen Wirtschaftsgemeinschaft, gemeinsam mit anderen Ländern, die „entschlossen und guten Willens" seien, eine Initiative mit einem „föderativen Ansatz" auf den Weg bringen, die zusätzliche Institutionen vorsehe.

Ihrer Meinung nach sei die vollständige Integration kein realistisches Ziel für dreißig Länder, die in ihren politischen Traditionen, ihrer Kultur und ihrer wirtschaftlichen Entwicklung sehr verschieden seien. Der Versuch, so viele Länder zu integrieren, könne nur zu einem vollständigen Scheitern führen. Es sei außerdem offensichtlich, dass die Integration einem Land, das sich weigere, nicht aufgezwungen werden könne.

Die einzig realistische Option sei daher, dass die Integration von denjenigen Ländern vollzogen werde, die den politischen Willen dazu hätten und deren wirtschaftliche und soziale Voraussetzungen nahezu identisch seien. Derzeit gehörten alle diese Länder der Euro-Zone an, deren Bevölkerungszahl bereits die der USA überschreite. Hierzu bedürfte es einer Initiative der Gründerväter – Frankreich, Deutschland, Italien und Benelux – sowie der anderen Länder, die entschlossen und guten Willens seien. Damit dieser Prozeß wirksam werde, be-

[225] F.A.Z., 07. April 2000, „Buzek fordert zügige Verhandlungen".
[226] Le Figaro, 10. April 2000, Giscard d'Estaing/Helmut Schmidt, "La leçon d'Europe".

dürfe es weiterer Institutionen: eines Rates, einer parlamentarischen Struktur, die operationelle Beziehungen mit den nationalen Parlamenten unterhalten könnte, aber sicherlich keiner zusätzlichen Kommission. Im Grunde handele es sich um „Institutionen innerhalb von Institutionen", die in der Europäischen Union bereits vorhanden seien.

Die einzige Beschränkung, die von den nichtteilnehmenden Ländern auferlegt werden könne, läge darin, dass diese Gruppe, die „Europäer des Euro", alle Verpflichtungen der erweiterten Europäischen Union erfüllen müssten und dass die neuen Institutionen nicht in einen Kompetenzstreit mit den bestehenden europäischen Institutionen treten könnten. Diese neue Gruppierung würde – mit den impliziten Schranken in einer solchen Analogie – ein politisches Gebilde auf dem europäischen Kontinent sein, wie die Vereinigten Staaten von Amerika ein eigenständiges politisches Gebilde auf dem nordamerikanischen Kontinent seien.

5. Resolution des Europäischen Parlaments zur Regierungskonferenz

Das Europäische Parlament erklärte in seiner Resolution zur Regierungskonferenz 2000[227], dass „die verstärkte Zusammenarbeit einen Anreiz für die Fortentwicklung der Union darstellen muss und von ihr nur dann Gebrauch gemacht werden soll, wenn sich eine Aktion der Europäischen Union insgesamt als unmöglich erweist".

Es schlug vor, dass die verstärkte Zusammenarbeit Gegenstand eines eigenen Kapitels des EU-Vertrags werden sollte, das auf Titel V und VI des EU-Vertrages und auf den EG-Vertrag anzuwenden sei. Die verstärkte Zusammenarbeit sollte mindestens ein Drittel der Mitgliedstaaten umfassen, unter Beibehaltung der anderen Bedingungen, die für die Einleitung der verstärkten Zusammenarbeit notwendig seien.

Weiterhin sollte die Genehmigung zur Einleitung einer verstärkten Zusammenarbeit vom Rat mit qualifizierter Mehrheit auf Vorschlag der Kommission und nach Zustimmung des Europäischen Parlamentes, das mit der Mehrheit seiner Mitglieder entscheide, erteilt werden.

In der Debatte der Plenartagung des Europäischen Parlaments in Straßburg am 12. April 2000 zu dem Bericht Dimitrakopoulos/Leinen[228] über die Vorschläge

[227] Resolution des Europäischen Parlaments zur Regierungskonferenz 2000 vom 13. April 2000, ABl. EG Nr. C 40 vom 07. Februar 2001, S. 409.
[228] ABl. EG Nr. C 40 vom 07. Februar 2001, S. 409.

des Europäischen Parlaments für die Regierungskonferenz, zog der amtierende portugiesische Ratspräsident Jaime Gama eine Bilanz über den bisherigen Verlauf der Sitzungen der vorbereitenden Gruppe. Zum Thema verstärkte Zusammenarbeit bemerkte er, dass der Punkt schwierig sei, da es noch keine konkreten Beispiele für diese Art von Zusammenarbeit gebe und weil diejenigen, die sie wünschten, auch keine theoretischen Beispiele lieferten. Es habe sich eine gewisse Bereitschaft gezeigt, eine Intervention des Europäischen Rates nicht mehr für die Auslösung der verstärkten Zusammenarbeit zu verlangen[229].

Der Mitberichterstatter des Parlaments, Giorgos Dimitrakopoulos, betonte das Kräftegleichgewicht, das sich im europäischen Aufbauwerk bewährt habe, und eine Konzeption der verstärkten Zusammenarbeit, die gewährleiste, dass das Ziel dieser Flexibilität einzig und allein darin bestehe, die Europäische Integration voranzubringen.[230]

6. Befragung der Vertreter des Europäischen Parlaments durch den konstitutionellen Ausschuss

Auf der Sitzung des Ausschusses für Konstitutionelle Angelegenheiten des Europäischen Parlamentes am 18. April 2000 informierten die beiden Vertreter des Europäischen Parlaments Prof. Tsatsos und Elmar Brok die Mitglieder des Ausschusses über den Verlauf der informellen Tagung der Vorbereitenden Gruppe der Regierungskonferenz vom 14. und 15. April 2000 in Sintra[231]. Auf dieser Sitzung haben sich die Vertreter der Außenminister mit der Frage der verstärkten Zusammenarbeit beschäftigt und haben die Aufnahme dieses Themas auf die Tagesordnung der Regierungskonferenz diskutiert. Die portugiesische Präsidentschaft habe die Frage gestellt, in welchen Bereichen sich die Vertreter eine verstärkte Zusammenarbeit vorstellen könnten. Es seine daraufhin lediglich der Bereich der Unionsbürgerschaft und der polizeilichen Zusammenarbeit genannt worden.

Prof. Tsatsos zufolge wurden in Sintra die Differenzen zwischen den Ländern, die für eine leichtere Auslösung der verstärkten Zusammenarbeit „um jeden Preis" seien, insbesondere mit Blick auf die EU-Erweiterung, und den Ländern, die skeptisch seien und keinen Anlaß zu einer Vertragsänderung sehen, bestätigt.

---

229 Protokoll zur Sitzung des Europäischen Parlaments am 12. April 2000; in: Agence Europe Nr. 7697 vom 13. April 2000, EP/Institutionelle Reform.

230 Agence Europe Nr. 7697 vom 13. April 2000, EP/Institutionelle Reform.

231 Protokoll der Sitzung des Ausschusses für Konstitutionelle Angelegenheiten des Europäischen Parlaments am 18. April 2000; in: Agence Europe Nr. 7701 vom 19. April 2000, EP/Institutionelle Reform.

Brok sagte jedoch, er habe das Gefühl, dass bereits ein gewisser Konsens über die Zweckmäßigkeit bestehe, das Veto gegen jede Entscheidung zugunsten einer verstärkten Zusammenarbeit zu beseitigen. Wenn die erforderliche Anzahl der Länder festgelegt werde, die für eine verstärkte Zusammenarbeit notwendig sei, sei zwischen einer „gesetzgeberischen Kooperation“ (mit wenigstens der Hälfte der Mitgliedstaaten) und „einfachen Aktionen“ durch eine verstärkte Kooperation (für die ein Drittel der Mitgliedstaaten ausreichen würde) zu unterscheiden. Wenn es sich um Entscheidungen im Legislativbereich handele, „kann es nicht ohne das Europäische Parlament funktionieren“. Das Europäische Parlament müsse „als Ganzes“ tätig sein, bemerkte Brok. Er äußerte seine Skepsis in bezug auf die verstärkte Zusammenarbeit aufgrund von Problemen der „demokratischen Legitimität“.

Das eigentliche Ziel der Verhandlungen läge gerade darin, die Tragweite der qualifizierten Mehrheit zu erweitern, man dürfe daher nicht von vornherein beschließen, dass letztlich nur eine kleine Gruppe von Ländern weiter vorangehen können werde, betonte Brok, der die Sitzung von Sintra für "interessant“ befand, zum jetzigen Zeitpunkt aber eine stärkere Ausrichtung auf die Erweiterung der qualifizierten Mehrheit forderte, und erst danach den Übergang zu einer verstärkten Zusammenarbeit. Es dürfe nicht umgekehrt sein, bekräftigte er.

7. Erklärung von Premierminister Jospin in Budapest

Als erster Regierungschef einer der sechs Gründerstaaten erklärte der französische Premierminister Lionel Jospin in Budapest am 04. Mai 2000, dass die Bemühungen der Europäischen Union zur Reform ihrer Institutionen den Beitritt der neuen Mitglieder in Zentraleuropa nicht verzögern dürften. Er machte seine Vision eines künftigen Europas offiziell, vor allem die Idee eines Kerns weniger Staaten, die enger zusammenarbeiten als der Rest der Europäischen Union. Jospin sprach sich erstmals energisch für ein so genanntes „Kerneuropa“ aus und kündigte an, die notwendigen Reformen bis zum Ende der französischen Präsidentschaft umzusetzen. Er sagte, es müssten rasch Gebiete definiert werden, auf denen gewisse Länder in der Zusammenarbeit schneller und weiter voranschreiten könnten als andere. Als Ziel für dieses „Kerneuropa“ nannte er die Friedenssicherung, also eine gemeinsame Außen- und Verteidigungspolitik, aber auch eine stärkere Abstimmung der Politik allgemein.[232]

---

[232] FTD, 05. Mai 2000, „Jospin plädiert in Budapest für ein Kern-Europa in der EU“.

8. Tagung der Regierungsbeauftragten am 02. Mai 2000

Bei einer Tagung der Unterhändler am 02. Mai 2000 überraschte der französische EU-Botschafter Pierre Vimont mit einem Positionswechsel. Paris befürworte eine gewisse Lockerung der Flexibilitätsklausel – nicht zuletzt weil andernfalls die Gefahr wachse, dass sich die politische Zusammenarbeit in Europa außerhalb des bestehenden Vertragsrahmens abspielen werde. Unter Lockerung verstand Vimont die Abkehr vom derzeitigen Einstimmigkeitszwang, der eine engere Zusammenarbeit einiger Mitgliedstaaten an die vorherige Einwilligung aller Partner knüpfe. Dies sei einer der Gründe, warum die Flexibilitätsklausel des Amsterdamer Vertrages noch kein einziges Mal zur Anwendung gekommen sei.

Der französische Außenminister Védrine ließ erkennen, dass eine entsprechende Überarbeitung der Klausel den Weg hin zu einer europäischen Avantgarde vorzeichnen könnte. Sogar Europaminister Moscovici, der bis dahin als Europapolitischer Zauderer galt, zeigte sich aufgeschlossener.

Während sich der Blick in Deutschland schon weiter in die Zukunft der Gemeinschaft richtete, stand in Paris die Präsidentschaft im Vordergrund. Unter französischen Politikern wuchs das Bewußtsein dafür, dass die in Nizza angestrebten Vertragsreformen nur dann als Erfolg gelten könnten, wenn sie Perspektiven für die weitere Vertiefung der Zusammenarbeit eröffneten. Die Erwartungen richteten sich auf die Flexibilitätsklausel. In Paris und Berlin gab es jedoch Stimmen, die vor übertriebener Hoffnung warnten. Es reiche nicht aus, auf den bisherigen Einstimmigkeitszwang zu verzichten. Die Verfahren drohten auch künftig zu aufwendig und langwierig zu werden. Zudem bestehe die Gefahr, dass sich durch eine Vielzahl unterschiedlicher Kooperationen ein für den Bürger undurchschaubarer „europäischer Flickenteppich" herausbilde.[233]

9. Informelles Treffen der Außenminister auf den Azoren

Bei dem informellen Treffen der Außenminister auf den Azoren am 07. Mai 2000 waren diese sich weitgehend einig, dass die angestrebten institutionellen Reformen nicht ausreichen würden, um die Erweiterung auf fast 30 Mitglieder zu verkraften. Insbesondere Deutschland und Frankreich brachten die Idee einer „verstärkten Zusammenarbeit" mit integrationswilligen Staaten in die Diskussion ein. Briten und Skandinavier standen solchen Vorstellungen noch skeptisch gegenüber, lehnten aber die Formel der verstärkten Zusammenarbeit nicht mehr rundheraus ab. Der britische Außenminister Cook kleidete seine Bedenken aber

---

[233] Agence Europe Nr. 7707 vom 03. Mai 2000, EU/Institutionelle Reform.

in die Frage, ob sich die Beitrittskandidaten aus dem Osten damit nicht unnötig von den Altmitgliedern ausgeschlossen fühlten.

Dem Befund, dass der Europäischen Union ein Verlust an erreichter Integration drohe, wenn mit der Erweiterung nicht tief greifende Veränderungen einhergingen, wurde kaum widersprochen. Das Ringen in der Union um die Bildung eines Gravitationszentrums oder eines Kerneuropas hatte damit begonnen.

Die portugiesische Ratspräsidentschaft forderte die Ministerrunden auf, sich Gedanken über die Reform der Europäischen Union zu machen, die über die Themen der Beratung hinausgingen, die Ende des Jahres abgeschlossen werden sollten. Man war sich einig, dass die Straffung der Einigungsprozesse und die Ausdehnung der Mehrheitsentscheidungen nicht ausreichen würden, um die Herausforderungen der Erweiterung zu bestehen. Der portugiesische Außenminister Jaime Gama forderte Bundesaußenminister Fischer in diesem Zusammenhang auf, seine Vorstellungen eines Europas der verschiedenen Geschwindigkeiten darzulegen. Fischer plädierte für mehr Integration der dazu bereiten Länder. Ins Detail wollte er jedoch erst in einer Rede am 12. Mai 2000 in der Humboldt-Universität in Berlin gehen[234].

10. Diskussionen anlässlich der Feier des 50. Jahrestages der Schuman-Erklärung

Anläßlich der Feierstunde, die vom Europäischen Parlament und der Europäischen Kommission zu Ehren des 50. Jahrestages der Schuman-Erkärung am 8. und 9. Mai 2000 in Brüssel organisiert wurde, erklärte der ehemalige französische Präsident Valérie Giscard d'Estaing erneut, dass die aktuelle Lehre der Schuman-Erklärung die Bedeutung der verstärkten Zusammenarbeit für die Zukunft Europas betreffe. Er sagte, dass die Gemeinschaft für Kohle und Stahl die erste Form der verstärkten Zusammenarbeit gewesen wäre und die große Erweiterung der Europäischen Union den Charakter des ursprünglichen europäischen Projekts ändere bzw. ein zweites Projekt hinzufüge. Das ursprüngliche Projekt habe in der tiefgreifenden Integration zwischen benachbarten und ähnlichen Staaten bestanden, um eine europäische Macht zu errichten. Seiner Meinung nach bestehe die neue Aufgabe darin, das große Europa mit effizienten und demokratischen Institutionen zu versehen, damit die Erweiterung gelinge. Die andere Aufgabenstellung sei, der fortschreitenden Integration zwischen den Staaten eine Chance zu geben, die den politischen Willen hätten, weiter voranzugehen. Giscard sah keine großen Unterschiede zwischen seinen Vorstellungen von der verstärkten Zusammenarbeit und der „Avantgarde“ von Jaques Delors.

---

[234] SZ, 08. Mai 2000, „Paris und Berlin dringen auf tiefere EU-Reformen“.

Man müsse die Hindernisse korrigieren, die im Vertrag die verstärkte Zusammenarbeit behinderten. Insbesondere den seltsamen Passus, dass sich die erforderliche Mindestzahl von Staaten, in Prozent ausgedrückt, bei jeder Erweiterung erhöhen würde.[235]

Kommissionspräsident Romano Prodi bemerkte bei gleicher Gelegenheit, dass die verstärkte Zusammenarbeit nach der „großen Erweiterung" obligatorisch werde, und bekräftigte vor allem die Notwendigkeit einer internen Reform der Institutionen, von denen die Kommission die „vielfältigste" sei.[236]

11. Vorstellung des Regierungsprogramms für die Französische EU-Ratspräsidentschaft vor der französischen Nationalversammlung

Der französische Regierungschef Lionel Jospin stellte am 09. Mai 2000 vor der französischen Nationalversammlung das Regierungsprogramm zur Übernahme der französischen EU-Ratspräsidentschaft am 01. Juli 2000 vor[237]. Sowohl bei der Regierung als auch bei der Opposition war ein Stimmungswandel erkennbar. Sie plädierten für ein „Kerneuropa" im Sinne der Gründerväter der Europäischen Union.

Mit der Erweiterung der Union nach Osten änderten sich ihre Ziele. Es werde immer schwieriger, einheitliche Lösungen zu erarbeiten, die der Situation aller Mitgliedstaaten gerecht würden. Gleichzeitig bedeute aber die Abkehr vom Konsensprinzip im Europäischen Rat, dass diese Beschlüsse nicht mehr von der überwiegenden Mehrheit der europäischen Bevölkerung getragen würden.

Das zweite Halbjahr 2000, in dem Frankreich den Europäischen Rat führen werde, sei ein signifikanter Abschnitt für die Reform der europäischen Institutionen. Diese Reform sei notwendig, weil Europa schon heute nicht gut funktioniere. Es müsse vollkommen klar sein, dass es ohne diese Reformen keine Erweiterung der Europäischen Union gebe. Auch Jospin wiederholte noch einmal, dass er von der Notwendigkeit einer vertieften Zusammenarbeit zwischen einzelnen Ländern überzeugt sei. Sie allein sei das Mittel, die endlose Debatte über den notwendigen Grad des Föderalismus in der Union zu beenden. Die verstärkte Zusammenarbeit sei ein pragmatischer Ansatz, wie er auch den Gründervätern vorgeschwebt hätte. Nur sie werde dem evolutionären Charakter der Union gerecht.

---

235 Discours de Valérie Giscard d'Estaing, "Oui à l'adoption d'une Constitution européenne".

236 Protokoll der Feierstunde zu Ehren des 50. Jahrestages der Schumann-Erklärung am 8. und 9. Mai 2000 im Europäischen Parlament.

237 FTD, 10. Mai 2000, „Keine Begeisterung für Osterweiterung".

12. Rede des deutschen Außenministers Fischer an der Humboldt-Universität Berlin

Der deutsche Außenminister Joschka Fischer hielt am 12. Mai 2000 an der Humboldt-Universität in Berlin eine Rede mit dem Titel: „Vom Staatenbund zur Föderation – Gedanken über die Finalität der europäischen Integration“.[238]

In dieser von vielen mit Spannung erwarteten Grundsatzrede über die künftige Struktur Europas forderte er, die Europäische Union zu einer Föderation weiterzuentwickeln. Mit seinen Ausführungen zur Finalität der europäischen Integration wollte der Außenminister neue Denkanstöße geben, da sich die bestehende Gemeinschaft fundamental ändern müsse, um auch mit 27 oder 30 Mitgliedern handlungsfähig zu bleiben. Nur wenn neben dem großen Wirtschaftsraum auch ein gemeinsamer politischer Raum entstehe, könne Europa die anstehenden inneren und äußeren Herausforderungen bewältigen. Andernfalls bestünde die Gefahr einer Rückentwicklung der Union zu einer reinen Freihandelszone und damit die Erosion vieler Errungenschaften der letzten 40 Jahre.

Konkret forderte Fischer den Übergang vom Staatenbund zu einer europäischen Föderation mit eigener Regierung, einem Zwei-Kammer Parlament und einer Verfassung. Den Weg dorthin solle die verstärkte Zusammenarbeit ebnen. Die Aufgabenteilung zwischen der Föderation und den Nationalstaaten solle in einem Verfassungsvertrag festgeschrieben werden. Dabei solle sich die Föderation auf Kernsouveränitäten wie z.B. innere und äußere Sicherheit und die Währungssouveränität konzentrieren, so dass die Nationalstaaten in gewissen Bereichen die ausschließliche Zuständigkeit behielten.

Fischer erkannte in der gegenwärtigen Union ein Demokratieproblem und das Erfordernis einer grundlegenden Neuordnung der Kompetenzen, die nur durch eine konstitutionelle Neugründung Europas in Form eines Verfassungsvertrages gelingen könne.

Die Entwicklung hin zu einer solchen Neukonstitution stellte sich der Außenminister als langfristigen Prozeß in zwei oder drei Stufen vor:
Als erstes sollte die verstärkte Zusammenarbeit zwischen denjenigen Staaten, die enger als andere miteinander kooperieren wollten, ausgebaut werden. Anwendungsbereiche seinen z.B. der Umweltschutz, die Verbrechensbekämpfung, die Entwicklung einer gemeinsamen Einwanderungs- und Asylpolitik und die Außen- und Sicherheitspolitik. Eine verstärkte Zusammenarbeit könne auch zu

---

[238] „Vom Staatenbund zur Föderation – Gedanken über die Finalität der europäischen Integration“, Rede des deutschen Außenministers Joschka Fischer am 12. Mai 2000 an der Humboldt-Universität in Berlin.

einer Weiterentwicklung der Euro-Staaten zu einer wirtschaftspolitischen Union führen.

Danach sollte eine erweiterungsoffene Staatengruppe, ein so genanntes Gravitationszentrum, einen neuen europäischen Grundvertrag schließen mit dem sie sich eigene Institutionen (eine Regierung, ein Parlament, einen direkt gewählten Präsidenten) gebe und der der „Nukleus einer Verfassung der Föderation" sein sollte. Dieses Gravitationszentrum müsste die Avantgarde bilden, die bereits alle Elemente der späteren Föderation umfasse. Die Avantgarde dürfte niemals exklusiv sein sondern müsste für alle Mitgliedstaaten und Beitrittskandidaten offen stehen.

Die Integration sollte schließlich durch eine Europäische Föderation vollendet werden.

13. Reaktionen auf die Rede Fischers

Diese Rede über die Finalität Europas in der Zukunft wurde in den Mitgliedstaaten mit unterschiedlichen Reaktionen aufgenommen, löste jedoch eine europaweite, intensive öffentliche Debatte zum Thema Flexibilität und zur Frage der Finalität des europäischen Einigungsprozesses insgesamt aus.

a) Positive Stimmen

Bundeskanzler Schröder sagte zu den Europapolitischen Vorschlägen von Bundesaußenminister Fischer, dass es sich dabei um eine „weitreichende und tragfähige Konzeption" handele.[239]

Die griechische Außenministerin Papazoi sagte, dass sie jeden Vorschlag unterstütze, der es ermöglichen werde, die Europäische Union zu vertiefen und in eine wirkliche politische Union zu verwandeln, doch dürfe dies nicht zur „Einführung willkürlicher Unterschiede zwischen den Mitgliedstaaten" oder zur Schaffung „geschlossener Clubs" führen.[240]

Der französische Außenminister Hubert Védrine war der Meinung, dass der Beitrag des deutschen Außenministers zu dieser Diskussion sehr ehrgeizig sei und seine Ideen denen von Jaques Delors nahe kämen. Er wies darauf hin, dass der Vorschlag von Fischer nicht auf der Tagesordnung der Regierungskonferenz stünde, jedoch notwendigerweise die langfristigen Überlegungen zur Zukunft

[239] F.A.Z., 18. Mai 2000, „Schröder einverstanden mit Fischers Europa-Vorstellungen".
[240] Agence Europe Nr. 7717 vom 15./16. Mai 2000, EU/Institutionelle Reform.

Europas beeinflussen werde. Was Joschka Fischer als „Gravitationszentrum" bezeichne, wäre für andere der „harte Kern", und für Delors die „Föderation von Nationalstaaten". Diese Ideen hätten die gleichen Vorteile, Einfachheit und Ehrgeiz, aber auch die gleichen Nachteile, Bruch zwischen der Vor- und der Nachhut und Probleme der Souveränität der Staaten, wie die anderen genannten Formeln. Sie müssten geprüft werden und es müsste darauf hingewiesen werden, dass es heute schon Länder gebe, die diesen Schritt gehen wollten, präzisierte Védrine.[241]

Einen Monat später reagierte Hubert Védrine noch einmal in einem offenen Brief in der französischen Zeitung *Le Monde* auf die Vorschläge des deutschen Außenministers Joschka Fischer. Er fände den Vorstoß willkommen und angemessen, wie er sofort erklärt habe. Weiterhin denke er, dass heute das Gelingen der Regierungskonferenz besonders durch eine radikale Lockerung der möglichen Formen der verstärkten Zusammenarbeit als erste Etappe des Plans von Außenminister Fischer, die beste Art und Weise sei, um der Union eine neue Dynamik zu verleihen. Wenn ein harter Kern geschaffen werde, eine Föderation einzelner Staaten, dann sei die wichtigste Frage, auf welche Weise festgelegt werde, welche Länder dazu gehörten.[242]

Der französische Präsident Jaques Chirac bekannte sich anläßlich einer Grundsatzrede zur europäischen Außen- und Sicherheitspolitik zur Wünschbarkeit einer verstärkten Zusammenarbeit zwischen einem Teil von integrationsfreudigen Mitgliedstaaten der Europäischen Union. Er bezeichnete es als natürlich, dass es eine solche Spitzengruppe gebe, deren Elan überdies jederzeit weitere EU-Mitglieder zum Mitmachen bei der vertieften Integration bewegen könne. Jene EU-Staaten, die dagegen weniger weit zu gehen wünschten, dürften die Tatkräftigeren nicht an ihrer fortschreitenden Zusammenarbeit hindern.[243]
Der französische Minister für europäische Angelegenheiten, Pierre Moscovici, meinte hinsichtlich der von Joschka Fischer eröffneten Diskussion, dass die verstärkte Zusammenarbeit ein „unerläßliches Element angesichts der Notwendigkeit der Flexibilität" sei und „eine Brücke in die Zukunft" darstelle. Ein Europa der Dreißig sei ohne eine Avantgarde nicht möglich, die stets andere Mitglieder aufnehmen könne. Die „verstärkte Zusammenarbeit" sei ein zentrales Thema für die französische Ratspräsidentschaft.[244]

Der luxemburgische Ministerpräsident Jean-Claude Juncker sagte: „Viele Beobachter haben erleichtert aufgeatmet, eine Berliner Stimme zu hören, die weit

241 Agence Europe Nr. 7717 vom 15./16. Mai 2000, EU/Institutionelle Reform.
242 SZ, 13. Juni 2000, „Védrine antwortet auf Fischers EU-Vorschläge".
243 NZZ, 31. Mai 2000, „Französische Initiative für einen Balkan-Gipfel".
244 Agence Europe Nr. 7722 vom 22./23. Mai 2000, EU/IGC.

über die vor uns liegenden Jahre hinaus an Europa weiterarbeiten will". Juncker zufolge sind sich die meisten politischen Verantwortlichen nicht „der Schwierigkeiten bewußt [...], eine EU mit dreißig Mitgliedern handlungsfähig zu halten". Das richtige Instrument hierfür sei seiner Meinung nach die „Differenzierung", weswegen die aktuelle Regierungskonferenz zu einer „Differenzierungsklausel" finden müsse. Luxemburg werde laut Juncker immer zu einer Avantgarde gehören, ebenso wie Frankreich und Deutschland. Er hielt es für denkbar, dass sich die Gruppe um die Euro-Mitglieder bilden werde, zu deren Kreis auch Beitrittskandidaten gehören könnten[245].

Der spanische Außenminister Josep Piqué wies darauf hin, dass sein Land die von Fischer angeregte Debatte unterstütze. Spanien befürworte die verstärkte Zusammenarbeit für die Europäische Sicherheits- und Verteidigungspolitik (ESVP) und die Fragen zur Justiz und zu inneren Angelegenheiten, doch nicht für die Politikbereiche des ersten Pfeilers.[246]

Der Präsident der Europäischen Kommission Romano Prodi würdigte die Rede des deutschen Außenministers als ein konstruktives Dokument, das Wege für die Zukunft aufzeichne und eine grundlegende Debatte eröffne.
Wesentlich sei die Aufnahme der Debatte darüber, wie die Bedingungen für die verstärkte Zusammenarbeit flexibler gestaltet werden könnten, um denjenigen, die dies wünschten, ein schnelleres Vorangehen zu ermöglichen. Die Befürchtungen, die in einigen Hauptstädten im Hinblick auf die Einheit des Binnenmarktes geäußert würden, seien nicht gerechtfertigt, da die Kommission auf jeden Fall darauf achten werde, dass der Charakter und die Funktionsweise dieses Marktes erhalten blieben[247].

Der italienische Außenminister Lamberto Dini wollte die „föderale Perspektive" bewahren, die vielleicht nicht von allen Mitgliedstaaten, aber zumindest von einer „kleinen Anzahl von Ländern" geteilt werde und die durch verschiedene Begriffe definiert sei, wie fester Kern, Avantgarde und Föderation aus Nationalstaaten. Hierzu schrieb Dini: „Die Regeln dieses Sprungs nach vorne sind schon jetzt in den Vertrag einzufügen, indem auf der institutionellen Baustelle in Form der laufenden Regierungskonferenz der Begriff der verstärkten Zusammenarbeit überprüft wird". Dadurch werde im Hinblick auf föderale Strukturen, der Weg der Institutionen geebnet, die anfangs zwischen einer kleinen Anzahl von Ländern zu errichten seien, wobei diese aber stets den anderen offen stünden. Dini zog den Weg innerhalb des Vertrages vor, der flexibler gestaltet werden sollte.

---

[245] Berliner Zeitung, 29. Mai 2000, „Eine Avantgarde, die für jeden zugänglich bleibt".
[246] Agence Europe Nr. 7722 vom 22./23. Mai 2000, EU/IGC.
[247] Pressekonferenz der Teilnehmer der Regierungskonferenz auf Ministerebene am 22. Mai 2000; in: Agence Europe Nr. 7722 vom 22./23. Mai 2000, EU/IGC.

Um das Risiko ungeordneter Fortschritte der verschiedenen Politikbereiche auszuschalten, bestätigte Dini, dass Italien bei den Arbeiten der Regierungskonferenz vorgeschlagen habe, den Begriff der „verstärkten Zusammenarbeit" durch den der „verstärkten Integration" zu ersetzen. Diese „Integration" sollte auf die Bereiche der Außenpolitik und der Sicherheitspolitik erweitert werden, und die Bedingungen für ihre Entstehung sollten gelockert werden. So sollte ausgeschlossen werden, dass eine Blockade durch einen einzigen Mitgliedstaat zustande komme. Die anfangs teilnehmenden Länder könnten die „Gründerväter" sein oder die Euro-Länder oder ganz einfach diejenigen, die das föderale Ziel verfolgten. Gleichzeitig müsste bei der Reform das Prinzip der Vorhut gelten, um eine „verstärkte Integration" anstelle verstärkter (und verstreuter) „Zusammenarbeit" zwischen den Ländern einzubringen, die „gemeinsam die immer wichtigeren Aspekte nationaler Souveränität angehen wollen", um den „institutionellen Parcours" in Richtung föderale Strukturen vorwegzunehmen[248].

b) Kritische Stimmen

Der polnische Außenminister Bronislaw Geremek bekräftigte in einem Rundfunkinterview, dass die Idee einer europäischen Föderation „der Denkweise der Kandidatenländer, die gerade erst ihre Unabhängigkeit und Souveränität wiedergewonnen haben, widerspricht".[249]

Der britische Liberaldemokrat Andrew Duff, Mitglied des Europäischen Parlaments, erklärte, dass Außenminister Fischer mit seiner Rede impliziere, dass es der Regierungskonferenz nicht gelingen werde, die Union ausreichend auf die Erweiterung vorzubereiten.
Scheinbar gehe es ihm um die vollständige Zerstörung des bisherigen gemeinschaftlichen Systems. Seine radikalen Vorschläge würden die Befürchtung verstärken, dass die Franzosen und Deutschen in Wirklichkeit für die Entstehung eines Direktoriums der größten Mitgliedstaaten und eine Verstärkung des Europäischen Rates zu Lasten des interinstitutionellen Systems auf der Grundlage des Vertrages wären. Er frage sich, ob es einen deutsch-französischen Plan gebe, die Union zu destabilisieren.[250]

Frankreichs Innenminister Jean-Pierre Chevènement kritisierte die Europapolitischen Visionen von Bundesaußenminister Joschka Fischer scharf. Er sagte dem französischen Fernsehsender France 2: „Deutschland hat sich noch nicht von der Entgleisung erholt, die der Nationalsozialismus in seiner Geschichte dargestellt hat." Frankreichs Nachbarland träume immer noch alte Träume: „Wir haben es

248 Agence Europe Nr. 7721 vom 20. Mai 2000, EU/Institutionelle Reform.
249 Agence Europe Nr. 7720 vom 19. Mai 2000, EU/Institutionelle Reform.
250 Pressemitteilung von Andrew Duff, MdEP, vom 22. Mai 2000.

mit einer Tendenz in Deutschland zu tun, das sich für Europa eine föderale Struktur vorstellt, die seinem Modell entspricht. Im Grunde träumt es noch immer vom Heiligen Römisch-Germanischen Reich."
Fischers Vorschlag sei nichts weiter als „eine Flucht in die Technik", ein Vorwärtsstürmen in Prozeduren „Man schlägt den Aufbau eines föderalen Europas vor, ohne zu sagen, warum. Was steckt für ein Projekt dahinter, wo ist die politische Reflexion, wo die Debatte; was für eine Zivilisation hat sie zum Inhalt, welche politische Priorität enthält sie im Kern?"[251]

Der Vorsitzende der CDU/CSU-Gruppe im Europäischen Parlament, Hartmut Nassauer, und der Vorsitzende der CSU-Gruppe im Europäischen Parlament, Markus Ferber, kritisierten die Rede Fischers. Die Idee, dass eine Avantgarde-Staatengruppe mit einer eigenen Regierung, einem eigenen Parlament und einem eigenen Präsidenten vorangehe, sei abzulehnen. „Mit dieser Idee treibt die Bundesregierung einen institutionellen Keil in die EU".[252]

14. Vor dem Gipfel in Feira

a) Vertreter des Parlaments

Prof. Tsatsos stellte in einer Sitzung des Ausschusses für Konstitutionelle Angelegenheiten des Europäischen Parlaments fest, dass „zwei oder drei Mitgliedstaaten" weiterhin am Veto zur Auslösung der verstärkten Zusammenarbeit festhielten, auch wenn eine Mehrheit diese Blockade beenden möchte. So zeigte sich der Abgeordnete überzeugt, dass die portugiesische Präsidentschaft das nächste Mal, wenn dieses Thema angesprochen werde, eine „Zwischenlösung" vorschlagen werde, indem sie ein Modell initiiere, das die Europäische Kommission beteilige. Das Parlament hatte durch die Resolution Dimitrakopoulos/Leinen[253] nach der Beteiligung der Kommission und auch nach der Zustimmung des Parlaments gefragt. Hieran erinnerte Prof. Tsatsos und stellte fest, dass die Anhörung des Parlaments in gewisser Weise für die Mitgliedstaaten die „Garantie" dafür ersetzen würde, der verstärkten Kooperation die Möglichkeit eines Vetos entgegenzusetzen. Die Idee, dass der Vorschlag zur verstärkten Zusammenarbeit von der Kommission komme, scheine eine „vernünftige Idee" zu sein, denn somit habe man die Sicherheit, dass dieser Vorschlag die „Union nicht teile".[254]

---

[251] SZ, 22. Mai 2000, „Heftige Kritik an Fischers EU-Visionen".
[252] INFODIENST der CDU/CSU Nr. 10/19.05.2000, S. 25.
[253] ABl. EG Nr. C 40 vom 07. Februar 2001, S. 409.
[254] Protokoll der Sitzung des Ausschusses für Konstitutionelle Angelegenheiten vom 24. Mai 2000.

Neue Bemühungen gebe es Brok zufolge bei der Gestaltung einer verstärkten Zusammenarbeit. Danach werde offenbar an verschiedenen Lösungen je nach Vertragsgebiet gedacht. So sollte auf dem Gebiet des eigentlichen Gemeinschaftsrechts ein flexibles Vorgehen schwieriger gestaltet werden, um die Einheit der Rechtsordnung zu wahren. Dagegen könne man sich bei der Gemeinsamen Außen- und Sicherheitspolitik und der Zusammenarbeit in Fragen der Innen- und Rechtspolitik ein flexibles Vorgehen unter weniger schwierigen Bedingungen vorstellen.[255]
Prof. Tsatsos stellte fest, dass nach dem Bericht Mendes de Vigo/Tsatsos[256] und dem Bericht Dimitrakopoulos/Leinen[257] sich die Meinung des Parlaments in Richtung Abschaffung des Vetos entwickelt hätte, das zur Zeit die Entscheidungen blockiere. Er sagte, er hätte den Eindruck, die Mitgliedstaaten suchten nach „anderen Garantien" anstelle des Vetos und hofften, diese könne über die Rolle der Kommission gewährleistet werden.

Elmar Brok warnte außerdem davor, den Ausweg in einer verstärkten Zusammenarbeit einiger Mitgliedstaaten zu sehen. Das könne nicht als „Alibi" für mangelnde Reformbereitschaft bei den Mehrheitsentscheidungen herhalten.[258]

b) EU-Ratspräsidentschaft

Es sei die „Absicht" der portugiesischen Präsidentschaft, in ihrem Bericht für den Europäischen Rat von Feira über die institutionelle Reform vorzuschlagen, dass die verstärkte Zusammenarbeit auf die Agenda der Regierungskonferenz gesetzt werde. Diese Formen der Zusammenarbeit seien „unerläßlich" für die Zukunft, sagte der portugiesische Staatssekretär für europäische Angelegenheiten Francisco Seixas da Costa anläßlich der Sitzung der Vorbereitungsgruppe für die Regierungskonferenz. „Unser Meinungsaustausch zu diesem Thema hatte interessante Ergebnisse", meinte da Costa und räumte ein, einige Länder hätten Schwierigkeiten eine Vereinfachung der verstärkten Zusammenarbeit im ersten Pfeiler anzuerkennen, aus Angst, den Binnenmarkt zu gefährden. Andere wiederum hinsichtlich des zweiten Pfeilers, vor allem aufgrund ihrer „besonderen Kultur in Hinsicht auf Sicherheit". Es gebe jedoch „bereits eine Bewegung, die es ermöglichen dürfte, Entscheidungen in Feira zu treffen", meinte Seixas da Costa, der in einigen Mitgliedstaaten „eine ganz klare Evolution" dazu erkennen könne, und wies weiterhin darauf hin, dass die Perspektive der „künftigen grö-

[255] Handelsblatt, 08. Juni 2000, „Regierungen wollen EU-Parlament möglichst schwach halten".
[256] ABl. EG Nr. C 371 vom 08. Dezember 1997, S. 99.
[257] ABl. EG Nr. C 40 vom 07. Februar 2001, S. 409.
[258] SZ, 16. Juni 2000, „Europa-Abgeordnete für schnelle EU-Reform".

ßeren Vielfalt“ der Union ein „wichtiger Grund sei, den Einsatz differenzierter Integration“ zu erlauben[259].

c) EU-Außenminister

Bei der Tagung auf Ministerebene am 22. Mai 2000 in Brüssel betonten die Außenminister im Zusammenhang mit der verstärkten Zusammenarbeit die Wahrung der zentralen Rolle der Kommission. Die Ratspräsidentschaft war dabei an einer stärkeren Diskussion der Methoden differenzierter Integration interessiert, wollte diese aber nicht im Rahmen der laufenden Regierungskonferenz entschieden wissen.

Nach Aussage des französischen Europaministers Pierre Moscovici müsse es in Nizza nicht um jeden Preis zu einem Abschluß der Regierungskonferenz kommen: „In Nizza wird es ein gutes Abkommen oder kein Abkommen geben“.[260]

Am 12. Juni 2000 verständigten sich die EU-Außenminister auf der Ministertagung in Luxemburg darauf, die verstärkte Zusammenarbeit aller Voraussicht nach auf die Tagesordnung der Regierungskonferenz zu setzen. Frankreich, Deutschland, Italien und die Benelux-Länder wollten damit rechtzeitig vor der Ost-Erweiterung ein Zeichen für ein differenziertes Vorgehen einer Gemeinschaft von bis zu dreißig Mitgliedsländern geben. Die sechs Gründungsmitglieder der Europäischen Union griffen mit der Neufassung der bisher am Einstimmigkeitszwang gescheiterten „Flexibilitätsklausel“ des Amsterdamer Vertrages Überlegungen auf, die zuletzt Außenminister Fischer in seiner Berliner Europa-Rede geäußert hatte.

In Luxemburg wurde deutlich, dass Großbritannien und die skandinavischen EU-Länder zwar Bedenken hegten, der Diskussion auf der bevorstehenden Gipfelkonferenz im portugiesischen Feira aber keine Steine in den Weg legen wollten.

Der deutsche Staatsminister im Auswärtigen Amt, Christof Zöpel, sagte, dass sich Deutschland, Frankreich und die übrigen Gründungsmitglieder der Europäischen Union bei der Frage der verstärkten Zusammenarbeit darin einig seien, dass „mindestens acht Partner“ diese künftig einleiten müssten. Neben der Gemeinsamen Außen- und Sicherheitspolitik komme dafür auch der Binnenmarkt und das Steuerrecht in Frage. Als Beispiele nannte Zöpel das Unternehmens-

[259] Agence Europe Nr. 7729 vom 01. Juni 2000, EU/Institutionelle Reform.
[260] Agence Europe Nr. 7722 vom 22./23. Mai 2000, EU/IGC.

recht, Elemente eines EU-Strafrechts sowie die regionale Zusammenarbeit beim Umweltschutz.[261]

Der Portugiesische Außenminister Jaime Gama bestätigte im Rahmen einer Pressekonferenz, dass die portugiesische Ratspräsidentschaft der Regierungskonferenz den Vorschlag unterbreiten werde, das Thema der verstärkten Zusammenarbeit offiziell auf die Tagesordnung zu setzen.[262]

In der verstärkten Zusammenarbeit von Mitgliedstaaten, die bei der europäischen Einigung schneller voranschreiten wollten als andere, sah der luxemburgische Ministerpräsident Juncker das wichtigste Instrument, um die Integrationspolitik auch in einer Gemeinschaft mit bis zu dreißig Mitgliedstaaten voranzutreiben. „Ohne die verstärkte Zusammenarbeit besteht die Gefahr, dass die erweiterte EU nolens volens zu einer europäischen Freihandelszone verkommt“, sagte Juncker vor dem EU-Gipfeltreffen der Staats- und Regierungschefs.

Juncker sah einen engen Zusammenhang zwischen der verstärkten Zusammenarbeit und der angestrebten Neugewichtung der Stimmen im Ministerrat. Die Teilnahme an der verstärkten Zusammenarbeit sei aus der Sicht der kleineren Mitgliedstaaten ein Mittel, nicht an den Rand der Gemeinschaft gedrängt zu werden. Das ausschließliche Initiativrecht der Kommission müsse auch bei der Auslösung eines Falles der verstärkten Zusammenarbeit voll gewahrt bleiben. Laut dem luxemburgischen Ministerpräsidenten sind sich die Gründerstaaten weitgehend einig, dass mindestens acht EU-Länder erforderlich sein sollten, um die verstärkte Zusammenarbeit zu vereinbaren.[263]

15. Zwischenbericht der portugiesischen Ratspräsidentschaft zur Regierungskonferenz

Der Zwischenbericht zum Stand der Verhandlungen des portugiesischen Vorsitzenden an den Europäischen Rat in Feira enthielt in seinem Teil I das Kapitel 8 zur „verstärkten Zusammenarbeit“, da dieses Thema der Tagesordnung der Konferenz nun endgültig hinzugefügt werden sollte.[264] In diesem Kapitel wurden die bis dahin bekannten Positionen zur verstärkten Zusammenarbeit dargestellt:

---

261 F.A.Z., 14. Juni 2000, „Die EU auf dem Weg aus dem Einstimmigkeitszwang“.

262 Agence Europe Nr. 7722 vom 22./23. Mai 2000, EU/IGC.

263 F.A.Z., 19. Juni 2000, „Engere Zusammenarbeit der EU-Mitgliedstaaten gefordert“.

264 CONFER 4750/00, Bericht des Vorsitzes an den Europäischen Rat (Feira) am 14. Juni 2000, Teil I – Kapitel 8.

A) „Im voraus geregelte“ verstärkte Zusammenarbeit

Bei der „im voraus geregelten“ verstärkten Zusammenarbeit seien die zur Anwendung kommenden Vorschriften im Vertrag selbst enthalten, was eine „maßgeschneiderte Lösung“ ermögliche (Beispiel Schengen oder WWU).
Fraglich sei, ob die Mitgliedstaaten beabsichtigten, diese Methode auf der Regierungskonferenz vorzuschlagen, da sie den Nachteil habe, dass die Regelungen dazu innerhalb des Vertrages, d.h. vor Ende der Regierungskonferenz getroffen werden müssten.

B) Die Ermächtigungsklausel

Laut dem Vorsitz gab es in der Diskussion zwei gegensätzliche Richtungen: Einerseits die Beibehaltung der derzeitigen Regelung und andererseits die Beibringung einer gewissen Flexibilität in die im Amsterdamer Vertag festgelegten Modelle.

Für die Beibehaltung werde vorgebracht, dass die Klauseln noch nie angewandt worden seien. Da man noch keine Erfahrungen habe, sei es verfrüht, bereits Änderungen ins Auge zu fassen.

Insbesondere die Beitrittsländer sähen eine Änderung mir Argwohn. Sie befürchteten bei einer Möglichkeit einer systematischen Anwendung der verstärkten Zusammenarbeit eine künftige Fragmentierung der Union.

Darüber hinaus habe eine Ausdehnung der Beschlussfassung mit qualifizierter Mehrheit zur Folge, dass ein Rückgriff auf die verstärkte Zusammenarbeit immer seltener nötig werde. Der Rechtsakt könne mit allen Mitgliedstaaten nach den normalen Verfahren des Vertrages vorgenommen werden.

Andere hielten eine Änderung für erforderlich, da die Bedingungen für eine Anwendung der Klauseln so strikt seien, dass ihre Inanspruchnahme unmöglich sei. Es dürfte immer schwieriger werden, die für den Beginn einer verstärkten Zusammenarbeit erforderliche Einstimmigkeit aller Mitgliedstaaten zu erreichen, da eine erweiterte Union zunehmend heterogener werde. Eine verstärkte Zusammenarbeit von Mitgliedstaaten außerhalb der Verträge sei der Kohärenz des Handelns der Union abträglich. Um das zu verhindern wäre eine Erleichterung des Rückgriffs auf die verstärkte Zusammenarbeit das beste Mittel. Die verstärkte Zusammenarbeit sei ein integrierender Faktor, da in ihrem Rahmen ehrgeizige Ziele gesteckt würden, die geeignet seien, Gemeingut aller Mitgliedstaaten zu werden.

Auf der informellen Tagung in Sintra sei die Diskussion darüber eröffnet worden, wie die Bedingungen gelockert werden könnten, ohne auf die erforderlichen Garantien zu verzichten.

Eine Lockerung der derzeitigen Regelung könne von zwei Richtungen angegangen werden. Dabei verzichte man nicht auf die Garantien, die erforderlich seien, um die Legitimität einer verstärkten Zusammenarbeit sicherzustellen.

Erstens eine Vereinfachung des Verfahrens:
- Verzicht auf ein Verfahren mit Veto;
- Herabsetzung der derzeit geforderten Mitgliedzahl, wobei eine Differenzierung nach der Anzahl der antragstellenden Mitgliedstaaten und nach Bereichen erwogen werden könne;
- Möglichkeit der Zurückstellung des Ermächtigungsbeschlusses, um zusätzliche Bedenkzeit zu erhalten.

Zweitens erleichterte Bedingungen in bestimmten Bereichen, da die Gefahr einer Verzerrung je nach Bereich unterschiedlich groß sei; (z.B. Regelungen im Bereich des Binnenmarktes im Vergleich zu Initiativen, die keine verbindliche Regelung mit sich bringen).

Der Ermächtigungsbeschluss solle daher nicht ausschließlich unter Berücksichtigung politischer Erwägungen, sondern als Ergebnis einer Diskussion anhand objektiver Faktoren getroffen werden.

Aus all dem folge, dass die Bedingungen für eine verstärkte Zusammenarbeit nach Säulen und Bereichen differenziert werden könnten.

Weiterhin müsste die Rolle der Kommission und die generelle Begründungspflicht in einem neuen Verfahren verstärkt werden, und der offene Charakter der Modelle solle erhalten bleiben.

C) Verstärkte Zusammenarbeit im Bereich der Gemeinsamen Außen- und Sicherheitspolitik (GASP)

Eine verstärkte Zusammenarbeit im Bereich der GASP sei während der Konferenz kaum erörtert worden. Die Ausgangssituation in diesem Bereich sei zur ersten und dritten Säule verschieden. Das Interesse und die Stärke einer gemeinsamen Außenpolitik beruhten auf ihrer Einheitlichkeit, daher stehe ein Rückgriff auf Ermächtigungsgrundlagen zur Ermöglichung getrennter Initiativen mit dem angestrebten Ziel kaum in Einklang. Ein bestimmtes Maß an Flexibilität sei bereits durch den Vertrag möglich (siehe Artikel 23 Absatz 1 EUV; Artikel 17 Absatz 4 EUV). Es stelle sich aber die Frage, ob ein Hinausgehen über die geregelte Flexibilität wünschenswert und möglich sei. Eine verstärkte Zusammenarbeit wäre denkbar, wenn nur eine allgemeine Verpflichtung zur Zusammenarbeit vorläge gemäß Artikel 12 fünfter Gedankenstrich EUV. Werde diese Ansicht geteilt, so könne eine Ad-hoc-Ermächtigungsklausel im Bereich der GASP in Betracht gezogen werden. Das Erfordernis der Gesamtkohärenz der Politik der Union spreche dafür, der Kommission eine bestimmte Sonderrolle bei jeder verstärkten Zusammenarbeit im Bereich der GASP zu übertragen.

16. Offizielle Aufnahme der verstärkten Zusammenarbeit auf die Tagesordnung

Am Schluss der Sitzung in Feira am 20. Juni 2000 einigten sich die Staats- und Regierungschefs offiziell darauf, dass „die in den Vertrag von Amsterdam aufgenommenen Bestimmungen über die verstärkte Zusammenarbeit Teil der künftigen Arbeit der Konferenz sein sollten, wobei der in einer erweiterten Union erforderlichen Kohärenz und Solidarität Rechnung zu tragen ist".[265]

Damit wurde das Mandat der Regierungskonferenz auf die verstärkte Zusammenarbeit ausgedehnt.

17. Reaktionen auf die Einbeziehung der verstärkten Zusammenarbeit

Die Präsidentin des Europäischen Parlamentes, Nicole Fontaine, erklärte in ihrer Rede zum Gipfeltreffen in Feira, „selbst wenn die Mitglieder des Rates jetzt von der Notwendigkeit überzeugt zu sein scheinen, den Mechanismus der verstärkten Zusammenarbeit zu flexibilisieren, wird diese nicht die Probleme der Entscheidungsfähigkeit der Institutionen in bezug auf alles, was beispielsweise den Binnenmarkt betrifft, lösen und darf nicht als Alibi dienen, um ein ungenügendes Ergebnis bei den Abstimmungsmodalitäten im Rat zu decken".[266]

Der Vertreter des Europäischen Parlaments bei der Regierungskonferenz, Elmar Brok, äußerte sich positiv zu der in Feira vereinbarten Erweiterung der Tagesordnung um die verstärkte Zusammenarbeit. „Das Europäische Parlament spricht sich unter bestimmten Voraussetzungen – insbesondere der Sicherung der Einheit der Rechtsordnung und Institutionen sowie angemessener parlamentarischer Beteiligungsrechte – dafür aus, die bestehenden Voraussetzungen für eine solche verstärkte Zusammenarbeit zu erleichtern, insbesondere bei der

---

[265] CONFER 4758/00, 11. Juli 2000, Vermerk des Vorsitzes zur verstärkten Zusammenarbeit.
[266] Rede der Präsidentin des Europäischen Parlaments, Frau Nicole Fontaine, vor dem Europäischen Rat am 19. Juni 2000 in Santa Maria da Feira.

Außen- und Sicherheitspolitik und der Rechts- und Innenpolitik, wo es nicht um legislative Verfahren geht, sondern im wesentlichen um gemeinsame Aktionen und Kooperation. Die Aufnahme der verstärkten Zusammenarbeit in die Verhandlungen darf aber keinesfalls als Alibi für ausbleibende Fortschritte in der Frage des verstärkten Übergangs zu Mehrheitsentscheidungen dienen.“[267]

Auf der Sitzung des Ausschusses für Konstitutionelle Angelegenheiten des Europäischen Parlaments kam es am 26. Juni 2000 zu einer Aussprache mit den beiden Vertretern des Parlaments bei der Regierungskonferenz.
Der von den Staats- und Regierungschefs hervorgehobene „Erfolg“, die verstärkte Zusammenarbeit jetzt auf der Tagesordnung stehen zu haben sei ihrer Meinung nach nicht zu überschätzen, da Regelungen für eine verstärkte Zusammenarbeit schon seit dem Amsterdamer Vertrag zur Verfügung stünden. Sie waren der Ansicht, dass eine Anwendung der verstärkten Zusammenarbeit bei Entscheidungen mit qualifizierter Mehrheit in der ersten Säule keinen Sinn mache. Weiterhin sprachen sie sich dafür aus, die Themenbereiche der verstärkten Zusammenarbeit zu verringern.[268]

Es gab jedoch nicht nur positive Stimmen zur Aufnahme der verstärkten Zusammenarbeit auf die Tagesordnung. In Großbritannien wurde das Model scharf kritisiert.

“Verstärkte Zusammenarbeit: Das Model einer ‚schnelleren Spur’ oder eines ‚Europas der zwei Geschwindigkeiten’, das es einer ‚Avantgarde’ erlauben würde, stärker in der Integration voranzuschreiten und Nachzügler wie Großbritannien zurückzulassen. Die Franzosen sind entschlossen, diese Idee zu verfolgen, um es einem inneren Kern der 15 Mitgliedstaaten zu erlauben, Fortschritte zu machen. Großbritannien, die Skandinavischen Länder und andere sind entschlossen ein ‚Europa der zwei Klassen’ zu verhindern“.[269]

18. Rede Jaques Chiracs vor dem Deutschen Bundestag

Anläßlich seines Staatsbesuchs in Deutschland hielt Präsident Jaques Chirac am 27. Juni 2000 eine Rede vor dem Deutschen Bundestag. Diese Rede galt als „Antwort“ auf die von Bundesaußenminister Fischer geäußerten „Visionen“ zur Finalität Europas.

---

[267] Pressemitteilung von Elmar Brok, MdEP, vom 20. Juni 2000.
[268] Protokoll der Sitzung des Ausschusses für Konstitutionelle Angelegenheiten des Europäischen Parlaments am 26. Juni 2000.
[269] The Times, 28. Juni 2000, “Chirac and Blair face tough choices on integration”.

Der französische Staatspräsident würdigte die deutsch-französischen Beziehungen. In Bezug auf die Osterweiterung der Europäischen Union sagte er, dass die erste Etappe der erfolgreiche Abschluß der Regierungskonferenz sei. Dazu gehöre auch die Weiterentwicklung der Verfahren zur verstärkten Zusammenarbeit, die „eine Anpassung der Entscheidungsmechanismen der Union an ihre künftige Zusammensetzung“ ermöglichten. Gemeinsam mit Deutschland und Frankreich könnten die Länder, die weiter oder rascher vorankommen wollten, eine „Groupe pionier“ bilden.

„Diese Gruppe würde die Rolle eines Wegbereiters spielen, indem sie auf das bei der Regierungskonferenz festgelegte neue Verfahren zur verstärkten Zusammenarbeit zurückgreife oder erforderlichenfalls auch Kooperationen außerhalb des Vertrages eingehe, ohne dabei allerdings die Kohärenz und den Besitzstand der Union je in Frage zu stellen. Auf diese Art könne sich auf natürliche Weise diese „Groupe pionier“ herausbilden. Nicht auf der Basis eines willkürlichen Beschlusses, sondern entsprechend dem Willen der Länder, sich an allen verstärkten Kooperationen zu beteiligen. Mein Wunsch ist deshalb, dass diese „Groupe pionier“ bereits im nächsten Jahr unter anderem folgende Aufgaben in Angriff nimmt: Verbesserung der Koordinierung der Wirtschaftspolitiken, Stärkung der Verteidigungs- und Sicherheitspolitik sowie Gewährleistung einer größeren Effizienz bei der Bekämpfung der Kriminalität.“
Chirac sprach sich gegen einen neuen Vertrag und neue Institutionen aus. Er befürwortete einen flexiblen Koordinierungsmechanismus; „ein Sekretariat, das zwischen den Standpunkten und den Politiken der Länder dieser Gruppe für Kohärenz zu sorgen hätte, wobei diese Gruppe allen denjenigen, die sich ihr anschließen möchten, offen stehen muss“.[270]

Mit seinem Vorstoß erhöhte Chirac den Druck auf die übrigen Mitgliedstaaten, bei der Regierungskonferenz von Nizza einer Aufweichung der Regeln über die verstärkte Zusammenarbeit zuzustimmen.

19. Reaktionen auf die Rede von Präsident Chirac

Der deutsche Außenminister Joschka Fischer bezeichnete die Rede als „interessant und wegweisend“. Sie habe „viele gemeinsame Punkte“ mit seinen Ideen gezeigt.[271]

---

[270] Rede des französischen Staatspräsidenten Jaques Chirac vor dem Deutschen Bundestag in Berlin am 27. Juni 2000 (Übersetzung des „Service de Presse“ der „Présidence de la République“).

[271] Libération, 28. Juni 2000, „Jaques Chirac lance l'appel du Reichstag“.

Bei den großen Fraktionen im Europäischen Parlament stieß die Rede durchgehend auf Zustimmung. Der Vorsitzende der EVP-Fraktion, Hans-Gert Pöttering, begrüßte die Vorschläge Chiracs „für eine verstärkte Zusammenarbeit einer ‚Avantgarde' um Deutschland und Frankreich herum, die allen Mitgliedstaaten, die daran teilnehmen wollen, offen steht und nach flexiblen Mechanismen arbeiten soll".[272]

Der deutsche Berichterstatter des Europaparlaments für die Regierungskonferenz, der Sozialdemokrat Jo Leinen, wertete die Rede Chiracs als wichtiges Signal für die Vollendung der Europäischen Einigung.[273]

Die EU-Kommission reagierte dagegen eher zurückhaltend.[274]

In Frankreich distanzierten sich einige sozialistische Minister von den Vorschlägen zur Europäischen Verfassung und zur Bildung einer Pioniergruppe besonders integrationswilliger EU-Staaten, die Präsident Chirac in Berlin unterbreitet hatte.
Sorge bereitete Minister Védrine die Diskussion über die verstärkte Zusammenarbeit. Sollte es nicht zu einer Einigung kommen, werde das zu einer Krise führen. Sollte daraufhin eine Gruppe von Ländern entscheiden, außerhalb des Vertragsrahmens enger zu kooperieren, dann sei dies zwar "nicht sehr gut für die Union, aber nicht tragisch".[275]

Der Sprecher des britischen Premierministers sagte, Großbritannien könne der Idee nicht zustimmen, dass ein „harter Kern" innerhalb der Europäischen Union bei der Integration vorangehen solle. Der Gedanke, die Union in eine „Ober- und Unterliga" zu teilen, sei unannehmbar.

Außenminister Cook untermauerte in einer Stellungnahme den Widerstand weiter: „Es ist wichtig, dass wir ein Europa aus gleichberechtigten Mitgliedstaaten haben, in dem alle Staaten dieselben Rechte besitzen und alle Staaten voll an den Projekten der Europäischen Union teilnehmen". Eine Aufteilung in ein „Europa der zwei Geschwindigkeiten", so Cook, würde die Erweiterung der Union gefährden. „Ziel dieser Regierung ist es, dass Großbritannien ein Spielführer in Europa bleibt, nicht anders als Deutschland und Frankreich!"[276]

---

272 Pressemitteilung des Vorsitzenden der EVP-Fraktion Hans-Gert Pöttering vom 27. Juni 2000.
273 Handelsblatt, 28. Juni 2000, „London wehrt sich gegen zweite EU-Liga".
274 Handelsblatt, 28. Juni 2000, „London wehrt sich gegen zweite EU-Liga".
275 F.A.Z., 03. Juli 2000, „Französischer EU-Ratsvorsitz im Zeichen des Machtkampfes zwischen Chirac und Jospin".
276 F.A.Z., 29. Juni 2000, „London ist alarmiert".

20. Weitere Stimmen zur verstärkten Zusammenarbeit

Das Modell der verstärkten Zusammenarbeit blieb weiterhin ein Thema in der politischen Diskussion in Europa.

Als erster SPD-Politiker kritisierte Günter Verheugen die Vorstellungen von Bundesaußenminister Joschka Fischer zur Weiterentwicklung der EU. Der für die Osterweiterung zuständige Kommissar warf Fischer vor, seine Ideen liefen auf die Gründung einer zweiten Gemeinschaft hinaus und könnten zu einem Zwei-Klassen-Europa führen. Er wandte sich gegen die These, dass „die Erweiterung ein Hindernis für die Vertiefung der EU darstellt".
„Die neuen Mitglieder werden den Gemeinschaftsgedanken nicht schwächen, sondern stärken, weil es in ihrem Interesse liegt, eine möglichst starke EU zu haben". Diese Bereitschaft zur verstärkten Integration sah der Kommissar allerdings nicht bei allen EU-Ländern: „Es gibt auch eine andere Tendenz, die darauf hinausläuft, die Gemeinschaftsmethode zu ersetzen durch intergouvernementale Zusammenarbeit, bei der man alles durch den Kontakt der Kanzleien regeln lassen will". Damit ginge Verheugen zufolge das Wesentliche der Gemeinschaft verloren, nämlich „das System, das dafür sorgt, dass die Kleinen nicht in Angst vor den Großen leben müssen und zugleich verhindert, dass die Großen sich selbst in Gefahr bringen".
Mit intergouvernementaler Kooperation werde man „beim Basar-Prinzip landen", warnte der Kommissar, dann würden „mit Geld nationale Interessen ausgeglichen". Fischer und dem französischen Staatspräsidenten Chirac warf er vor, mit ihren Grundsatzreden für eine Entwicklung zu plädieren, die „auf die Gründung einer zweiten Union neben der bestehenden hinausläuft".
„Alle Beitrittskandidaten lehnen diesen Weg entschieden ab, weil sie ein Zwei-Klassen-Europa fürchten, ich teile diese Befürchtung voll und ganz."[277]

EU-Wettbewerbskommissar Mario Monti rief Italien dazu auf, sich dem Appell Frankreichs zur Schaffung einer „Pioniergruppe" um Deutschland und Frankreich zu widersetzen. Monti warnte, dass Rom von den Folgen einer solchen Gruppierung „einiges zu befürchten hätte". Die Rolle Italiens in der EU könnte dadurch untergraben werden. Die vorgeschlagene Reform der EU-Funktionsweise bedeute ein „schwerwiegenderes und umfassenderes Risiko als der Beschluss zur Schaffung der europäischen Einheitswährung".
Das von Frankreich vorgeschlagene „Zusammengehen der Nationen" stütze sich nicht auf die Regeln der Gemeinschaft, „die die Kommission und der Gerichtshof im Blick haben und die für alle gelten, ob sie nun mächtig sind oder nicht". Monti warnte, dass ein Land, das im Bereich der Politik, der Diplomatie und der Verwaltungsarbeit nicht besonders durchsetzungsfähig sei, häufig ins Hintertref-

[277] FTD, 27. November 2000, „Verheugen warnt Fischer vor gespaltenem Europa".

fen gerate. Italien solle sich während der Vorbereitung auf die Regierungskonferenz die Unsicherheit über die Schaffung einer „Führungsgruppe“ in Frankreich und Deutschland und mehreren kleineren Ländern zu Nutze machen. Kleine Länder fühlten sich durch stärkere EU-Gemeinschaftsinstitutionen besser geschützt. „Falls Italien sich nicht rasch darauf konzentriert, welche Rolle es in Europa spielen will und was aus Europa werden soll, kann es die Ereignisse nur noch als Zuschauer verfolgen“, warnte er.[278]

Der französische Präsident Jacques Chirac stellte am 04. Juli 2000 vor den Abgeordneten des Europäischen Parlamentes in Straßburg das Programm der französischen Ratspräsidentschaft vor. Er verteidigte dabei die Idee einer Avantgarde-Gruppe für Europa. Auf diese Weise könnten Blockaden verhindert werden und die Union könne vorankommen, sagte er vor dem EU-Parlament. Dies solle aber nicht zu einer Spaltung Europas oder zur Schaffung zusätzlicher Institutionen führen. Das von Paris und Berlin vorgeschlagene Verfahren der verstärkten Zusammenarbeit werde innerhalb und nicht außerhalb des Rahmens der EU-Institutionen stattfinden. Seiner Meinung nach drohe "die Perspektive der Osterweiterung die Perspektive der Blockade zu werden".[279]

Romano Prodi unterstützte in seiner Rede die vorhandenen Institutionen, nachdem Präsident Chirac in der vergangenen Woche eine Pioniergruppe vorgeschlagen hatte. Er sagte vor dem Europäischen Parlament, dass es falsch sei zu glauben, „die ‚Monnet-Methode‘ gehöre der Vergangenheit an und könne durch Ad-hoc-Maßnahmen wirksam ersetzt werden. Das Europäische Parlament, der Rat, die Kommission und der Gerichtshof sind unsere Organe, die uns Garantien geben; sie bilden das System von Gewichten und Gegengewichten, ohne das nichts Beständiges geschaffen werden kann. Da sie von essentieller Bedeutung sind, müssen wir alles daran setzen, sie zu verbessern“.[280]

Der Vorsitzende der EVP-Fraktion, Hans-Gert Pöttering, sagte: „Wir brauchen starke europäische Institutionen. Wir brauchen eine starke Kommission als Hüterin der Verträge“. Darin waren sich auch der Fraktionschef der Liberalen, der Ire Pat Cox, und die europäischen Sozialdemokraten einig.
Rein zwischenstaatliche Zusammenarbeit außerhalb der Gemeinschaftsverfahren lehnten die Abgeordneten ab.[281]

Der italienische Ministerpräsident Amato hielt die Vorschläge des französischen Staatspräsidenten Chirac für elitär und zu sehr auf die Achse mit Deutschland

---

278 FTD, 03. Juli 2000, „Monti warnt Rom vor Chiracs Europa-Plänen“.
279 FTD, 05. Juli 2000, „Chirac verteidigt sich“.
280 Rede von Kommissionspräsident Prodi vor dem Europäischen Parlament am 04. Juli 2000.
281 Stuttgarter Zeitung, 05. Juli 2000, „Chirac schwächt seine Europarede ab“.

beschränkt. Die Schaffung eines Kerneuropas als "politischen Motor" parallel zur Erweiterung um neue Länder fand Amato durchaus angebracht. Als Beispiele nannte er eine Art europäisches FBI, dass die Außengrenzen gegen Einwanderer absichern könnte. Beim "deutsch-französischen Duett" fürchtete Amato aber, dass die beiden führenden Länder der Union den kleinen Mitgliedstaaten ihren Willen aufzwingen würden. Das Föderalismus-Modell von Bundesaußenminister Fischer lehnte Amato als "historisch überholt" ab, weil es die Aufgabe und Abgabe von Souveränität an eine übergeordnete Einheit bedeute. Statt dessen schwebte Amato ein "Modell mehrerer Ebenen" vor, in dem keine souveränen Entscheidungsbefugnisse abgegeben würden. Großbritannien müsste unbedingt in die Schaffung eines Kerneuropas einbezogenen werden.[282]

Der Vertreter Spaniens in der Vorbereitungsgruppe der Regierungskonferenz, Carlos Bastarreche, legte im Ausschuß für Konstitutionelle Angelegenheiten des Europäischen Parlaments die Position seines Landes im Rahmen der Regierungskonferenz dar. Die verstärkte Zusammenarbeit sei für ihn eine grundsätzliche Frage, die nicht nur unter dem Aspekt der Verfahrensweise, sondern auch des Inhalts betrachtet werden müsste. „Für uns ist das ein gutes System, um beim zweiten Pfeiler voranzukommen, aber auch beim dritten und ersten Pfeiler, sofern der Kern des Vertrages nicht berührt wird“, den die vier Grundfreiheiten und die Landwirtschaft darstellten. In diesen Bereichen allerdings „bezweifeln wir sehr, dass es sich um eine gute Idee handelt“.[283]

Michel Barnier, der für die institutionelle Reform verantwortliche EU-Kommissar, stellte der Presse die beiden neuen „Beiträge“ der Europäischen Kommission für die Arbeiten der Regierungskonferenz vor und zog eine Bilanz dieser Arbeiten. Barnier äußerte sich recht einschränkend zu einigen „verstärkten Zusammenarbeiten“. Er zog den Plural vor, um zu verdeutlichen, dass es sich nicht um einen „harten Kern“, sondern um eine offene Struktur handele. Wenn die Reform von Nizza effizient sei, werde es wenige dieser „Zusammenarbeiten“ geben. Er nannte zwei mögliche Bereiche: die Verteidigung (mit Großbritannien) und den Bereich Justiz (wahrscheinlich ohne Großbritannien). Auf keinen Fall sollten sie den gemeinschaftlichen Besitzstand antasten, der nicht aufgelöst werden dürfe, oder den Eindruck von einer Union mit unterschiedlichen Kategorien von Mitgliedstaaten vermitteln. Nach Ansicht Barniers wäre ein „persönlicher Sekretär“ für die verstärkte Zusammenarbeit nicht notwendig, denn „im allgemeinen wird die Kommission dieser persönliche Sekretär sein“. Abschließend sagte er, dass zwei Forderungen unbedingt erfüllt

---

[282] FTD, 05. Juli 2000, „Amato für Kerneuropa mit Großbritannien“.

[283] Sitzung des Ausschusses für Konstitutionelle Angelegenheiten des Europäischen Parlaments vom 11. Juli 2000; in: Agence Europe Nr. 7759 vom 15. Juli 2000, EP/Institutionelle Reform.

werden müssten: (a) die Länder, die es wünschen, nicht daran zu hindern voranzugehen; und (b) die verstärkte Zusammenarbeit für alle Mitgliedstaaten zu öffnen.[284]

21. Fragen des Ratsvorsitzes zur verstärkten Zusammenarbeit

Der EU-Ratsvorsitz schlug der Vorbereitungsgruppe am 11. Juli 2000 fünf Fragen zur Vorbereitung und Strukturierung der Erörterungen vor:[285]

1. Gehören die derzeit geltenden Ermächtigungsbedingungen, wie sie im EUV (Artikel 40, 43, 44 und 45) und im EGV (Artikel 11) enthalten sind, zu den Faktoren, mit denen sich erklären läßt, warum nicht von der durch den Amsterdamer Vertrag eingeführten verstärkten Zusammenarbeit Gebrauch gemacht wird?

2. Wenn ja, welches sind die striktesten Bedingungen, mit denen sich die Regierungskonferenz vorrangig beschäftigen sollte?

3. Sollen die Ermächtigungsbedingungen im neuen Vertrag die gleichen sein, unabhängig davon, auf welchen Bereich sich die verstärkte Zusammenarbeit jeweils bezieht? Oder sollte - auch innerhalb ein und derselben Säule – nach Bereichen differenziert werden?

4. Sollten im Bereich der GASP Möglichkeiten der verstärkten Zusammenarbeit unter Rückgriff auf die Organe der Union vorgesehen werden?

5. Können bestimmte Möglichkeiten der verstärkten Zusammenarbeit, die außerhalb des institutionellen Rahmens angesiedelt wären, zur Verwirklichung der Ziele der Union beitragen? Wenn ja, sollte die Frage der Verbindung zwischen diesen Möglichkeiten der verstärkten Zusammenarbeit und der Union geprüft werden?

22. Vorschlag der Spanischen Delegation

Die Spanische Delegation unterbreitete am 14. Juli 2000 einen Vorschlag über eine verstärkte Zusammenarbeit in der zweiten Säule.[286]

---

[284] Pressekonferenz von EU-Kommissar Michel Barnier am 14. Juli 2000; in: Agence Europe Nr. 7759 vom 15. Juli 2000, EU/Institutionelle Reform.

[285] CONFER 4758/00, 11. Juli 2000, Vermerk des Vorsitzes zur verstärkten Zusammenarbeit.

Sie stellte fest, dass auch in diesem Bereich eine verstärkte Zusammenarbeit möglich sein sollte, auch wenn das Interesse und die Stärke der gemeinsamen Außenpolitik hauptsächlich auf ihrer Einheitlichkeit beruhten.

Die im Vertrag vorgesehene konstruktive Enthaltung stelle keinen Ersatz für die verstärkte Zusammenarbeit dar, da sie voraussetze, dass es eine Partei mit entgegengesetzter Position gebe. Die verstärkte Zusammenarbeit hingegen basiere auf der innovativen Idee einiger Mitgliedstaaten, die weiter voranschreiten könnten und wollten, ohne dass es eine ablehnende oder negative Reaktion von anderen Mitgliedstaaten geben müsse.

Sie erinnerte außerdem daran, dass schon im gemeinsamen Schreiben des deutschen Bundeskanzler Kohl und des französischen Präsidenten Chirac 1995 eine verstärkte Zusammenarbeit für die zweite Säule erwähnt worden war.

Aufgrund der vielversprechenden Fortschritte der europäischen Verteidigungspolitik sollte eine Ausdehnung der verstärkten Zusammenarbeit überdacht werden. Das würde es ermöglichen, bestimmte Aktionen, die bisher bilateral ausgeführt würden, in den Kompetenzbereich der EU zu überführen.

Vorschlag für einen Artikel 23 b EUV

1. Die Mitgliedstaaten, die beabsichtigen, untereinander eine verstärkte Zusammenarbeit zu begründen, besonders im Bereich Sicherheit und Verteidigung, können vorbehaltlich der Artikel 43 und 44 EUV ermächtigt werden, die in den Verträgen vorgesehen Organe, Verfahren und Mechanismen in Anspruch zu nehmen, sofern die Zusammenarbeit

a) die vertraglichen Ziele sowie die Leitlinien der GASP respektiert;

b) darauf abzielt, die Interessen der gesamten Union zu garantieren;

c) keine geographischen Zonen betrifft, in denen es bereits eine spezielle Unionspolitik gibt. Dort ist eine verstärkte Zusammenarbeit nur bei Ausführung von bestimmten Aufgaben möglich;

d) gemeinsame Projekte auf dem Gebiet der im Vertrag vorgesehenen gemeinsamen Sicherheits- und Verteidigungspolitik weder verhindert noch erschwert.

---

[286] CONFER 4760/00, 14. Juli 2000, Vorschlag der Spanischen Delegation zur verstärkten Zusammenarbeit in der zweiten Säule.

2. Die Ermächtigung nach Absatz 1 wird vom Rat (einstimmig) erteilt auf Antrag eines Mitgliedstaats und nach Aufforderung der Kommission, ihre Stellungnahme zu unterbreiten. Der Rat kann die Ermächtigung an spezielle Bedingungen knüpfen.

3. Jeder Mitgliedstaat, der sich einer Zusammenarbeit nach diesem Artikel anschließen will, teilt dem Rat und der Kommission seine Absicht mit; die Kommission legt dem Rat binnen drei Monaten nach Eingang der Mitteilung eine Stellungnahme dazu vor, in der gegebenenfalls der Grad der Erfüllung der erforderlichen Bedingungen für eine Teilnahme und gegebenenfalls eine Empfehlung für die spezifischen Regelungen beigefügt ist, die sie für notwendig hält, damit sich der Mitgliedstaat der betreffenden Zusammenarbeit anschließen kann.
Innerhalb von vier Monaten vom Tag der Mitteilung an gerechnet beschließt der Rat über den Antrag und über spezifische Regelungen, die er gegebenenfalls für notwendig hält. Die Entscheidung gilt als angenommen, es sei denn, der Rat beschließt mit qualifizierter Mehrheit, sie zurückzustellen; in diesem Fall gibt der Rat die Gründe für seinen Beschluss an und setzt eine Frist für dessen Überprüfung. Für die Zwecke dieses Artikels beschließt der Rat nach Maßgabe des Artikels 44 EUV.

4. Die Artikel 11 bis 28 EUV gelten für die verstärkte Zusammenarbeit nach diesem Artikel, es sei denn, dass in diesem Artikel und in den Artikeln 43 und 44 EUV etwas anderes bestimmt ist.

23. Vermerk des Ratsvorsitzes

Am 18. Juli 2000 veröffentlichte der Ratsvorsitz einen Vermerk zur verstärkten Zusammenarbeit.[287] Darin schlug er weitere Fragen für die Beratungen der Minister zur Erläuterung der verschiedenen Aspekte der verstärkten Zusammenarbeit vor:

1) Ziel der verstärkten Zusammenarbeit

Das Ziel der verstärkten Zusammenarbeit sollte die Förderung der Integration innerhalb der Union sein. Es wäre zu überlegen, ob man über Artikel 43 EUV hinausgehen wolle und angeben wolle, dass die „Zusammenarbeit ein Mittel der Integration“ darstelle.

[287] CONFER 4761/00, 18. Juli 2000, Vermerk des Vorsitzes zur verstärkten Zusammenarbeit.

Weiter sei darüber nachzudenken, ob „nicht für jede verstärkte Zusammenarbeit ein *Aufholmechanismus* vorgesehen werden solle“?

2) Bedingungen für die Inanspruchnahme der verstärkten Zusammenarbeit (Ermächtigungsklausel):

Es sei die mehrheitliche Auffassung der Delegationen, „dass die derzeit in den Artikeln 40, 43, 44 und 95 EUV sowie Artikel 11 EGV vorgesehenen Ermächtigungsgrundlagen revidiert werden müssen, damit die Inanspruchnahme der verstärkten Zusammenarbeit im institutionellen Rahmen der Union attraktiver wird“.

Dazu könnten die Bedingungen bezüglich der Teilnehmerzahl und der Möglichkeiten des Vetos flexibler gestaltet werden.

Möglicherweise wäre es sinnvoll, die Bedingungen nach folgenden Grundsätzen zusammenzufassen:
„a) Wahrung des institutionellen Rahmens der Union; b) Öffnung für alle Mitgliedstaaten unter transparenten und nichtdiskriminierenden Bedingungen; c) strikte Wahrung des Besitzstandes der Union; d) vollständige Wahrung der Rechte der nichtbeteiligten Staaten?“

„Muss eine Klausel in bezug auf ein *letztes Mittel* aufgenommen werden?“

Sollte es eine unterschiedliche Behandlung der verschiedenen Bereiche (Aktivitäten im Zentrum des Integrationsprozesses und Aktivitäten, bei denen die Integration weniger vorangeschritten ist) geben?

3) Gemeinsame Außen- und Sicherheitspolitik

Sollte im Bereich der GASP eine Möglichkeit der verstärkten Zusammenarbeit vorgesehen werden, und wenn ja, wie sei sie auszugestalten?

Sollte sie auf zwei Kategorien beschränkt werden, nämlich auf a) Initiativen in den Bereichen, für die eine gemeinsame Strategie/eine gemeinsame Aktion/ein gemeinsamer Standpunkt nicht festgelegt wurde; b) spezielle Aspekte der Umsetzung von bereits vom Rat vereinbarten Politiken, für die bestimmten Mitgliedstaaten aufgrund ihrer Lage oder ihrer Handlungsmöglichkeiten eine Sonderrolle eingeräumt wird?

Sollte eine verstärkte Zusammenarbeit dieser Art mit qualifizierter Mehrheit oder einstimmig angenommen werden? Sollte im Falle der Beschlussfassung mit qualifizierter Mehrheit das „Vetorecht“ erhalten bleiben?

4) Bedingungen für die Durchführung einer verstärkten Zusammenarbeit:

Sollten die internen Regeln gemäß Artikel 44 EUV für die Durchführung einer verstärkten Zusammenarbeit im Einzelfall gelockert werden, wenn die Beteiligten damit einverstanden sind?
Sollte die Funktionsweise der verstärkten Zusammenarbeit anderen Regeln als denen der EU folgen (Beispiele: Beständige Präsidentschaft, stärkeres Zurückgreifen auf Mehrheitsentscheidungen?)

5) Eine Zwischenkategorie?

Sollte es eine Klausel geben, die es ermöglicht, außerhalb der Institutionen und Zuständigkeiten der Europäischen Union angesiedelte Formen der verstärkten Zusammenarbeit, die in einem „offensichtlichen Zusammenhang mit den Zielen der Union stehen", in den Vertrag aufzunehmen?
Oder sollten die Beziehungen zwischen diesen Formen der Zusammenarbeit und der Union pragmatisch Fall für Fall geregelt werden?

24. Reaktionen nach dem Treffen der Außenminister

Die EU-Außenminister trafen sich am 24. Juli 2000 in Brüssel in einer Konklave, um über die Themen der Regierungskonferenz zu verhandeln. Während Großbritannien, Dänemark und Schweden den Gedanken der verstärkten Zusammenarbeit einiger EU-Regierungen grundsätzlich ablehnten, da sie eine Spaltung der Union fürchteten, schien dieser deutsch-französische Vorschlag bei den übrigen Regierungen auf wachsende Zustimmung zu stoßen. Strittig war, wie viele EU-Regierungen eine verstärkte Zusammenarbeit auslösen dürfen und ob der Kommission dafür ein Vorschlagsrecht gegeben werden sollte. Frankreich und Deutschland warben dafür, dass auch weniger als die Hälfte der EU-Regierungen einen Fall der „Avantgarde" verlangen dürften, ohne vom Rest gebremst zu werden. Die österreichische Außenministerin Ferrero-Waldner sagte, die verstärkte Zusammenarbeit könne immer nur die zweitbeste Lösung sein. Die Eintrittsbedingungen dürften niemanden diskriminieren und die „Nachzügler" müssten leicht aufholen können.[288]

Manche Mitgliedstaaten befürchteten, dass die verstärkte Zusammenarbeit, die an das Funktionieren des Binnenmarktes geknüpft wäre (freier Verkehr von Personen, Waren, Dienstleistungen und Kapital), der Integration der EU durch die Einführung von Unterscheidungsmerkmalen abträglich sein könnte. Die französische Präsidentschaft schlug vor, für die Umsetzung der Zusammenarbeit in

[288] F.A.Z., 26. Juli 2000, „Die EU-Staaten diskutieren über einen neuen Vertrag".

diesen Bereichen strengere Bedingungen einzurichten. Diese Frage blieb noch ungeklärt, ebenso wie die Frage, ob im Bereich der gemeinsamen Außen- und Sicherheitspolitik die verstärkte Zusammenarbeit sich auf bestimmte Bereiche beschränken sollte, wie Rüstung oder die Zusammenlegung von operationellen Kapazitäten. Allerdings zeigte sich ein gewisser Konsens bei den Prinzipien: Danach wurde anerkannt, dass die verstärkte Zusammenarbeit ein Mittel der Integration sein müsse, das transparent sei, allen Mitgliedstaaten offen stehe und den „gemeinschaftlichen Besitzstand“ nicht gefährde.[289]

Der polnische Außenminister Bartoszewski forderte die Europäische Union auf, sich bei den Ende des Jahres in Nizza geplanten institutionellen Reformen auf die für die Aufnahme neuer Mitgliedstaaten unerläßlichen Voraussetzungen zu beschränken. Er „widersprach dem Eindruck, dass die Bewerberstaaten dem Konzept einer verstärkten Zusammenarbeit integrationswilliger Staaten generell skeptisch gegenüber stünden. Es bestehe allerdings die Gefahr einer ‚negativen Wahrnehmung’: Die Bildung einer Integrationsavantgarde wecke in den außerhalb des Kerns verbleibenden Staaten zu Recht oder Unrecht die Sorge, den Status vollwertiger EU-Mitglieder zu verlieren. Für die Beitrittsländer sei deshalb entscheidend, dass die Avantgarde offen bleibe und nicht zum Ausschluss neuer Mitgliedstaaten aus Teilen der Gemeinschaftspolitik führe. Als erfolgversprechendste Anwendungsfelder der verstärkten Zusammenarbeit nannte Bartoszewski die den Bürgern besonders am Herzen liegenden Fragen der Einwanderungspolitik, die Bekämpfung der Rauschgift- und organisierten Kriminalität sowie die engere Zusammenarbeit der Justizbehörden“.[290]

25. Schreiben des Beauftragen Belgiens zur verstärkten Zusammenarbeit

1) Der Beauftragte der Regierung Belgiens begrüßte in seinem Schreiben an den Ratsvorsitzenden, dass das Instrument der verstärkten Zusammenarbeit auf der Regierungskonferenz überprüft werde.[291] Er nannte in seiner Stellungnahme noch einmal die derzeit bestehenden Schwierigkeiten bei der Anwendung der verstärkten Zusammenarbeit, weshalb sich Belgien um die Lockerung der Bedingungen für die Durchführung der verstärkten Zusammenarbeit bemühe. Es befürworte die Abschaffung des Vetos und die Beschlussfassung über die Durchführung einer verstärkten Zusammenarbeit mit qualifizierter Mehrheit.

---

289 Agence Europe Nr. 7765 vom 26. Juli 2000, EU/Institutionelle Reform.

290 F.A.Z., 26. Juli 2000, „Polen ist bis Ende 2002 sprungbereit, aber ob und wohin wir springen werden, wissen wir immer noch nicht“.

291 CONFER 4765/00, 28. August 2000, Schreiben des Beauftragten der Regierung Belgiens, Herrn Frans van Daele, an den Vorsitzenden der Gruppe der Beauftragten bei der Regierungskonferenz, Herrn Pierre Vimont, zur verstärkten Zusammenarbeit.

Die derzeitige Mindestteilnehmerzahl von acht sollte beibehalten werden.

2) Auch die Garantien, die im Vertrag von Amsterdam gegen die Risiken einer mißbräuchlichen Inanspruchnahme der verstärkten Zusammenarbeit vorgesehen seien, sollten nicht verändert werden.

Es gehe nicht darum, die Befugnisse der Gemeinschaft über die verstärkte Zusammenarbeit auszuweiten.

Die Rolle der Kommission solle gewahrt werden. Gleichzeitig solle die Möglichkeit einer Ausweitung der Stellung der Kommission bei Inanspruchnahme der verstärkten Zusammenarbeit im Rahmen der dritten Säule geprüft werden.

Eine Ausweitung der verstärkten Zusammenarbeit auf Bereiche, in denen das Mehrheitsprinzip zum Tragen komme, könne sich als nützlich erweisen.

Die verstärkte Zusammenarbeit müsse einen Integrationsfaktor darstellen. „Sie kann nur als letztes Mittel herangezogen werden und es darf sich nicht immer um ein und dieselben Beteiligten handeln und die nichtbeteiligten Staaten müssten sich zu einem späteren Zeitpunkt anschließen können". Keinesfalls dürfe die verstärkte Zusammenarbeit dazu dienen, den institutionellen Rahmen zu verändern, innerhalb dessen sie sich entwickeln solle.

3) Im Bereich der gemeinsamen Außen- und Sicherheitspolitik werde die verstärkte Zusammenarbeit allein auf der Ebene der Durchführung als nützlich angesehen, z.B. im Zusammenhang mit diplomatischem Handeln oder in Bezug auf den militärischen Bereich, wo die vorhandenen Klauseln (Artikel 17 Absatz 1 Unterabsatz 4 EUV und Artikel 17 Absatz 4 EUV) in verstärktem Maße in einen Gesamtzusammenhang einzubinden seien.

Die verstärkte Zusammenarbeit dürfe nicht zur Definition einer Politik in Anspruch genommen werden, da es gelte, die Glaubwürdigkeit und Einheitlichkeit zu wahren. Im Gegensatz zur spanischen Position biete das derzeitige System der konstruktiven Enthaltung nach Meinung Belgiens auch einen ausreichenden Handlungsspielraum.

26. Orientierungsrahmen des Ratsvorsitzes

Zwei Tage später stellte der Vorsitz anhand der bisherigen Diskussionen auf den Konferenzen einen Orientierungsrahmen für weitere Beratungen auf Ministerebene und der Gruppe der Beauftragten vor.[292]

I. In der Einleitung stellte er fest, dass die verstärkte Zusammenarbeit als Faktor der Integration begriffen werden sollte. Ihre Bedeutung sowie die potentielle Gefahr, die sie für die Kohärenz des Handelns der Union darstellen könne, sei je nach Bereich unterschiedlich groß. Infolgedessen sollte der Rückgriff auf die verstärkte Zusammenarbeit abhängig davon entweder ausgeschlossen oder erleichtert werden. Außerdem sei die Aufnahme von Bestimmungen, die einen Rückgriff auf die verstärkte Zusammenarbeit im Bereich der GASP gestatteten, von allgemeinem Interesse.

II. Zur Klärung und Präzisierung der allgemeinen Grundsätze der verstärkten Zusammenarbeit führte er aus:

1) „Jede verstärkte Zusammenarbeit muss darauf ausgerichtet sein, die Verwirklichung der Ziele der Union zu fördern und ihre Interessen zu wahren und zu vertreten."

2) „Bei jeder verstärkten Zusammenarbeit müssen die Grundsätze der Verträge eingehalten und der einheitliche institutionelle Rahmen der Union gewahrt werden".

3) „Die Teilnahme an einer verstärkten Zusammenarbeit muss zu jedem Zeitpunkt für alle Mitgliedstaaten unter klaren, transparenten und nichtdiskriminierenden Bedingungen möglich sein".

4) „Jede verstärkte Zusammenarbeit muss innerhalb der Grenzen der Zuständigkeit bleiben, die der Union oder der Gemeinschaft durch die Verträge übertragen worden sind; sie darf keine Bereiche zum Gegenstand haben, die in den ausschließlichen Zuständigkeitsbereich der Gemeinschaft fallen".

5) „Bei jeder verstärkten Zusammenarbeit muss der Besitzstand der Gemeinschaft gewahrt werden; sie darf weder ein Hemmnis für den Handel zwischen den Mitgliedstaaten darstellen noch zu Wettbewerbsverzerrungen zwischen ihnen führen".

[292] CONFER 4766/00, 30. August 2000, Aufzeichnung des Vorsitzes zur verstärkten Zusammenarbeit.

6) „Bei jeder verstärkten Zusammenarbeit sind die Zuständigkeiten, Rechte und Pflichten der nicht daran teilnehmenden Mitgliedstaaten zu wahren; im Gegenzug dürfen diese die Umsetzung einer beschlossenen Zusammenarbeit nicht behindern".

7) „Eine verstärkte Zusammenarbeit kann begründet werden, sobald feststeht, dass sich nicht alle Mitgliedstaaten an der Verwirklichung des Ziels, das mit ihr unter Einhaltung aller vorgenannten Bedingungen verfolgt wird, beteiligen wollen".

III. Verstärkte Zusammenarbeit nach dem EG-Vertrag

Es wurde vorgeschlagen, bestimmte Bereiche aus dem Anwendungsbereich der verstärkten Zusammenarbeit entweder explizit oder implizit auszuschließen:

- Angleichung der Rechts- und Verwaltungsvorschriften der Mitgliedstaaten, welche die Errichtung und das Funktionieren des Binnenmarktes zum Gegenstand haben;
- Änderung der Bedingungen für den Zugang zur Einheitswährung;
- Strukturfonds und Kohäsionsfonds;
- Annahme von Vorschriften betreffend die Unionsbürgerschaft.

Die Mindestzahl der teilnehmenden Mitgliedstaaten sollte auf ein Drittel abgesenkt werden.

Das Verfahren für die Einleitung einer verstärkten Zusammenarbeit:

1) allgemein: „Beschluss des Rates mit qualifizierter Mehrheit auf Vorschlag der Kommission und nach Stellungnahme des Europäischen Parlaments";

2) Differenzierung je nach Anzahl der teilnehmenden Mitgliedstaaten.

(a) Der Antrag auf Erteilung einer Ermächtigung wird von mindestens der Hälfte der Mitgliedstaaten gestellt:

- Beschluss des Rates mit qualifizierter Mehrheit auf Vorschlag der Kommission und nach Stellungnahme des Europäischen Parlaments.

(b) Der Antrag auf Erteilung wird von einer zwischen einem Drittel und der Hälfte der Mitgliedstaaten liegenden Anzahl von Mitgliedstaaten gestellt:

- gleiches Verfahren wie oben, allerdings besteht für [x] Mitgliedstaaten die Möglichkeit, eine Verschiebung zu beantragen; in diesem Fall kann der Rat die beantragte Ermächtigung erst nach Ablauf eines Jahres erteilen.

Eine Änderung des Verfahrens für die Genehmigung der Teilnahme anderer Mitgliedstaaten scheine nicht erforderlich zu sein.

IV. Verstärkte Zusammenarbeit im Rahmen der zweiten Säule

Die Ziele der verstärkten Zusammenarbeit wurden definiert in der Wahrung der Werte und der Interessen der Union, der Behauptung ihrer Identität auf der internationalen Bühne sowie der Wahrung der Zuständigkeiten der Gemeinschaft und der Ziele, Grundsätze und allgemeinen Leitlinien der Außen- und Sicherheitspolitik. Weiterhin der Wahrung der im Rahmen dieser Politik gefaßten Beschlüsse und der Kohärenz der Unionspolitik insgesamt.

Die Mindestzahl der Teilnehmer sollte grundsätzlich ein Drittel aller Mitgliedstaaten betragen.

Verfahren für die Einleitung einer verstärkten Zusammenarbeit:

1) Im Falle von Bereichen, die nicht Gegenstand einer gemeinsamen Strategie, einer gemeinsamen Aktion oder eines gemeinsamen Standpunktes sind:

(a) 1. Option
Beschluss des Rates mit qualifizierter Mehrheit auf Antrag der betreffenden Mitgliedstaaten nach Aufforderung der Kommission, ihre Stellungnahme zu unterbreiten (und nach Weiterleitung des Antrags an das Europäische Parlament).

(b) 2. Option
Wie unter a) mit dem Zusatz, dass, sollten alle nicht teilnehmenden Mitgliedstaaten dies verlagen, die Angelegenheit [nach dem geltenden Verfahren] an den Europäischen Rat verwiesen wird.

2) Im Falle von Durchführungsmaßnahmen in Bereichen, die Gegenstand einer gemeinsamen Strategie, einer gemeinsamen Aktion oder eines gemeinsamen Standpunkts sind:

Verfahren wie unter 1) jedoch kann die Teilnehmerzahl unter einem Drittel der Mitgliedstaaten liegen.

3) Für den Fall, dass eine verstärkte Zusammenarbeit im Rahmen der zweiten Säule eine direkte Auswirkung auf die aufgrund des EGV verfolgten Politiken hätte, würde der Rat im Falle einer negativen Stellungnahme der Kommission einen einstimmigen Beschluss fassen.

Unterrichtung:

Es sollte eine Verpflichtung zur regelmäßigen und detaillierten Unterrichtung des Rates über alle aufgrund einer verstärkten Zusammenarbeit eingeleiteten Initiativen vorgesehen werden. Der Rat selber hätte die Verpflichtung, das Europäische Parlament über die Entwicklung in diesem Bereich in regelmäßigen Abständen zu unterrichten.
Eventuell sollte eine besondere Rolle für den Vorsitz und/oder den Hohen Vertreter für die GASP vorgesehen werden. Sie sollten einen Beobachterstatus verliehen bekommen, um insbesondere die Unterrichtung der anderen Mitgliedstaaten zu erleichtern.

Das gegenwärtig für die dritte Säule vorgesehene Verfahren für die Genehmigung der Teilnahme anderer Mitgliedstaaten könne beibehalten werden.

V. Verstärkte Zusammenarbeit im Rahmen der dritten Säule:

Ziel der verstärkten Zusammenarbeit sollte eine raschere Entwicklung der Union zu einem Raum der Freiheit, der Sicherheit und des Rechts unter Wahrung der Zuständigkeiten der Europäischen Gemeinschaft und der in Titel VI gesteckten Ziele sein.

Die Mindestzahl der teilnehmenden Mitgliedstaaten sollte wie in der zweiten Säule mindestens ein Drittel betragen.

Das Verfahren für die Einleitung der verstärkten Zusammenarbeit sollte ebenfalls wie in der zweiten Säule gehandhabt werden. In einer zweiten Option wird die Möglichkeit eines Verschiebungsantrags von (x) Mitgliedstaaten eröffnet. In diesem Fall kann der Rat die beantragte Ermächtigung erst nach Ablauf eines Jahres erteilen. Für den Fall einer negativen Stellungnahme der Kommission über eine verstärkte Zusammenarbeit, die direkte Auswirkungen auf die aufgrund des EGV durchgeführten Maßnahmen hätte, ist eine einstimmige Beschlussfassung des Rates vorgesehen.

Unterrichtung:

Der Vorsitz empfiehlt eine Verpflichtung zur regelmäßigen und detaillierten Unterrichtung des Rates über die aufgrund einer verstärkten Zusammenarbeit durchgeführten Maßnahmen. Der Rat und die Kommission unterrichten wiederum das Parlament in regelmäßigen Abständen über die Entwicklung der gesamten verstärkten Zusammenarbeit in diesem Bereich.

27. Stellungnahmen von beteiligten Politikern nach der Sommerpause

Die Außenministerin Luxemburgs, Lydie Polfer, sprach sich in einem Interview zu den Erfolgsaussichten der EU-Regierungskonferenz für die Abschaffung des Vetorechts bei der verstärkten Zusammenarbeit aus. Um der Union in jedem Fall die Dynamik der Weiterentwicklung zu erhalten, unterstütze Luxemburg den Vorschlag einer verstärkten Zusammenarbeit einiger Länder auf Teilgebieten vorbehaltlos. Wichtig sei nur, dass diese verstärkte Zusammenarbeit innerhalb der Gemeinschaft organisiert werde und immer offen bleibe für die, die später dazu kommen wollten. Daher habe ihr auch der Vorschlag des französischen Staatspräsidenten Chirac nicht gefallen, der zur Organisation dieser Zusammenarbeit ein eigenständiges Sekretariat vorsehe. Als Anzahl der Länder, die notwendig sein sollten, um eine verstärkte Zusammenarbeit zu starten, nannte Polfer acht Mitgliedstaaten. Das wäre gegenwärtig die Majorität der fünfzehn. Es könnte aber auch eine kleinere Zahl beschlossen werden. Wichtig sei, das Vetorecht zu beseitigen, sonst gebe es keinen Fortschritt. Schließlich sei ja die Möglichkeit der verstärkten Zusammenarbeit im Vertrag von Amsterdam verankert. Nur sei sie so schwer anzuwenden, weil sie jetzt einstimmig beschlossen werden müsse.[293]

Der Beauftragte des Europäischen Parlamentes für die EU-Reformverhandlungen, Prof. Tsatsos warnte vor einer zu großzügigen Auslegung des Flexibilitäts-Prinzips. „Vor allem Frankreich und Deutschland wollen in Nizza eine Vertragsklausel verabschieden, nach der eine kleine Gruppe von Mitgliedstaaten bei europäischen Einigungsprojekten rascher vorangehen kann. Flexibilität kann hilfreich sein. Doch sie darf nicht dazu führen, dass einige Mitgliedstaaten faktisch eine neue EU gründen und die anderen abgehängt werden. Deshalb müsse die EU-Kommission diesen Prozeß überwachen. In Streitfällen sollte der Europäische Gerichtshof in Luxemburg entscheiden“.[294]

---

293 NZZ, 01. September 2000, „Hierarchiedenken bei der EU-Reform? Ein Gespräch mit der luxemburgischen Außenministerin Polfer“.

294 SZ, 02./03. September 2000, „Europaparlament beklagt Mangel an Demokratie“.

Die Vertreter der Außenminister nahmen am 04. September 2000 die Verhandlungen wieder auf und konzentrierten sich auf die Themen verstärkte Zusammenarbeit und die Ausweitung der qualifizierten Mehrheitsentscheidung.
Die Thematik der verstärkten Zusammenarbeit wurde nicht mehr ganz so kritisch gesehen, denn der Vorsitz hatte mit seiner Vorlage vom 30. August 2000 einen gewissen Stimmungsumbruch erzeugt, da darin eindeutig fixiert wurde, dass dieses Instrument ausschließlich als Integrationsfaktor eingesetzt werden sollte.[295]

Der französische Außenminister Hubert Védrine erschien am 19. September 2000 vor dem Ausschuß für Konstitutionelle Angelegenheiten des Europäischen Parlaments. Er sprach vom Beginn einer echten Diskussion über die verstärkte Zusammenarbeit. Seinen Aussagen nach wollte der französische Vorsitz bei der Flexibilisierung so weit wie möglich gehen. Sie müsse einladend genug sein, damit Zukunftsinitiativen im Rahmen des Vertrags angesiedelt werden, und nicht außerhalb davon. Wenn man die Bestimmungen des Vertrages von Amsterdam auf die verstärkte Zusammenarbeit hätte anwenden müssen, hätte es niemals einen Euro, Schengen oder eine Initiierung eines Europas der Verteidigung gegeben. Es wurde auch gefragt, wie viele Länder eine verstärkte Zusammenarbeit in Gang setzen könnten. Védrine antwortete, dass einige Mitgliedstaaten ein Drittel vorgeschlagen hätten, während andere eine feste Zahl bevorzugten, damit die Erweiterung nicht dazu führe, dass eine verstärkte Zusammenarbeit schwieriger initiiert werden könne.

Dem Wunsch des Europäischen Parlaments ein Zustimmungsrecht zur verstärkten Zusammenarbeit zu erhalten, stand Védrine nicht positiv gegenüber, denn „wenn man zu viele Riegel vorschiebe, passiere gar nichts".[296]

28. Gemeinsame Stellungnahme von Bundeskanzler Gerhard Schröder und Ministerpräsident Giuliano Amato zur verstärkten Zusammenarbeit

Bundeskanzler Schröder und der italienische Ministerpräsident Amato meldeten sich in einem gemeinsamen Zeitungsartikel zur Diskussion über die anstehende Erweiterung der Europäischen Union zu Wort. Dabei erklärten sie zur verstärkten Zusammenarbeit: „Das Europa der Zukunft wird als politisch handlungsfähige Einheit nur dann eine Überlebenschance haben, wenn der Integrationsprozess differenzierter wird, als er es heute ist. In einer erweiterten Union mögen

295 Agence Europe Nr. 7792 vom 06. September 2000, EU/Institutionelle Reform.

296 Sitzung des Ausschusses für Konstitutionelle Angelegenheiten des Europäischen Parlaments vom 19. September 2000; in: Agence Europe Nr. 7803 vom 21. September 2000, EU/Institutionelle Reform.

nicht mehr alle Partner gleichermaßen willig und fähig sein, die Zusammenarbeit weiter auszubauen. Die laufende Regierungskonferenz muss deshalb vereinfachte Regeln für das Voranschreiten besonders integrationsbereiter Mitgliedstaaten vereinbaren. Die Vorreiterrolle einer Gruppe – zu der die Gründungsmitglieder Deutschland und Italien immer gehören werden – muss innerhalb des Vertragsrahmens möglich und praktizierbar sein. Dabei gilt: Kein Land, das sich beteiligen will und hierzu in der Lage ist, darf ausgeschlossen werden. Mit anderen Worten: Wir verstehen die verstärkte Zusammenarbeit als ein Instrument, das die Integration voranbringen soll, keinesfalls als ein Vehikel, um die Union zu spalten. Die Skeptiker und die Gegner solcher flexiblen Lösungen sollten bedenken, dass sich ohne eine solche Möglichkeit Formen verstärkter Zusammenarbeit außerhalb der Verträge herausbilden würden. Dies wäre die schlechtere Alternative".[297]

29. Vorbereitungen auf den Europäischen Rat in Biarritz

Am 03. Oktober 2000 sprachen der Präsident der Europäischen Kommission Prodi und der französische Europaminister Moscovici vor dem Europäischen Parlament in Straßburg über die Vorbereitung des informellen Europäischen Rates vom 13./14. Oktober 2000 in Biarritz.

Kommissionspräsident Romano Prodi sprach sich in seiner Rede zur Erweiterung der Union noch einmal dafür aus, das Verfahren der verstärkten Zusammenarbeit zu erleichtern. Weiterhin wies er auf die seiner Meinung nach besorgniserregende Tendenz der Regierungszusammenarbeit hin. „Einem Ministerkommitee, dem ein Sekretariat zur Seite stünde und das über sein Handeln keine Rechenschaft ablegen müsste, neue Aufgaben zu übertragen, würde weder zu mehr Demokratie noch zu einer effizienteren Beschlussfassung führen".[298]

Europaminister Moscovici stellte den Verhandlungsstand bei den verschiedenen Punkten der Tagungsordnung vor. Zur verstärkten Zusammenarbeit führte er aus: „Bei der verstärkten Zusammenarbeit [...] rührt die Schwierigkeit nach wie vor in gewissem Grade daher, dass zahlreiche Mitgliedstaaten darin von vorn herein das Risiko eines Europas der zwei Geschwindigkeiten sehen oder sogar glauben, dass damit wirkliche Fortschritte der Fünfzehn im Bereich der qualifizierten Mehrheit umgangen werden sollen. Doch ich möchte klar und deutlich sagen, dass die verstärkte Zusammenarbeit weder der Versuch ist, einen stabilen

---

[297] F.A.Z, 21. September 2000, „Weil es uns Ernst ist mit der Zukunft Europas – Von Bundeskanzler Gerhard Schröder und Ministerpräsident Giuliano Amato".

[298] Rede von Kommissionspräsident Prodi vor dem Europäischen Parlament am 03. Oktober 2000 (Speech/00/352), Übersetzung der EU-Kommission.

und geschlossenen harten Kern aufzubauen, noch einen Ersatz für Fortschritte bei der qualifizierten Mehrheit darstellt. [...] Die gleichzeitige Debatte über die Zukunft des erweiterten Europas hat dazu auf ihre Weise beigetragen, ich möchte sagen sowohl positiv als zuweilen auch etwas negativ.

Denn wenn eine Mehrheit von Mitgliedstaaten anscheinend keine radikale Reform in Richtung auf ein institutionelles Modell eines anderen, sagen wir stärker föderalen Typs will, ist zugegebenermaßen die verstärkte Zusammenarbeit ein sinnvolles Instrument, das der realistischen Feststellung entspricht, dass in einem erweiterten Europa nicht alle Mitgliedstaaten immer mit gleicher Geschwindigkeit vorankommen können oder wollen. Daher scheint ein Element der Flexibilität unabdingbar, damit diejenigen, die schneller voranschreiten wollen, dies können, wobei den anderen stets die Möglichkeit bleibt, sich den weiter Fortgeschrittenen anzuschließen, denn die verstärkte Zusammenarbeit ist natürlich nur sinnvoll, wenn sie stets für andere offen ist.

Zweifelsohne bleibt noch einiges zu tun, insbesondere hinsichtlich der Festlegung der Bedingungen zur Vereinfachung der Grundsätze und zur flexibleren Gestaltung der Voraussetzungen zur Inanspruchnahme dieses Instruments, wobei selbstverständlich auch eine Reihe von Garantien vorzusehen sind. Weiterhin ist zu prüfen, welche besonderen Vorkehrungen im Bereich der GASP zu treffen sind".[299]

30. Aufzeichnung des Ratsvorsitzes am 05. Oktober 2000

Der Vorsitz legte am 05. Oktober 2000 für die Klausurtagung auf Ministerebene im Rahmen der Regierungskonferenz eine geänderte Aufzeichnung vor[300]. Darin definierte er erneut einen Orientierungsrahmen wie schon in seinem ersten Vorschlag vom 30. August 2000[301].

Mehrere Delegationen hatten vorgeschlagen, Aspekte betreffend die Sicherheit und Verteidigung in eine eigene Bestimmung über die verstärkte Zusammenarbeit aufzunehmen, beispielsweise in Form eines Protokolls oder einer speziellen Ermächtigungsklausel.

---

[299] Rede des Europaministers Moscovici vor dem Europäischen Parlament am 03. Oktober 2000, Übersetzung des Europäischen Parlaments.

[300] CONFER 4780/00, 05. Oktober 2000, Aufzeichnung des Vorsitzes für die Klausurtagung auf Ministerebene im Rahmen der Regierungskonferenz zur verstärkten Zusammenarbeit.

[301] CONFER 4766/00, siehe Absatz 26.

A. Allgemeine Grundsätze zur verstärkten Zusammenarbeit

Wiederholung der allgemeinen Grundsätze zur verstärkten Zusammenarbeit, die nur geringe Modifikationen zur Aufzählung der allgemeinen Grundsätze in CONFER 4766/00 vom 30. August 2000 enthielten.
Angefügt wurde, dass die verstärkte Zusammenarbeit mindestens [ein Drittel] oder [x] Mitgliedstaaten umfassen sollte.

Hinzugefügt wurde die Klausel, dass auf die verstärkte Zusammenarbeit erst dann zurückgegriffen werden kann, wenn im Rat festgestellt worden ist, dass die ihr zugewiesenen Ziele mit Unterstützung aller Mitgliedstaaten nicht verwirklicht werden können.

Weiterhin wurde zur Diskussion gestellt, ob eine begrenzte Anzahl von Bereichen für eine verstärkte Zusammenarbeit ausgeschlossen werden sollte, so z.B. wesentliche Fragen zum Binnenmarkt, zum Zusammenhalt und zur Unionsbürgerschaft.

B. Verstärkte Zusammenarbeit nach dem EGV

Im Rahmen der ersten Säule sollte die Mindestzahl der teilnehmenden Mitgliedstaaten bei einem Drittel liegen.

Verfahren für die Einleitung einer verstärkten Zusammenarbeit:

Der Rat erteilt mit qualifizierter Mehrheit auf Vorschlag der Kommission und nach Anhörung des Europäischen Parlaments die Ermächtigung zur Begründung einer verstärkten Zusammenarbeit.
Zur Frage gestellt wurde die Möglichkeit einer Beantragung eines Aufschubs von einem Jahr durch [ein Drittel] [die Hälfte] der Mitgliedstaaten falls eine Streichung der Bestimmung über eine Befassung der Europäischen Rates vorgesehen werde, oder der Antrag von einer zwischen einem Drittel und der Hälfte der Mitgliedstaaten liegenden Anzahl von Mitgliedstaaten gestellt werde. Eventuell sollte die Formulierung der derzeitigen Modalitäten der Durchführung gemäß Artikel 11 EGV präzisiert werden.

C. Verstärkte Zusammenarbeit im Rahmen der zweiten Säule

Die Ziele und die Tragweite der verstärkten Zusammenarbeit könnten in einer Umsetzung einer Strategie, einer Aktion oder eines gemeinsamen Standpunktes im allgemeinen Rahmen der in Artikel 23 Absatz 2 EUV vorgesehenen Durchführung bestehen.

Die Mindestzahl der Teilnehmer sollte [drei] [fünf] Mitgliedstaaten betragen.

Das Verfahren für die Einleitung der verstärkten Zusammenarbeit sollte in einem Ratsbeschluss mit qualifizierter Mehrheit nach Bestimmungen des Artikels 23 Absatz 2 EUV, wie für Durchführungsmaßnahmen, bestehen.

Bei dem Verfahren für die Genehmigung der Teilnahme der anderen Mitgliedstaaten wurde zur Frage gestellt, ob eine Anpassung des derzeitigen in Artikel 40 Absatz 3 EUV vorgesehenen Verfahrens für Titel VI EUV vorgesehen sei.

Darüber hinaus bedürfe der Klärung, ob eine über den Gegenstand einer gemeinsamen Strategie, einer gemeinsamen Aktion, eines gemeinsamen Standpunktes hinausgehende verstärkte Zusammenarbeit vorzusehen sei.

D. Verstärkte Zusammenarbeit im Rahmen der dritten Säule

Für die Mindestanzahl der teilnehmenden Staaten sowie das Verfahren für die Einleitung sollten dieselben Bestimmungen wie in der ersten Säule gelten.

Bei dem Verfahren für die Genehmigung der Teilnahme der anderen Mitgliedstaaten ist keine Änderung des derzeitigen Artikels 40 Absatz 3 EUV vorgesehen.

31. Deutsch-italienisches Papier zur verstärkten Zusammenarbeit

Am 06. Oktober 2000 veröffentlichten die deutsche und die italienische Delegation ein gemeinsames Positionspapier zur verstärkten Zusammenarbeit.[302] Sie wollten wie das Europäische Parlament „die verstärkte Zusammenarbeit zu einem Anreiz für die Fortentwicklung der Union" machen.
Sie schlugen insbesondere vor, das Quorum für die verstärkte Zusammenarbeit unverändert in absoluten Zahlen zu belassen, das heißt bei acht Mitgliedstaaten oder bestenfalls bei einem Drittel der Mitgliedstaaten. Außerdem wollten sie die verstärkte Zusammenarbeit auch bei der GASP zur Anwendung bringen.

Nach Ansicht Deutschlands und Italiens sollten die Mitgliedstaaten die Möglichkeit haben, eine Avantgarde zu bilden, die jedem Mitgliedstaat offen stehe,

[302] CONFER 4783/00, 06. Oktober 2000, Übermittlungsvermerk des Herrn Dr. Gunter Pleuger, Beauftragter Deutschands und Herrn Silvio Fagiolo, Beauftragter Italiens bei der Regierungskonferenz an Herrn Pierre Vimont, Vorsitzender der Gruppe der Vertreter der Regierungen der Mitgliedstaaten bei der Regierungskonferenz.

um das Voranschreiten einiger Mitgliedstaaten zu ermöglichen. Dazu bedürfe es einiger Änderungen, da zur Zeit eine Nutzung dieses Instruments blockiert werde. Es gelte dabei zu verhindern, dass eine verstärkte Zusammenarbeit außerhalb des institutionellen Rahmens stattfinde.

Deutschland und Italien lehnten ein „Europa à la carte" ab. Das Ziel sei eher eine „verstärkte Integration" als eine „verstärkte Zusammenarbeit". Es müsse selektiv und politisch verantwortlich von verstärkter Zusammenarbeit Gebrauch gemacht werden. Die verstärkte Zusammenarbeit sollte auch im Bereich der GASP angewendet werden unter Wahrung ihrer Einheitlichkeit und Repräsentativität.

Änderung der bestehenden Regelungen:

1. Ein wesentliches Element sei die Abschaffung der Vetomöglichkeit, da diese bis jetzt eine Nutzung der verstärkten Zusammenarbeit verhindert habe.

2. Das Quorum für eine Auslösung der verstärkten Zusammenarbeit sollte acht Mitgliedstaaten betragen, hilfsweise ein Drittel der Mitgliedstaaten. In der zweiten Säule könne das Quorum unter bestimmten Umständen auf fünf herabgesetzt werden.

- Artikel 43 Absatz 1 c) EUV (die Forderung, dass die verstärkte Zusammenarbeit nur als „letztes Mittel" herangezogen werden darf), sei zu streichen, da sie ein Risiko juristischer Auseinandersetzungen enthalte. Letztendlich sei sie aber im wesentlichen eine Frage der politischen Einschätzung.

- „Interessen" in Artikel 43 Absatz 1 f) EGV sei aus analogen Gründen zu streichen.

- Außerdem schlugen sie eine „Ermutigungsklausel" für die teilnehmenden Mitgliedstaaten vor.

3. Eine verstärkte Zusammenarbeit sollte auch im zweiten Pfeiler möglich sein. Daher sollte ein Artikel 27 *bis,* der dem Modell von Artikel 40 EUV und Artikel 11 EGV folgen sollte, eingeführt werden.

Anpassung an genannte Regelungen:
- Klauseln, die die Kohärenz der GASP sichern sollen;
- Rolle der Kommission als Wächterin der Kohärenz, jedoch angepaßt an den besonderen Charakter der GASP;

- gesenktes Quorum für bestimmte Bereiche;
- der Hohe Vertreter sollte seine Rolle auch im Kontext der verstärkten Zusammenarbeit spielen. Ein Teil seiner Rolle sollte die regelmäßige Unterrichtung des Europäischen Parlaments sein.

4. Geringe Änderungen in Artikel 11 EGV:

Absatz 1 c) („nicht die Unionsbürgerschaft betrifft und auch keine Diskriminierung zwischen Staatsangehörigen der Mitgliedstaaten bedeutet") sei zu streichen, da er eine Gruppe von Mitgliedstaaten hindere, die Artikel 17 bis 21 EGV fortzuentwickeln.

Die vorgeschlagenen Änderungen wurden in einem zweiten Teil konkret in Textvorschlägen dargestellt.

Der Vorschlag stand im Zentrum der von den Gipfelteilnehmern in Biarritz zu diesem Aspekt der institutionellen Reform geführten Debatten und danach auch im Mittelpunkt der mit Blick auf Nizza in den darauf folgenden Tagen und Wochen geführten Verhandlungen.

32. Rede des britischen Premierministers Tony Blair in Warschau

Der britische Premierminister Tony Blair hielt am 06. Oktober 2000 in Warschau in der Börse eine Rede in der er seine Vorstellungen über die Zukunft Europas darstellte. Er nahm dabei auch zum ersten Mal positiv Stellung zur verstärkten Zusammenarbeit.

„Ich stimme mit Guy Verhofstadt darin überein, dass die verstärkte Zusammenarbeit ein Instrument ist, um die Union von innen heraus zu stärkten und kein Instrument des Ausschlusses. Daher darf die verstärkte Zusammenarbeit auch nicht dazu benutzt werden, den Binnenmarkt oder andere gemeinsame Politiken zu unterminieren. Die Sicherheitsvorkehrungen müssen streng sein. Die jetzigen Verträge enthalten solche Vorkehrungen. Alle Änderungen müssen genauso streng sein in der Verhinderung eines Europas der verschiedenen Geschwindigkeiten; der Entwicklung verschiedener Regelungssätze; Beeinträchtigung von Rechten der Mitglieder, die nicht teilnehmen können; oder Erosion der Macht der Kommission als Wächterin der Verträge. Das Europäische Parlament sollte eine Rolle spielen in der Absicherung, dass diese Bedingungen erfüllt werden, sowohl wenn über eine verstärkte Zusammenarbeit entschieden wird aber auch in der Phase der Umsetzung.

Innerhalb eines vom Europäischen Rat bestimmten kohärenten Rahmens liegt offensichtlich eine viel größere Spannbreite für die Nutzung verstärkter Zusammenarbeit in den beiden größten Wachstumsbereichen Europäischer Aktionen: der Entwicklung einer Außen- und Sicherheitspolitik und dem grenzüberschreitenden Kampf gegen Kriminalität. Im Kampf gegen internationale Kriminalität sollte es im Interesse aller Mitgliedstaaten sein, wenn bestimmte Gruppen von Staaten die Arbeit in bestimmten Bereichen voranbringen. Dies ist durch das Schengen-Abkommen geschehen. Der Unterschied ist nun, dass wir von Anfang an innerhalb des Rahmens der europäischen Verträge operieren, nicht außerhalb. Italien und Deutschland haben gemeinsame Polizeioperationen an den Außengrenzen der Union vorgeschlagen. Diese Art der Kooperation zwischen Gruppen von Staaten, die versuchen, Ziele zu erreichen, die von allen geteilt werden und im Interesse aller liegen, wird eine Alltäglichkeit werden.“ [303]

33. Letzte Ministertagung vor dem Gipfel in Biarritz

Auf der letzten Tagung der Außenminister vor dem Gipfel in Biarritz am 08. – 09. Oktober 2000 schien eine Mehrheit der Delegationen inzwischen einen einfacheren Rückgriff auf die verstärkte Zusammenarbeit zu befürworten. Europaminister Moscovici berichtete von „sehr klaren Fortschritten“ bei der verstärkten Zusammenarbeit, trotz der anhaltenden Meinungsverschiedenheiten, insbesondere in bezug auf die Anzahl der Teilnehmerstaaten. Mehrere Delegationen (besonders die neutralen Länder) blieben bei ihren Vorbehalten gegenüber einer solchen Form der Zusammenarbeit im zweiten Pfeiler. „Diese Vorbehalte sind besonders stark in der Verteidigungspolitik“, so Moscovici. Dem Vernehmen nach wurde der deutsch-italienische Vorschlag vor allem von Frankreich und den Benelux Ländern begrüßt.[304]

Der für die institutionellen Reformen zuständige EU-Kommissar Michel Barnier zeigte sich hingegen vor dem Gipfel in Biarritz besorgt über den Stand der Vorbereitungen zur Regierungskonferenz. „Er erwarte vom kommenden Gipfel Fortschritte insbesondere zur Definition der Bedingungen, unter denen es einer Gruppe von integrationswilligen Mitgliedstaaten künftig möglich sein soll, auf dem Einigungspfad voranzuschreiten. Erfreut zeigte er sich darüber, dass sich auch der britische Premierminister Blair in seiner Europapolitischen Grundsatzrede in Warschau zum Wegfall des Vetos bei entsprechenden Beschlüssen zur verstärkten Zusammenarbeit bekannt habe. Entscheidend sei, dass sich die be-

---

[303] Rede des britischen Premierministers Tony Blair vor der Warschauer Börse am 06. Oktober 2000.

[304] Pierre Moscovici auf einer Pressekonferenz am 08. Oktober 2000; in: Agence Europe Nr. 7816 vom 9./10. Oktober 2000, EU/Institutionelle Reform.

teiligten Staaten als ‚Aufklärer' empfänden, die durch eine integrationspolitische Vorreiterrolle den übrigen Partnern den Weg wiesen. Dies werde eine Garantie dafür sein, dass das übergeordnete gemeinsame Interesse auch künftig Richtschnur der Europapolitik sein werde".[305]

34. Europäischer Rat in Biarritz

Die Staats- und Regierungschefs setzten sich in Biarritz insbesondere mit den vier Hauptthemen der Regierungskonferenz – den drei „left-overs" sowie der verstärkten Zusammenarbeit – auseinander.[306]

Auf seiner Pressekonferenz hob der französische Staatspräsident Jaques Chirac hervor, dass es in Biarritz auf zwei Gebieten wirklich Fortschritte gegeben habe, nämlich der Ausdehnung der Abstimmung mit qualifizierter Mehrheit und der verstärkten Zusammenarbeit. Bezüglich der verstärkten Zusammenarbeit habe keiner mehr Grundsatzeinwände. Dieser Mechanismus, von dem „niemand ausgeschlossen" bleiben dürfe, der „den Besitzstand der Gemeinschaft achten" und sich im institutionellem Rahmen entwickeln müsse, zeige ein „gänzlich offenes Wesen". Man nähere sich Einigungen in der Frage des Auslösemechanismus, der Mindestzahl der erforderlichen Länder, der „Klausel, den Europäischen Rat anrufen zu können" und der „Klausel der letzten Instanz". Dagegen blieben „Modalitäten" für die verstärkte Zusammenarbeit in der Außen- und Sicherheitspolitik zu finden. Es stehe auch außer Frage, dass ein einzelnes Land die verstärkte Zusammenarbeit nicht blockieren können soll.[307]

35. Aufzeichnung des Ratsvorsitzes

Im Hinblick auf die Sitzung der Beauftragten am 23. Oktober 2000 erhielten die Delegationen zum ersten Mal einen vollständigen Text zum Thema verstärkte Zusammenarbeit in Form von Vertragsartikeln.[308]

Die in den vorhergehenden Arbeitspapieren dargelegten Überlegungen wurden jetzt in einzelnen Klauseln (Klauseln A – O) detailliert und umfassend aufge-

---

[305] F.A.Z., 10. Oktober 2000, „Nur kleinster gemeinsamer Nenner?".

[306] Schlußfolgerungen des Vorsitzes des Europäischen Rates vom 13. – 14. Oktober 2000 in Biarritz.

[307] Pressekonferenz des französischen Staatspräsidenten Jaques Chirac nach dem Gipfel von Biarritz am 14. Oktober 2000; in: Agence Europe Nr. 7821 vom 15. Oktober 2000, EU/Institutionelle Reform.

[308] CONFER 4786/00, 18. Oktober 2000, Aufzeichnung des Vorsitzes zur verstärkten Zusammenarbeit.

führt. Bei der endgültigen Vorlage des neuen Vertrages müssten diese Klauseln zwischen dem EUV und dem EGV aufgeteilt werden.

Der Ratsvorsitz griff insbesondere das Quorum von acht Mitgliedstaaten auf sowie die Ausdehnung der verstärkten Zusammenarbeit auf die zweite Säule. Entgegen dem deutsch-italienischen Papier sollte jedoch der Artikel über die verstärkte Zusammenarbeit als letztes Mittel in abgeänderter Form beibehalten werden.

Allgemeine Grundsätze

Klausel A – Allgemeine Bedingungen

a) Förderung der Ziele der Union, Schutz ihrer Interessen, Stärkung des Integrationsprozesses;
b) Beachtung der Verträge, des Besitzstandes und des einheitlichen institutionellen Rahmens der Union;
c) verstärkte Zusammenarbeit nicht in Bereichen der ausschließlichen Zuständigkeit;
d) keine Handelsbeschränkungen und Wettbewerbsverzerrungen;
e) mit Ausnahme anderer Bestimmungen mindestens acht teilnehmende Mitgliedstaaten;
f) Beachtung der Zuständigkeiten, Rechte und Pflichten der nicht an der Zusammenarbeit beteiligten Staaten.

Klausel B - Verstärkte Zusammenarbeit als letztes Mittel

Eine verstärkte Zusammenarbeit kann nur dann eingeleitet werden, wenn der Rat feststellt, dass die angestrebten Ziele nicht mit den einschlägigen Bestimmungen der Verträge in einem vertretbaren Zeitraum verwirklicht werden können.

Klausel C – Beteiligung der übrigen Mitgliedstaaten

Alle Mitgliedstaaten können sich jederzeit der verstärkten Zusammenarbeit anschließen.

Klausel D – Institutionelle Modalitäten

Teilnahme an Sitzungen für alle Mitgliedstaaten, aber Beschlussfassung des Rates nur durch beteiligte Mitgliedstaaten.
Berücksichtigung von Artikel 205 Absatz 2 EUV.

Klausel E - Finanzierung

Finanzierung der verstärkten Zusammenarbeit durch beteiligte Mitgliedstaaten mit Ausnahme der Verwaltungskosten der Organe, sofern kein anders lautender Ratsbeschluss ergeht.

Klausel F – Unterrichtung des Europäischen Parlaments

Regelmäßige Unterrichtung des Parlaments durch Rat und Kommission.

Verstärkte Zusammenarbeit nach dem EGV

Klausel G - Verfahren zur Begründung einer verstärkten Zusammenarbeit

1) Die Mitgliedstaaten richten einen Antrag an die Kommission, die dem Rat einen entsprechenden Vorschlag unterbreiten kann. Wenn die Kommission keinen Vorschlag an den Rat vorlegt, unterrichtet sie die Mitgliedstaaten unter Angabe ihrer Gründe davon.

2) Die Ermächtigung zur Einleitung einer verstärkten Zusammenarbeit wird vom Rat nach Ratsbeschluss mit qualifizierter Mehrheit auf Vorschlag der Kommission und nach Anhörung des Parlaments erteilt. Ein Mitglied des Rates kann verlangen, dass die Frage dem Europäischen Rat vorgelegt wird, bevor der Rat einen Beschluss faßt.

3) Für die Durchführung gelten die einschlägigen Bestimmungen des Vertrages, sofern in den Klauseln nichts anderes bestimmt ist.

Klausel H - Verfahren zur Beteiligung der übrigen Mitgliedstaaten

Der betreffende Mitgliedstaat gibt eine Mitteilung an den Rat und die Kommission. Die Kommission gibt ihre Stellungnahme innerhalb von drei Monaten an den Rat. Die teilnehmenden Mitgliedstaaten teilen dem Rat und der Kommission eventuelle Bemerkungen mit. Der Beschluss über den Antrag und eventuelle spezielle Regelungen durch die Kommission erfolgt innerhalb von vier Monaten.

Verstärkte Zusammenarbeit gemäß Titel V EUV

Klausel I – Allgemeine Ziele

Das allgemeine Ziel ist die Wahrung der Werte und der Interessen der Union sowie der Behauptung ihrer Identität auf der internationalen Bühne.

Klausel J – Verfahren zur Einleitung einer verstärkten Zusammenarbeit

1) Zur Einleitung des Verfahrens richten die Mitgliedstaaten einen Antrag an den Rat. Der Antrag wird an die Kommission übermittelt, die insbesondere zur Kohärenz der beabsichtigten verstärkten Zusammenarbeit mit der Unionspolitik Stellung nimmt. Der Antrag wird dem Europäischen Parlament zur Unterrichtung zugeleitet.

2) Ziel des Antrags muss sein, zur Durchführung einer gemeinsamen Strategie, einer gemeinsamen Aktion oder eines gemeinsamen Standpunktes nach Artikel 23 EUV beizutragen. Er muss von mindestens [3] [4] Mitgliedstaaten gestellt werden. Die Ermächtigung zur Einleitung einer verstärkten Zusammenarbeit wird vom Rat mit qualifizierter Mehrheit nach dem Verfahren des Artikels 23 Unterabsätze 2 und 3 EUV erteilt.

Klausel K – Rolle des Generalsekretärs/Hohen Vertreters

Der Generalsekretär/Hohe Vertreter soll in vollem Umfang an jeder verstärkten Zusammenarbeit nach Klausel J beteiligt werden.

Klausel L - Verfahren zur Beteiligung der übrigen Mitgliedstaaten

Der beitrittswillige Mitgliedstaat stellt einen Antrag an Rat und Kommission; Vorlage einer Stellungnahme durch die Kommission an den Rat innerhalb von drei Monaten nach Erhalt der Mitteilung, gegebenenfalls Empfehlung für spezifische Regelungen. Ratsentscheidung innerhalb von vier Monaten ab dem Zeitpunkt der Mitteilung über den Antrag und eventuelle besondere Regelungen. Die Entscheidung gilt als angenommen, es sei denn, der Ratsbeschluss wird mit qualifizierter Mehrheit zurückgestellt. Dann muss eine Angabe von Gründen erfolgen und eine Überprüfungsfrist festgesetzt werden. Beschluss nach Maßgabe der Klausel D.

Verstärkte Zusammenarbeit gemäß Titel VI EUV

Klausel M – Ziele

1) Allgemeine Ziele: raschere Entwicklung zu einem Raum der Freiheit, der Sicherheit und des Rechts unter Wahrung der Zuständigkeiten und Ziele.

2) Die Artikel 29 bis 41 EUV gelten für jede verstärkte Zusammenarbeit nach dieser Klausel, es sei denn, dass in der Klausel N und in den Klauseln A bis F etwas anderes bestimmt ist.

3) Die Bestimmungen des EGV über die Zuständigkeit des Gerichtshofes der Europäischen Gemeinschaften und die Ausübung dieser Zuständigkeit finden auf die Klauseln M bis O Anwendung.

4) Die Klauseln M bis O lassen die Bestimmungen des Protokolls zur Einbeziehung des Schengen-Besitzstandes in den Rahmen der Europäischen Union unberührt.

Klausel N - Verfahren zur Einleitung der verstärkten Zusammenarbeit

Wie in Klausel G Absätze 1 und 2. Bei Absatz 2 zusätzlich Nennung des Artikels 205 Absatz 2 EGV.

Klausel O - Verfahren zur Beteiligung der übrigen Mitgliedstaaten

Das Verfahren zur Beteiligung der übrigen Mitgliedstaaten erfolgt gemäß Klausel L.

36. Tagung des Ausschusses für Konstitutionelle Angelegenheiten

Der Ausschuss für Konstitutionelle Angelegenheiten des Europäischen Parlaments hörte am 18. Oktober 2000 den Ständigen Vertreter Dänemarks, Poul Skytte Christoffersen, an. Er räumte bezüglich der verstärkten Zusammenarbeit

deren mögliche Notwendigkeit ein. Man dürfe an dieses Instrument aber nicht allzu hohe Erwartungen stellen.
Ein weiteres Mitglied der Vimont-Gruppe, der Ständige Vertreter der Niederlande, Bernard R. Bot, berichtete ebenfalls am 18. Oktober 2000 vor dem Ausschuss. Die verstärkte Zusammenarbeit genieße in der Verhandlung für die Niederlande Priorität. Ziel sei nicht, einen „festen Kern" entstehen zu lassen. Die Niederlande befürworteten die Abschaffung des Vetos und vertraten die Ansicht, dass acht Mitgliedstaaten reichen müssten, um eine verstärkte Zusammenarbeit auszulösen. Sie könnten sich aber auch mit der Formel eines Drittels der Mitgliedstaaten abfinden, solange die EU eine bestimmte Mitgliederzahl nicht überschreite. Er warnte mehrmals vor jedem Abdriften in die Regierungszusammenarbeit.[309]

37. Benelux-Memorandum zur Regierungskonferenz

Die Benelux-Staaten legten den Delegationen der Regierungskonferenz am 19. Oktober 2000 ein Memorandum über die Regierungskonferenz und die Zukunft Europas vor, das sie am 29. September 2000 in Den Haag verabschiedet hatten.[310]

Darin begrüßten sie es, dass der Europäische Rat in Feira die verstärkte Zusammenarbeit auf die Tagesordnung der Regierungskonferenz gesetzt habe.

Sie forderten unter den Punkten 15 – 17 flexiblere Bedingungen für die verstärkte Zusammenarbeit:

15. Die Beneluxstaaten sprachen sich wie Deutschland und Italien für die Abschaffung des Vetorechts und eine Mindestteilnehmerzahl von 8 Mitgliedstaaten aus. Jedem Mitgliedstaat müsse jede verstärkte Zusammenarbeit jederzeit offen stehen. Die Begründung einer verstärkten Zusammenarbeit dürfe nicht zur Schaffung neuer zusätzlicher Institutionen führen. Darüber hinaus bewerteten sie eine Anwendung der verstärkten Zusammenarbeit in der GASP wie zuvor Spanien, Italien und Deutschland positiv.

16. Sie sahen in flexibleren Bedingungen bei der verstärkten Zusammenarbeit eine Garantie für eine europäische Integration. Die verstärkte Zusammenarbeit

---

[309] Sitzung des Ausschusses für Konstitutionelle Angelegenheiten des Europäischen Parlaments vom 18. Oktober 2000; in: Agence Europe Nr. 7824 vom 19. Oktober 2000, EP/Institutionelle Reform.

[310] CONFER 4787/00, 19. Oktober 2000, Informatorische Aufzeichnung, Memorandum der Benelux-Staaten.

sei für den Erhalt der Dynamik der europäischen Integration ein unerlässliches Instrument. Ansonsten bestehe die Gefahr der flexiblen Zusammenarbeit außerhalb des Vertrages. Ihre politische Schlussfolgerung lautete daher, dass eine engere Zusammenarbeit im Rahmen der Europäischen Union gestaltet werden müsse.

17. Es müssten jedoch gewisse Garantien beibehalten werden, um Missbrauch zu verhindern. Ziel sei nicht, die Zuständigkeiten der Gemeinschaft zu erweitern oder den institutionellen Rahmen zu verändern. Außerdem müsste die Zuständigkeit der Kommission gewahrt bleiben. Auch der offene Charakter der verstärkten Zusammenarbeit müsse garantiert sein. Sie dürfe nicht einer bestimmten Gruppe von Ländern vorbehalten bleiben.

38. Entschließung des Europäischen Parlaments

Am 25. Oktober 2000 verabschiedete das Europäische Parlament eine Entschließung über die verstärkte Zusammenarbeit im zukünftigen Vertrag von Nizza[311]. Das Parlament sprach sich grundsätzlich für eine verstärkte Zusammenarbeit aus, wünschte aber stärker beteiligt zu werden.

Grundsätze

Das Europäische Parlament hielt es für unabdingbar, dass sich die verstärkte Zusammenarbeit innerhalb des institutionellen Gefüges der Union entwickele. Es war der Ansicht, dass nur das Gemeinschaftssystem die erforderlichen Garantien hinsichtlich der demokratischen Überwachung, der gerichtlichen Kontrollen und der Solidarität biete. Das Parlament erinnerte daran, dass die politischen und juristischen Bedingungen für die Entwicklung der verstärkten Zusammenarbeit bisher darauf ausgelegt gewesen seien, die Risiken einer nachlassenden Solidarität einzudämmen.

Geltungsbereich

Die verstärkte Zusammenarbeit sollte auch nach Meinung des Europäischen Parlaments bei der GASP und der Verteidigungspolitik Anwendung finden.
Ein Initiativrecht der Kommission, umfassende Mitwirkung des Europäischen Parlaments und gerichtliche Kontrolle durch den Gerichtshof bei allen Formen der verstärkten Zusammenarbeit sollten die Regel werden.

---

[311] Entschließung des Europäischen Parlaments über die verstärkte Zusammenarbeit im zukünftigen Vertrag von Nizza, ABl. EG Nr. C 197 vom 12. Juli 2001, S. 8.

Eine Inanspruchnahme der verstärkten Zusammenarbeit als letztes Mittel sollte dahingehend ergänzt werden, dass sie nicht in Bereichen angewandt werden dürfe in denen die Verträge Mehrheitsbeschlüsse vorsehen.
Das Parlament forderte die Beteiligung von mindestens einem Drittel der Mitgliedstaaten und nicht nur die Beteiligung eines Quorums von acht Teilnehmern. Weiterhin sollte in Artikel 43 Absatz 1 lit. f) EUV das Wort „Interessen" gestrichen werden, so wie es auch Deutschland und Italien gefordert hatten.
Die Bedingungen für eine spätere Aufnahme der verstärkten Zusammenarbeit sollten im Grundbeschluss festgelegt werden. Die Ermächtigungsbedingungen der einzelnen Pfeiler, insbesondere Artikel 40 a EUV und Artikel 11 a, b EGV, sollten harmonisiert werden. Außerdem sollten die Einschränkungen in Artikel 11 lit. c) und d) aufgehoben werden.

Begründung einer verstärkten Zusammenarbeit

Auch das Europäische Parlament hielt die Abschaffung des Vetos für notwendig. Die Verfahren zur Begründung der verstärkten Zusammenarbeit sollten in allen Pfeilern einheitlich (wie im 1. Pfeiler) mit gewissen Abwandlungen gehandhabt werden:
- verstärkte Zusammenarbeit auf Vorschlag der Kommission;
- an die Stelle der Anhörung müsste die Zustimmung des Parlaments treten;
- die Möglichkeit einer Rücküberweisung sollte abgeschafft werden, oder aber der einstimmige Ratsbeschluss sollte durch Beschluss mit qualifizierter Mehrheit ersetzt werden.

Demokratische Kontrolle

Bei der Begründung oder der Anwendung der verstärkten Zusammenarbeit dürften weder die institutionelle Einheit des Parlaments noch die der Kommission in Frage gestellt werden. Es müsste auch der Grundsatz der Einheit des Haushalts gelten. Außerdem sei eine strikte Transparenz im Bereich der verstärkten Zusammenarbeit erforderlich. In Bezug auf die Erweiterung sollte „auf bewährte Übergangslösungen anstatt auf die verstärkte Zusammenarbeit zurückgegriffen werden".

Interne Entwicklung und weitere Beitritte

Die interne Entwicklung der verstärkten Zusammenarbeit müsse für alle Pfeiler parallel zur normalen Funktionsweise der zur Zeit für den ersten Pfeiler vorgesehenen Institutionen verlaufen. Für die Beteiligung eines ursprünglich nicht an der verstärkten Zusammenarbeit beteiligten Staates gelte:

- die Abschaffung der Unterscheidung zwischen einzelnen Pfeilern;
- die Voraussetzung: Vorschlag der Kommission, Zustimmung des Parlaments und Beschluss des Rates mit qualifizierter Mehrheit;
- Festlegung einer dreimonatigen Frist für jede einzelne Verfahrensphase;
- Festlegung einer einjährigen Frist für eine neuerliche Prüfung, falls der Vorschlag, die Zustimmung oder der Beschluss negativ ausfallen sollten.

39. Weitere Diskussionen über die Regierungskonferenz

Bei einer Diskussionsrunde in der Europäischen Kommission erklärte Romano Prodi bezüglich der verstärkten Zusammenarbeit, dass das positive Gefühl, das man in Biarritz im Hinblick auf eine mögliche Einigung gehabt habe, sich bestätige, und es derzeit Fortschritte auf der Grundlage des gemeinsamen deutsch-italienischen Vorschlags gebe, der „weitgehend geteilt“ werde.

„Jetzt wird allgemein anerkannt, dass die Kommission eine Rolle in der verstärkten Zusammenarbeit spielt, nicht nur im ersten Pfeiler (wie das Sicherheitsschloss, das nicht geknackt werden kann) sondern auch im zweiten und dritten Pfeiler“ sagte Michel Barnier, der die Ansicht vertrat, dass „man nahe an einer Einigung ist, auf der Grundlage des deutsch-italienischen Vorschlags“.[312]

„Es besteht ein Wille, den Rückgriff auf diese verstärkte Zusammenarbeit gegenüber den Bestimmungen des Vertrages von Amsterdam zu erleichtern, soweit der Besitzstand der Gemeinschaft gewahrt bleibt“, so die Einschätzung der französischen Präsidentschaft bei einer Sitzung der Vorbereitungsgruppe am 04. November 2000 in Paris. Die Abschaffung des Vetorechts und die erforderliche Mindestzahl von acht Mitgliedstaaten, die für die Teilnahme an einer verstärkten Zusammenarbeit notwendig sei, schienen nicht mehr angefochten zu werden.

Es bliebe noch zu klären: a) ob bestimmte Bereiche von der verstärkten Zusammenarbeit ausdrücklich auszunehmen seien; b) auf wie viele Teilnehmerstaaten die Kooperation im Bereich der gemeinsamen Außen- und Sicherheitspolitik verringert werden könne (am häufigsten wird die Zahl fünf genannt); c) welche Rolle die Europäische Kommission spielen werde.[313]

---

[312] Agence Europe Nr. 7833 vom 01. November 2000, EU/Institutionelle Reform.

[313] Agence Europe Nr. 7836 vom 6./7. November 2000, EU/Institutionelle Reform.

40. Aufzeichnung des Ratsvorsitzes vom 09. November 2000

Die Delegationen erhielten am 9. November 2000 vom Vorsitz einen überarbeiteten Text zur verstärkten Zusammenarbeit, der „im Lichte der auf der informellen Tagung der Vertreter in Paris geführten Aussprache erstellt wurde". Der Text enthielt viele Umformulierungen und sprachliche Klarstellungen.

I. Allgemeine Grundsätze

Die Klausel C (Beteiligung der Mitgliedstaaten) wurde durch eine Aufforderung an die Kommission und die beteiligten Mitgliedstaaten zur Ermunterung der nicht teilnehmenden Mitgliedstaaten ergänzt, wie schon das deutsch-italienische Papier vorgeschlagen hatte.

In der Klausel E (Finanzierung) erhielt das Europäische Parlament ein Anhörungsrecht bei der Finanzierung.

Die alte Klausel F (Kohärenz der Politiken der Union), in der es um die Pflicht des Rates und der Kommission zur regelmäßigen Unterrichtung des Parlaments ging, wurde gestrichen. Dafür wurden Rat und Kommission verpflichtet, auf der Grundlage dieses Titels durchgeführte Maßnahmen aufeinander abzustimmen sowie sie mit den Politiken der Union in Einklang zu bringen und entsprechend zusammenzuarbeiten.

II. Verstärkte Zusammenarbeit gemäß EGV

In der Klausel H (Verfahren zur Beteiligung der übrigen Mitgliedstaaten) wurde die Möglichkeit der Kommission gestrichen, nicht nur über den Antrag, sondern auch über eventuelle spezifische Regelungen zu beschließen.
Neu hinzugenommen wurde ‚Artikel 249 letzter Absatz neuer EGV': „Werden die genannten Rechtsakte im Zusammenhang mit der Durchführung einer nach Klausel G begründeten verstärkten Zusammenarbeit angenommen, so sind sie nur für die an dieser Zusammenarbeit beteiligten Staaten verbindlich und unmittelbar anwendbar".

III. Verstärkte Zusammenarbeit gemäß Titel V EUV

Es wurde eine eigene Klausel J zur Festlegung des Zwecks eingefügt. Der Zweck der verstärkten Zusammenarbeit in der zweiten Säule besteht in der Umsetzung einer gemeinsamen Strategie, einer gemeinsamen Aktion oder eines gemeinsamen Standpunktes. Hinzugenommen wurde die Förderung einer Initiative im Bereich der Sicherheit und der Verteidigung.

In Klausel K (Verfahren zur Begründung einer verstärkten Zusammenarbeit) - vormals J - wurde das Verfahren zur Begründung einer verstärkten Zusammenarbeit weiter präzisiert. Dabei wurde für den Bereich der Durchführung einer gemeinsamen Strategie, einer gemeinsamen Aktion oder eines gemeinsamen Standpunktes eine Mindestteilnehmerzahl von acht verlangt. Die Ermächtigung zur Einleitung der verstärkten Zusammenarbeit sollte vom Rat mit qualifizierter Mehrheit nach Maßgabe der Klauseln A bis F erteilt werden. Ein Mitglied des Rates könne verlangen, dass die Frage dem Europäischen Rat vorgelegt werde, bevor der Rat einen Beschluss fasse.

Wenn weniger als acht Mitgliedstaaten einen Antrag stellten, könne der Rat die entsprechende Ermächtigung mit qualifizierter Mehrheit nach dem Verfahren des Artikels 23 Absatz 2 Unterabsätze 2 und 3 EUV und nach Maßgabe der Artikel über die allgemeinen Grundsätze erteilen.

Absatz 3 wurde neu eingefügt und besagte, dass bei einem Antrag in Bezug auf eine Initiative im Bereich der Sicherheit und Verteidigung mindestens vier Mitgliedstaaten teilnehmen müssten. Auch hier sollte der Rat mit qualifizierter Mehrheit nach dem Verfahren des Artikels 23 Absatz 2 Unterabsätze 2 und 3 EUV und nach Maßgabe der Artikel über die allgemeinen Grundsätze beschließen.

Die Klausel L (Rolle des Generalsekretärs/Hohen Vertreters) - vormals K - betonte noch einmal ausdrücklich die Unterrichtungsfunktion des Generalsekretärs/Hohen Vertreters.

In der Klausel M (Verfahren zur Beteiligung der übrigen Mitgliedstaaten) - vormals L - wurde der Beschluss des Rates über notwendige spezifische Regelungen gestrichen.

IV. Verstärkte Zusammenarbeit gemäß Titel VI EUV

Auch in Klausel P (Verfahren zur Beteiligung der übrigen Mitgliedstaaten) - vormals O - wurde der Ratsbeschluss über notwendige spezifische Regelungen gestrichen.

41. Rede des deutschen Außenministers Joschka Fischer vor dem belgischen Parlament in Brüssel

Der deutsche Außenminister Joschka Fischer stellte vor dem belgischen Parlament in Brüssel am 14. November 2000 den Stand der Verhandlungen aus seiner Sicht dar: „[...] schließlich die verstärkte Zusammenarbeit – sie wird in einer erweiterten Union von entscheidender Bedeutung für die weitere Integration sein. Es ist eine echte Erfolgsgeschichte der französischen Präsidentschaft, dass diese Frage, die noch vor wenigen Monaten von kaum jemandem als prioritär angesehen wurde, heute unbestritten zu den Kernfragen in Nizza gehört. Deutschland und Italien haben dazu Vorschläge eingebracht, die inzwischen von vielen übernommen wurden. Wir wollen das Veto beim Auslösemechanismus abschaffen, das Quorum der teilnehmenden Staaten auf ein Drittel absenken und die Anwendungsgrundsätze lockern.

Damit ich nicht missverstanden werde: verstärkte Zusammenarbeit sollte möglichst nach der Integrationsmethode unter voller Einbeziehung von Kommission und Europäischem Parlament erfolgen. Intergouvernementale Ansätze mögen zwar besser sein als Stillstand oder gar Rückschritt. Sie taugen aber allenfalls als Übergangslösung, nicht als Ziel in sich. Auch in diesem Punkt sind sich Belgien und Deutschland völlig einig.“[314]

42. Aufzeichnung des Vorsitzes vom 17. November 2000

Als Reaktion auf eine Sitzung der Vorbereitungsgruppe am 13. November 2000 in Brüssel überarbeitete der Vorsitz den Gesetzentwurf für die verstärkte Zusammenarbeit ein weiteres Mal in inhaltlicher und sprachlicher Hinsicht.[315]

I. Verstärkte Zusammenarbeit im EUV

In Klausel A (Allgemeine Bedingungen) wurde unter Punkt h) festgelegt, dass eine verstärkte Zusammenarbeit den Schengen-Besitzstand unberührt lassen müsse.

---

[314] Rede des deutschen Außenministers Joschka Fischer im belgischen Parlament in Brüssel am 14. November 2000.

[315] CONFER 4803/00, 17. November 2000, Aufzeichnung des Vorsitzes.

II. Verstärkte Zusammenarbeit im EGV

In Klausel H (Verfahren zur Beteiligung der übrigen Mitgliedstaaten) wurde wieder aufgenommen, dass die Kommission über den Antrag und „über eventuelle spezifische Regelungen, die sie für notwendig hält" beschließen solle.

III. Verstärkte Zusammenarbeit nach Titel V EUV

Aus der Klausel I (Allgemeine Ziele) wurde in Absatz 1 die Wahrung der Zuständigkeit der Europäischen Gemeinschaft als Ziel gestrichen.

Die „gemeinsame Strategie" wurde aus der Klausel J (Zweck) herausgenommen. Ergänzt wurde, dass die Initiativen im Bereich der Sicherheit und der Verteidigung dazu beitragen sollen, „dass Fähigkeiten zur Krisenbewältigung erworben werden".

Die Teilnehmerzahl in der Klausel K (Verfahren zur Begründung einer verstärkten Zusammenarbeit) Absatz 2 wurde von „weniger als acht Mitgliedstaaten" präzisiert zu „drei bis sieben Mitgliedstaaten".
In Absatz 3 wurden nun mindestens [4] oder [8] Mitgliedstaaten für eine Begründung einer verstärkten Zusammenarbeit gemäß Klausel J zweiter Gedankenstrich gefordert.

In die Klausel M (Verfahren zur Beteiligung der übrigen Mitgliedstaaten) wurde wieder aufgenommen, dass der Rat zusätzlich zum Antrag auch „über eventuelle spezifische Regelungen, die er für notwendig hält" entscheiden solle.

IV. Verstärkte Zusammenarbeit nach Titel VI EUV

In der Klausel N (Ziele) Streichung von Absatz 4 in dem es um die Bestimmungen des Protokolls zur Einbeziehung des Schengen Besitzstandes ging.

43. Revidiertes Synthesedokument des Vorsitzes

Die französische Präsidentschaft legte am 23. November 2000 erneut ein Synthesedokument über alle Punkte der Regierungskonferenz vor. In diesem Papier gab es einige geringfügige Änderungen zur letzten Aufzeichnung vom 17. November 2000.[316]

---

[316] CONFER 4810/00, 23. November 2000, Überarbeitetes Synthesedokument.

I. Allgemeine Grundsätze

Klausel A (Allgemeine Bedingungen) Absatz d) wurde geteilt in d) und e).

In der Klausel D (Institutionelle Modalitäten) Absatz 1 wurde der Satz „Solche Rechtsakte und Beschlüsse sind nicht Bestandteil des Besitzstandes der Union" eingefügt.

II. Verstärkte Zusammenarbeit gemäß Titel V EUV

Klausel K (Verfahren zur Begründung einer verstärkten Zusammenarbeit) stellte in Absatz 3 klar, dass der Antrag zur Begründung der verstärkten Zusammenarbeit von mindestens acht Mitgliedstaaten gestellt werden müsse. Die Ermächtigung werde vom Rat nun durch einstimmigen Beschluss erteilt. Eine Ermächtigung nach dem Verfahren des Artikels 23 Absatz 2 Unterabsätze 2 und 3 des Vertrages wurde gestrichen.

III. Verstärkte Zusammenarbeit gemäß Titel VI EUV

In der Klausel P (Verfahren zur Beteiligung der übrigen Mitgliedstaaten) wurde nunmehr klargestellt, dass der Rat nach Klausel D Absatz 1 beschließt.

44. Tagung des Ausschusses für Konstitutionelle Angelegenheiten

Der ständige Vertreter Österreichs bei der EU, Botschafter Gregor Woschnagg, erschien am 21. November 2000 vor dem Ausschuss für konstitutionelle Fragen des Europäischen Parlaments. Zur verstärkten Zusammenarbeit sagte er, dass Österreich zufolge die Mindestanzahl der teilnehmenden Staaten für eine solche Zusammenarbeit für alle drei Pfeiler dieselbe sein müsse. Dabei könnte es sich um lediglich acht Mitgliedstaaten handeln.[317]

Der portugiesische Staatssekretär Francisco Seixas da Costa, äußerte sich in der Sitzung des Ausschusses am 22. November 2000 ebenfalls zur verstärkten Zusammenarbeit: „Lissabon, das die Vereinfachung der Bedingungen für ihre Anwendung begrüße, aber keine verstärkte Zusammenarbeit in den Bereichen des Binnenmarktes und des Zusammenhalts wolle, bestehe auf der Rolle, die der

[317] Sitzung des Ausschusses für Konstitutionelle Angelegenheiten des Europäischen Parlaments am 21. November 2000; in: Agence Europe Nr. 7847 vom 23. November 2000, EP/Institutionelle Reform.

Kommission zukäme: Insbesondere müsse sie die Möglichkeit haben, die verstärkte Zusammenarbeit zu bremsen, wenn sie feststelle, dass sie gegen das allgemeine Interesse der Union verstoße. Ein solcher Einspruch solle lediglich durch einen einstimmigen Beschluss des Rates aufgehoben werden können. Ein Minimum von acht Mitgliedstaaten sei notwendig, um eine verstärkte Zusammenarbeit zu organisieren, auch im Bereich der Außen- und Sicherheitspolitik. Seixas da Costa wies auch auf die Meinung einiger hin, der zufolge in der GASP eine verstärkte Zusammenarbeit bereits mit zwei oder drei Mitgliedern möglich sei. Er sagte dazu, dass Portugal nicht akzeptieren könne, dass zwei oder drei Mitgliedstaaten die Union auf internationaler Ebene verträten".[318]

Die beiden Vertreter des Europäischen Parlaments bei der Regierungskonferenz, Elmar Brok und Prof. Tsatsos, drückten vor dem Ausschuss für Konstitutionelle Angelegenheiten ihre Besorgnis über den Verlauf der Verhandlungen über die institutionelle Reform der Europäischen Union aus. Prof. Tsatsos bedauerte, dass der Antrag des Europäischen Parlaments, eine gleichlautende Stellungnahme über eine verstärkte Zusammenarbeit abzugeben, nicht auf Einstimmigkeit gestoßen sei, obwohl die anderen Forderungen des Parlaments in dieser Hinsicht von der Regierungskonferenz offensichtlich begrüßt wurden.[319]

45. Unterrichtung des Europäischen Parlaments über den Sachstand der Regierungskonferenz

Vor dem die Vorbereitung abschließenden Ministerkonklave am 3. Dezember 2000 gaben die Vertreter des Europäischen Parlaments bei der Regierungskonferenz einen abschließenden Überblick über den Stand der Verhandlungen:[320] „Es sei daraus zu ersehen, dass im Zuge der Verhandlungen zwar einige wichtige Fortschritte erzielt worden seien, die Konferenz jedoch insgesamt vom Ziel der Sicherung der Erweiterungsfähigkeit und der Stärkung der demokratischen Legitimität noch deutlich entfernt sei."

---

318 Sitzung des Ausschusses für Konstitutionelle Angelegenheiten des Europäischen Parlaments am 22. November 2000; in: Agence Europe Nr.7848 vom 24. November 2000, EP/Institutionelle Reform.

319 Sitzung des Ausschusses für Konstitutionelle Angelegenheiten des Europäischen Parlaments am 27. November 2000; in: Agence Europe Nr. 7853 vom 27./28. November 2000, EP/Institutionelle Reform.

320 Mitteilung an die Mitglieder des Europäischen Parlaments über den Sachstand der Tätigkeit der Regierungskonferenz vor der Tagung des Europäischen Rates vom 7. bis 9. Dezember 2000 von den Vertretern des Europäischen Parlaments bei der Regierungskonferenz am 29. November 2000.

Nachfolgend wurde der Stand der Diskussionen über die verstärkte Zusammenarbeit nach dem letzten informellen Treffen der Vorbereitungsgruppe in Val Duchesse am 24. und 25. November 2000 dargestellt, bezogen auf das revidierte Synthesedokument vom 23. November 2000.

Die Frage einer verstärkten Zusammenarbeit wurde durch Beschluss des Europäischen Rates in Feira auf die Tagesordnung der Regierungskonferenz gesetzt.

Hinsichtlich der allgemeinen Prinzipien bestehe – in Übereinstimmung mit den im Bericht Gil-Robles vom 25. Oktober 2000[321] niedergelegten Forderungen – dahingehend weitgehend Konsens, dass die verstärkte Zusammenarbeit ausschließlich mit dem Ziel erfolgen dürfe, weitere Integrationsschritte in einer erweiterten Union innerhalb des bestehenden Vertrages und unter Rückgriff auf dessen Verfahren, Organe und Mechanismen zu ermöglichen; sowie die Einheitlichkeit der Rechtsordnung und Institutionen zu wahren und die Offenheit gegenüber Staaten, die nicht von vornherein an der verstärkten Zusammenarbeit teilnehmen, sicherzustellen und sie nur als letztes Mittel einzusetzen.

Der Vorsitzvorschlag sehe vor, im Bereich der ersten und dritten Säule das faktische Veto beim Auslösemechanismus generell abzuschaffen und eine Mindestteilnehmerzahl von acht Staaten vorzusehen. Im Bereich der zweiten Säule, in der künftig ebenfalls eine verstärkte Zusammenarbeit in beschränktem Umfang möglich sein solle, werde eine Differenzierung nach außen- und verteidigungspolitischer Zusammenarbeit sowie in Abhängigkeit von der Teilnehmerzahl vorgeschlagen. In Val Duchess habe sich eine Tendenz zu einer generellen Mindestteilnehmerzahl von acht Staaten auch im Bereich der zweiten Säule ergeben. Die Frage einer verstärkten Zusammenarbeit im Bereich der Sicherheits- und Verteidigungspolitik werde noch kontrovers diskutiert.

Eine Beteiligung des Europäischen Parlaments beim Auslösemechanismus sei im Bereich der ersten und dritten Säule bisher nur im Wege der Anhörung vorgesehen, trotz Forderung zahlreicher Delegationen nach Zustimmung des Europäischen Parlaments zumindest im Bereich der ersten Säule. Im Bereich der zweiten Säule sei bei Auslösung der verstärkten Zusammenarbeit nur eine Unterrichtung des Parlaments vorgesehen, und dies auch nur für eine Zusammenarbeit im Bereich der Außenpolitik.

---

[321] Entschließung des Europäische Parlaments über die verstärkte Zusammenarbeit im zukünftigen Vertrag von Nizza, ABl. EG Nr. C 197 vom 12. Juli 2001, S. 8.

46. Überarbeitetes Synthesedokument des Ratsvorsitzes

Am 30. November 2000 legte der Ratsvorsitz zum dritten Mal ein überarbeitetes Synthesedokument vor.[322] Darin fanden sich auch geänderte Bestimmungen zur verstärkten Zusammenarbeit gegenüber dem Synthesedokument vom 23. November 2000.

I. Allgemeine Grundsätze

Klausel A (Allgemeine Bedingungen) Absatz g) enthielt nur noch die Bedingung, dass die verstärkte Zusammenarbeit mindestens acht Mitgliedstaaten umfassen muss. Der Hinweis auf Klausel K Absatz 2 entfiel.

In Klausel D (Institutionelle Modalitäten) Absatz 1 wurde die qualifizierte Mehrheit neu geregelt. Als qualifizierte Mehrheit galt nun derselbe Anteil der gewogenen Stimmen und derselbe Anteil der Anzahl der betreffenden Mitglieder des Rates, der in Artikel 205 Absatz 2 EGV und aufgrund der Klausel K in Artikel 23 Absatz 2 Unterabsätze 2 und 3 dieses Vertrages festgelegt worden war.

In Klausel D Absatz 2 wurde der Satz: „Solche Rechtsakte und Beschlüsse binden nur die Mitgliedstaaten, die sich daran beteiligen, und haben nur in diesen Staaten unmittelbare Geltung" zur Klarstellung eingefügt.

II. Verstärkte Zusammenarbeit gemäß dem EGV

In Klausel G (Verfahren zur Begründung einer verstärkten Zusammenarbeit) wurde in Absatz 2 der Satz „Betrifft die verstärkte Zusammenarbeit einen Bereich, für den das Verfahren nach Artikel 251 EGV gilt, so ist die Zustimmung des Europäischen Parlaments erforderlich" in eckigen Klammern eingefügt.

Aus der Klausel H (Verfahren zur Beteiligung der übrigen Mitgliedstaaten) wurde der Satz „Die an der verstärkten Zusammenarbeit teilnehmenden Mitgliedstaaten teilen dem Rat und der Kommission eventuelle Bemerkungen mit" herausgenommen.

---

[322] CONFER 4815/00, 30. November 2000, Überarbeitetes Synthesedokument.

III. Verstärke Zusammenarbeit nach Titel V EUV

In Klausel I (Allgemeine Ziele) Absatz 1 wurde als Ziel wieder die Wahrung der Zuständigkeit der Europäischen Gemeinschaft aufgenommen.

Die Absätze 2 und 3 in der Klausel K (Verfahren zur Begründung einer verstärkten Zusammenarbeit) wurden kürzer gefasst. Nunmehr gelte in Absatz 2, dass „die Ermächtigung vom Rat gemäß Artikel 23 Absatz 2 Unterabsätze 2 und 3 nach Maßgabe der Klauseln A bis F erteilt" werde. In Absatz 3 wurde nun auch Klausel J erster Gedankenstrich aufgenommen, wenn die Zusammenarbeit militärische oder verteidigungspolitische Bezüge habe.

In der Klausel M (Verfahren zur Beteiligung der übrigen Mitgliedstaaten) stand nun explizit, dass der Antrag als angenommen gelte, wenn der Rat ihn nicht ablehne.

IV. Verstärkte Zusammenarbeit gemäß Titel VI EUV

Die gleiche Formulierung wie in Klausel M fand sich nun auch in Klausel P (Verfahren zur Beteiligung der übrigen Mitgliedstaaten).

47. Die letzten Tage vor der Regierungskonferenz

In einem Interview dämpfte Romano Prodi die Chancen für Nizza: „Verschiedene Länder wollen in einem oder bei mehreren Bereichen an dem Vetorecht festhalten". Er begrüßte daher, dass einzelne EU-Länder sich bereits jetzt auf die verstärkte Zusammenarbeit verständigt hätten. Bedingung sei, dass „die Tür für alle nachfolgenden Länder offen" bleibe.[323]

Das Europäische Parlament verabschiedete am 30. November 2000 eine Entschließung, in der es bekräftigte, dass der Vertrag von Nizza anhand von zwei Elementen beurteilt werden sollte:

- in welchem Maße er den Beitritt neuer Mitgliedstaaten erleichtere und dabei zur Leistungsfähigkeit der Union beitrage, und
- in welchem Maße es gelinge, Europa den Bürgern näher zu bringen.

Das Europäische Parlament, das seiner „tiefen Besorgnis" um den Stand der Verhandlungen auf der Regierungskonferenz Ausdruck verlieh, bekräftigte ins-

[323] Die Welt, 01. Dezember 2000, „Romano Prodi fürchtet Scheitern von Nizza".

besondere, dass es, was die verstärkte Zusammenarbeit anbelange, es zur Gewährleistung der demokratischen Kontrolle für unerlässlich halte, in das Verfahren der Genehmigung jeder verstärkten Zusammenarbeit das Erfordernis der Zustimmung des Parlaments einzuführen, die Rolle der Kommission zu stärken, die Rücküberweisung an den Europäischen Rat zu streichen und die Bedingung vorzusehen, dass mindestens ein Drittel der Mitgliedstaaten teilnehme.

Die Zustimmung des Parlaments in das Verfahren zur Genehmigung jeder verstärkten Zusammenarbeit sei aufzunehmen, sofern wenigstens ein Drittel der Mitgliedstaaten daran teilnehme.

Der italienische Ministerpräsident Giuliano Amato sprach vor dem Europakolleg in Brügge am 1. Dezember 2000 über „Nizza, das Tor zu Europa". Seines Erachtens werde man in Nizza insbesondere zwei Fragen angehen müssen, die für ihn tatsächlich wie ein offenes „Tor" in die Zukunft seien:
- die Charta der Grundrechte und
- die verstärkte Zusammenarbeit.

Amato erinnerte in seiner Rede an die von Italien und Deutschland eingeführten innovativen Ideen und maß der verstärkten Zusammenarbeit für die Entwicklung eines authentischen europäischen Raums der Justiz und der inneren Angelegenheiten eine besondere Bedeutung zu. Somit sah er in den Ländern der Euro-Zone die natürlichen Kandidaten für das Experiment einer verstärkten Zusammenarbeit in der Wirtschafts- und Finanzpolitik, unter der Bedingung, dass diese tiefgreifende Integration offen bliebe für alle und sich im Rahmen des Vertrages verwirkliche.[324]

In einem weiteren Interview antwortete Romano Prodi auf die Frage, was in Nizza erreicht werden müsse, damit man von einem Erfolg sprechen könne, dass für ihn ein entschlossener Fortschritt bei der Ausweitung der Mehrheitsentscheidungen im Rat sehr wichtig sei. Auch wesentlich sei, dass man bei der verstärkten Zusammenarbeit vorankäme. Die EU-Länder müssten die Möglichkeit haben, bei der Integration voranzuschreiten. Die verstärkte Zusammenarbeit sei nicht der Königsweg, um alle Probleme in Europa zu lösen, aber wenn andernfalls die Gefahr drohe, dass sich nichts bewege, sei das der richtige Weg. Es sei auch die Gefahr gegeben, dass der Beschluss über verstärkte Zusammenarbeit mögliche Misserfolge in Nizza verschleiere, wobei aber klar sei, dass sie für eine wirklich starke, gemeinsame europäische Politik kein Ersatz sei.[325]

---

[324] Rede von Guliano Amato vor dem Europa-Kolleg in Brügge; in: Agence Europe Nr. 7854 vom 02. Dezember 2000.

[325] Die Welt, 04. Dezember 2000, „Die Chancen sind wirklich nicht sehr groß".

Bei der letzten Minister-Klausurtagung zur Regierungskonferenz, die am 03. Dezember 2000 in Brüssel abgehalten wurde, wurden drei Tage vor dem EU-Gipfel von Nizza die Debatten auf ihren Stand hin überprüft. „Zum gegenwärtigen Zeitpunkt könne man nicht sagen, dass irgendein Thema abgeschlossen sei" meinte der französische Außenminister Hubert Védrine, der den Vorsitz der Tagung innehatte, in einer Pressekonferenz. Hinsichtlich der zwei Punkte, die bei der Klausurtagung etwas ausführlicher behandelt wurden (auch die verstärkte Zusammenarbeit) „haben sich die Positionen nicht verändert" räumte er ein. Manchmal schienen sich die Positionen sogar zu verhärten. Die französische Präsidentschaft habe zwar den Wunsch geäußert, die Frage der verstärkte Zusammenarbeit vor Nizza abschließend zu klären, dies sei aber nicht möglich gewesen. Die größte Schwierigkeit liege in der Einrichtung solcher Formen der Zusammenarbeit im zweiten Pfeiler des Vertrages und insbesondere in der Krisenbewältigung. Die meisten Staaten träten dafür ein, dass eine kleine Zahl von Staaten (3 oder 4) ausreiche, um solche Formen der Zusammenarbeit auszulösen (in anderen Bereichen sind dafür 8 Staaten erforderlich). Es gebe aber mehrere Staaten (insbesondere Großbritannien, Irland, Schweden und Österreich), die diese Option kategorisch ablehnten.[326]

Auf einer auf alle Abgeordneten des Europäischen Parlaments erweiterten Sitzung der Konferenz der Präsidenten des Europäischen Parlaments am 05. Dezember 2000 in Brüssel berichtete der amtierende Ratsvorsitzende Pierre Moscovici unmittelbar vor dem Europäischen Rat in Nizza ein letztes Mal zum Stand der Arbeiten der Regierungskonferenz. „Es ist die Stunde gekommen, realistisch zu sein und Einigung zu suchen" sagte er in der Auffassung, „jedem liegt von nun an das Gemeinwohl der Gemeinschaft im Sinn". Für den Europäischen Rat bliebe viel Arbeit. Moscovici bestätigte erneut, dass Frankreich nur zwei Vorbehalte betreffs der Ausdehnung der Abstimmung mit qualifizierter Mehrheit habe während andere Delegationen bei weit wichtigeren Themen wie der verstärkten Zusammenarbeit „blockierten".
Der Vertreter des Europäischen Parlaments bei der Regierungskonferenz, Prof. Tsatsos beharrte auf einer verbesserten Einbeziehung des Parlaments in die verstärkte Zusammenarbeit.[327]

---

[326] Pressekonferenz von Hubert Védrine am 03. Dezember 2000; in: Agence Europe Nr. 7855 vom 04./05. Dezember 2000, EU/Institutionelle Reform.

[327] Rede des französischen Europaministers Pierre Moscovici auf der Sitzung der Konferenz der Präsidenten des Europäischen Parlaments am 05. Dezember 2000; in: Agence Europe Nr. 7856 vom 06. Dezember 2000, EU/Nizza-Gipfel.

48. Entwurf des Vertrages von Nizza

In einem ersten Entwurf des Vertrages von Nizza der französischen Ratspräsidentschaft vor dem Gipfel in Nizza am 06. Dezember 2000[328] fanden sich noch einmal Änderungen bei den Bestimmungen zur verstärkten Zusammenarbeit gegenüber dem vorhergehenden Papier vom 30. November 2000.

I. Verstärkte Zusammenarbeit gemäß dem EGV

In der Klausel G (Verfahren zur Gründung einer verstärkten Zusammenarbeit) wurde aus Absatz 2 die Klammer herausgenommen.

II. Verstärkte Zusammenarbeit gemäß dem EUV

In Klausel J (Zweck) wurde klargestellt, dass die verstärkte Zusammenarbeit nach Titel V nur die aufgeführten Bereiche betreffen könne. Hinzugefügt wurden Initiativen im Rüstungsbereich.

In Klausel K (Verfahren zur Begründung einer verstärkten Zusammenarbeit) wurde der neu eingefügte Bereich auch in Absatz 3 aufgezählt.

Die Klausel M (Verfahren zur Beteiligung der übrigen Mitgliedstaaten) wurde neu formuliert. Der Kommission wurde die Möglichkeit genommen, dem Antrag auf Beteiligung spezifische Regelungen beizufügen, die sie für notwendig hielte. Die Möglichkeit, dass der Antrag dann nicht als angenommen gelte, wenn er mit qualifizierter Mehrheit vom Rat abgelehnt worden ist, wurde wieder herausgenommen. Eingefügt wurde auch hier die Definition der qualifizierten Mehrheit als Anteil der gewogenen Stimmen und Anteil der Anzahl der betreffenden Mitglieder des Rates gemäß Artikel 23 Absatz 2 Unterabsatz 3 EUV.

III. Verstärkte Zusammenarbeit nach Titel VI EUV

Aus der Klausel P (Verfahren zur Beteiligung der übrigen Mitgliedstaaten) wurde der Halbsatz, dass der Antrag als angenommen gelte, wenn der Rat ihn nicht mit qualifizierter Mehrheit ablehne, wieder herausgenommen.

---

[328] CONFER 4816/00, 06. Dezember 2000, Entwurf des Vertrages von Nizza.

49. Kommentare zum „Vertragsentwurf"

Als Kommentar zu dem „Vertragsentwurf", der den Delegationen im Europäischen Rat von Nizza im Hinblick auf ihre Verhandlungen am 8. und 9. Dezember 2000 vorlag, erklärte der für die institutionelle Reform zuständige Kommissar Michel Barnier, dass Kommissionspräsident Prodi bei seinem Treffen am gleichen Vormittag mit Präsident Chirac und Premierminister Jospin alle zu einer gemeinsamen Anstrengung aufrufen werde, um in Nizza eine „ordentliche" Einigung zu erzielen.

Zu verschiedenen Punkten gab Barnier einige Erläuterungen: Verstärkte Zusammenarbeit: Die Kommission beanspruche für sich eine mögliche Rolle im zweiten Pfeiler, auch wenn diese von der im ersten Pfeiler abweiche, und sie sollte „ihre Stellungnahme zu der Begründetheit und Kohärenz" der verstärkten Zusammenarbeit in diesem Kontext abgeben können. In dem in Nizza verteilten Vertragsentwurf habe die Präsidentschaft die „Klausel J" (Zweck) leicht abgeändert und darauf hingewiesen, dass sich die verstärkte Zusammenarbeit im zweiten Pfeiler „ausschließlich" auf folgende Bereiche beziehen könne (ein ergänzender Hinweis, um insbesondere den britischen Sorgen Rechnung zu tragen): Umsetzung einer gemeinsamen Aktion oder eines gemeinsamen Standpunkts; Initiativen im Rüstungsbereich – ebenfalls Gegenstand eines Zusatzes; Initiativen im Bereich Sicherheit und Verteidigung, die zur Beschaffung der Krisenbewältigungskapazitäten beitrügen. Die Kommission habe in der zivilen Krisenbewältigung eine Rolle zu spielen, rief Barnier in Erinnerung. Wenn es sich um eine Zusammenarbeit im Rüstungsbereich handele, sei die Vereinbarkeit mit dem ersten Pfeiler zu wahren, und dort in erster Linie die Wettbewerbspolitik. „Ich hoffe, dass es von Seiten der Briten und auch anderer Länder mit Vorbehalten eine Einigung geben wird", erklärte der Kommissar. Als Antwort auf eine andere Frage meinte er, die „Währungsunion könne keine verstärkte Zusammenarbeit sein": Die verstärkte Zusammenarbeit werde auf alle neuen Politikfelder, die über den Besitzstand hinausgehen, angewandt, während der Euro „das Mittel des Binnenmarktes" sei, so Barnier.[329]

50. Eröffnung der Konferenz in Nizza

Nach Verkündung der Charta der Grundrechte wurde der Europäische Rat von Nizza mit der traditionellen Zusammenkunft der Präsidentin des Europäischen Parlaments, Nicole Fontaine, eröffnet. Sie erklärte in ihrer Rede zur Eröffnung, dass das Parlament im Hinblick auf eine erweiterte Union die Notwendigkeit ei-

[329] Pressekonferenz von Michel Barnier am 07. Dezember 2000; in: Agence Europe Nr. 7858 vom 08. Dezember 2000, EU/Institutionelle Reform.

ner verstärkten Zusammenarbeit anerkenne, um die Integrationsdynamik nicht zu hemmen. Damit eine solche Zusammenarbeit nicht unter einem Demokratiedefizit leide, forderte sie in ihrer Rede noch einmal, dass dem Europäischen Parlament vor jeder Verwirklichung von verstärkter Zusammenarbeit das „Zustimmungsrecht" zuerkannt werden müsste.[330]

51. Der Vertrag von Nizza

In der Nacht zum 11. Dezember 2000 billigten die Staats- und Regierungschefs den provisorischen Text des Vertragsentwurfs zur Reform der Institutionen, den „Vertrag von Nizza".[331]
Dieser Entwurf enthielt für die erste und dritte Säule nur einige sprachliche Änderungen gegenüber dem Entwurf vom 6. Dezember 2000. Eine gravierende Änderung gab es jedoch in Bezug auf die verstärkte Zusammenarbeit im zweiten Pfeiler. Sie soll nur zulässig sein für „die Umsetzung einer gemeinsamer Aktion oder eines gemeinsamen Standpunkts. Sie kann nicht Fragen mit militärischen oder verteidigungspolitischen Bezügen betreffen".

Die Außenminister der Mitgliedstaaten unterzeichneten am 26. Februar 2001 in Nizza den Vertrag von Nizza. Mit der Unterzeichnung des Vertrages begannen die nationalen Ratifizierungsverfahren.[332]

Der Vertrag von Nizza trat am 01. Februar 2003 in Kraft.

330 Rede der Präsidentin des Europäischen Parlaments Nicole Fontaine zur Eröffnung des Europäischen Rates in Nizza am 07. Dezember 2000; off. Übersetzung.
331 Agence Europe Nr. 7861 vom 11. Dezember 2000, EU/Institutionelle Reform.
332 Agence Europe Nr. 7912 vom 27. Februar 2001, EU/Vertrag von Nizza.

Kapitel 5

Änderungen im Mechanismus der verstärkten Zusammenarbeit durch den Vertrag von Nizza

I. Einführung

Die Staats- und Regierungschefs der Europäischen Union konnten in Nizza auf der Grundlage der deutsch-italienischen Vorschläge[333] relativ schnell eine Einigung über die Reform der verstärkten Zusammenarbeit erzielen.

Der grundsätzliche Ansatz von Amsterdam blieb dabei unberührt, jedoch gibt es umfangreiche Umstrukturierungen. So werden aus 5 Artikeln mit 15 Absätzen an drei Stellen der Verträge 14 Artikel mit 23 Absätzen an vier Stellen der Verträge.[334] Der neue Vertrag enthält auch weiterhin generelle Regelungen, die auf alle verstärkten Zusammenarbeiten anwendbar sind sowie spezifische Voraussetzungen je nach Funktion der Säulen.

Die neue Fassung der Normen zur verstärkten Zusammenarbeit enthält drei zentrale Elemente:
Das nationale Veto bei Inanspruchnahme des Instruments in der ersten und dritten Säule fällt weg und wird durch ein suspensives Veto ersetzt. Danach kann jeder Mitgliedstaat verlangen, dass der Rat erst nach einer Befassung des Europäischen Rates mit qualifizierter Mehrheit über eine Ermächtigung zu einer verstärkten Zusammenarbeit beschließt, Artikel 11 Absatz 2 EGV-N und Artikel 40 a Absatz 2 EUV-N. Er kann die Zusammenarbeit aber nicht mehr verhindern.
Die Mindestanzahl teilnehmender Länder wird auf acht festgeschrieben.[335] Mit jedem künftigen Beitritt wird die Schwelle damit – relativ betrachtet – niedriger, d.h. in einer EU-27 sind weniger als ein Drittel aller Mitglieder für ein Vorangehen notwendig, was für die Zukunft eine bedeutende Absenkung des Ist-Standes bedeutet. Außerdem wurden die Anwendungsmöglichkeiten der verstärkten Zusammenarbeit auch auf einige Bereiche der Gemeinsamen Außen- und Sicherheitspolitik ausgedehnt.[336]

---

[333] CONFER 4783/00, 06. Oktober 2000, Vorschlag der Beauftragten Deutschlands und Italiens zur verstärkten Zusammenarbeit; siehe Kapitel 4, II. 31.
[334] Allgemeine Regelungen (Generalklausel) in Artikel 43, 43 a-b, 44, 44 a und 45 EUV-N; Spezialklausel für die erste Säule festgelegt in Artikel 11, 11a EGV-N, für die zweite Säule in Artikel 27 a-e EUV-N und für die dritte Säule in Artikel 40, 40 a-b EUV-N.
[335] Artikel 43 g) EUV-N.
[336] Artikel 27 a - 27 e EUV-N.

Alle diese Innovationen erleichtern die Errichtung einer verstärkten Zusammenarbeit.[337]

Der Vertrag von Nizza stellt zudem klar, dass Rechtsakte und Beschlüsse innerhalb einer verstärkten Zusammenarbeit nicht Teil des acquis communautaire sind[338] und nur direkt für die beteiligten Staaten gelten.[339]

Das Europäische Parlament wird in das Verfahren stärker einbezogen. So ist seine Zustimmung erforderlich, wenn die verstärkte Zusammenarbeit im Bereich des Artikels 251 EGV-N durchgeführt werden soll, Artikel 11 Absatz 2 EGV-N. In der dritten Säule wird das Parlament von nun an vor einer Ermächtigung angehört, Artikel 40 Absatz 2 EUV-N. Bei der Entscheidung über eine Übernahme der Ausgaben für die Durchführung verstärkter Zusammenarbeit durch die Haushalte der Union muss es gemäß Artikel 44a EUV-N ebenfalls angehört werden.

Auch bei dieser Reform wurde auf die weiterhin bei einigen Mitgliedstaaten bestehende Skepsis Rücksicht genommen.[340] So wurden die Verfahren durch die Aufsplittung in 14 Artikel mit 23 Absätzen an vier Stellen der Verträge differenzierter und umfassender gestaltet. Sie sind für die drei Säulen der Union, also für den Bereich des EG-Vertrages, für die gemeinsame Außen- und Sicherheitspolitik und für die Justiz- und Innenpolitik, jeweils unterschiedlich.

Weiterhin bleibt die verstärkte Zusammenarbeit auch nach Nizza nur ein „letztes Mittel", auf das die zusammenarbeitswilligen Staaten immer erst nach dem Scheitern der „normalen" Entscheidungsverfahren zurückgreifen können, Artikel 43 b EUV-N.

II. Grundsatzartikel

Der Titel VII EUV enthält auch im Vertrag von Nizza die allgemeinen Voraussetzungen und Grundsätze für eine verstärkte Zusammenarbeit. Aus vormals drei Artikeln sind nun sechs Artikel, die eine Vereinfachung des Verfahrens ge-

---

337 Richard E. Baldwin/Erik Berglöf/Francesco Giavazzi/ Mika Widgrén, Nice Try: Should the Treaty of Nice be Ratified?, Monitoring European Integration 11, Centre for Economic Policy Research, S. 12; Claus Giering, Institutionelle Reform von Nizza – Anforderungen, Ergebnisse, Konsequenzen; in: Werner Weidenfeld (Hrsg.), Nizza in der Analyse, S. 129.

338 Artikel 44 Absatz 1 EUV-N.

339 Artikel 44 Absatz 2 EUV-N.

340 Claus Giering/Josef Janning, Flexibilität als Katalysator der Finalität?; in: integration 2/01, S. 148.

währleisten sollen geworden. Die Artikel 43 bis 43 b EUV-N enthalten jetzt die Rahmenbedingungen, die erst mit den Spezialvorschriften der einzelnen Säulen eine Handlungsbefugnis verleihen. Artikel 44 und 44a EUV-N regeln die institutionellen Modalitäten und die Finanzierung der Zusammenarbeit. Der Rat und die Kommission stellen nach Artikel 45 EUV-N die Kohärenz der Politiken der Union sicher.

1. Artikel 43 EUV-N

Die Mitgliedstaaten, die beabsichtigen, untereinander eine verstärkte Zusammenarbeit zu begründen, können die in diesem Vertrag und im Vertrag zur Gründung der Europäischen Gemeinschaft vorgesehenen Organe, Verfahren und Mechanismen in Anspruch nehmen, sofern die Zusammenarbeit

(a) darauf ausgerichtet ist, die Ziele der Union und der Gemeinschaft zu fördern, ihre Interessen zu schützen und diesen zu dienen und ihren Integrationsprozess zu stärken;

(b) die genannten Verträge und den einheitlichen institutionellen Rahmen der Union beachtet;

(c) den Besitzstand der Gemeinschaft und die nach Maßgabe der sonstigen Bestimmungen der genannten Verträge getroffenen Maßnahmen beachtet;

(d) im Rahmen der Zuständigkeit der Union oder der Gemeinschaft bleibt und sich nicht auf die Bereiche erstreckt, die unter die ausschließliche Zuständigkeit der Gemeinschaft fallen;

(e) den Binnenmarkt im Sinne des Artikels 14 Absatz 2 des Vertrages zur Gründung der Europäischen Gemeinschaft und den wirtschaftlichen und sozialen Zusammenhalt nach Titel XVII des genannten Vertrages nicht beeinträchtigt;

(f) keine Behinderung oder Diskriminierung des Handels zwischen den Mitgliedstaaten darstellt und die Wettbewerbsbedingungen zwischen diesen nicht verzerrt;

(g) mindestens acht Mitgliedstaaten umfasst;

(h) die Zuständigkeiten, Rechte und Pflichten der nicht an der Zusammenarbeit beteiligten Mitgliedstaaten beachtet;

(i) die Bestimmungen des Protokolls zur Einbeziehung des Schengen Besitzstands in den Rahmen der Europäischen Union unberührt lässt;

(j) allen Mitgliedstaaten gemäß Artikel 43 b offen steht.

Der Vertrag von Nizza sieht in Artikel 43 EUV-N für die Einleitung einer verstärkten Zusammenarbeit in allen Säulen der Union zehn Bedingungen, und damit drei mehr als im Amsterdamer Vertrag, vor. Diese sind detaillierter und umfassender als bisher. Es sind vier Bestimmungen aufgenommen worden, die bis jetzt in den Spezialartikeln für die jeweilige Säule enthalten waren. Im Kern geht es darum, zu gewährleisten, dass der Integrationsprozess gestärkt und die bestehenden Verträge, der „einheitliche institutionelle Rahmen" sowie der Besitzstand beachtet werden. Negative Wirkungen auf nicht teilnehmende Unionsländer oder auf die Union insgesamt sollen ausgeschlossen werden.

Nach *Giering* werden durch die zehn Unterpunkte der Binnenmarkt und die Rechte der nicht beteiligten Staaten mit jeglicher denkbarer Formulierung geschützt.[341]

a) Förderung der Union und der Gemeinschaft

Buchstabe a) fügt den schon in Artikel 43 EUV-A benannten Zielen[342] zwei neue hinzu. So sollen nun auch die Ziele der Gemeinschaft gefördert werden und der Integrationsprozess soll gestärkt werden. Die gesonderte Nennung der „Gemeinschaft" neben der „Union" soll noch einmal betonen, dass eine verstärkte Zusammenarbeit immer die Belange der gesamten Gemeinschaft im Auge haben muss und nicht die Interessen einzelner Mitgliedstaaten. Die angeführte Stärkung des „Integrationsprozesses" beschreibt die Aufgabe der verstärkten Zusammenarbeit. Es soll bei diesem Mechanismus ja gerade darum gehen, die Integration weiter voranzubringen in dem einige Mitgliedstaaten vorangehen und als Endziel die übrigen Mitgliedstaaten folgen. Auch hier liegt ein Augenmerk auf Integrationsfortschritten aller Mitgliedstaaten.

b) Bedingungen

Artikel 43 lit. b) EUV-N ist nahezu identisch mit Artikel 43 Absatz 1 lit. b) EUV-A.[343] Mit dieser Regelung wird es den Mitgliedstaaten erlaubt, den institutionellen Rahmen der Europäischen Union unter Beachtung der Grundsätze der Verträge für eine verstärkte Zusammenarbeit zu nutzen.

---

[341] Giering, Institutionelle Reform, S. 129.

[342] Siehe Kapitel 3, II., 1. a) aa).

[343] Siehe Kapitel 3, II., 1. a) bb).

c) Unantastbarkeit des Besitzstandes

Die in Buchstabe c) enthaltene Aufforderung den Besitzstand der Gemeinschaft und getroffene Maßnahmen zu beachten ist bis jetzt in Artikel 43 Absatz 1 lit. e) EUV-A formuliert - allerdings in der negativen Fassung, sie „nicht zu beeinträchtigen".[344] Hiermit soll sichergestellt werden, dass die verstärkte Zusammenarbeit in der Integration voranschreitet und nicht zurückgeht.

d) Verbleib im Rahmen der Zuständigkeit

Nach Buchstabe d) muss eine verstärkte Zusammenarbeit im Rahmen der Zuständigkeit der Union oder der Gemeinschaft bleiben und darf sich nicht auf Bereiche ausdehnen, die unter die ausschließliche Zuständigkeit der Gemeinschaft fallen. Diese Vorschrift ähnelt Artikel 11 Absatz 1 lit. a) EUV-A.[345] Die verstärkte Zusammenarbeit soll sich auch im Vertrag von Nizza auf schon bestehende Politikbereiche beschränken und sich nicht auf neue Felder ausdehnen. Es verbleibt für die verstärkte Zusammenarbeit nur eine Anwendung in Bereichen der konkurrierenden Gesetzgebungskompetenz. Gerade im ersten Pfeiler unterfallen jedoch viele Politikbereiche der ausschließlichen Kompetenz, so dass eine Anwendung der verstärkten Zusammenarbeit stark limitiert ist.

e) Beachtung des Binnenmarktes

Die hier benannte Bedingung ist neu eingefügt worden. Danach darf die verstärkte Zusammenarbeit weder den Binnenmarkt noch den wirtschaftlichen und sozialen Zusammenhalt gefährden. Die Regelung zeigt die Sorge der Mitglieder, dass eine verstärkte Zusammenarbeit gerade in der besonders weit vergemeinschafteten ersten Säule zu Divergenzen führen könnte.

f) Verzerrung des Wettbewerbs

Diese Voraussetzung findet sich bereits in Artikel 11 Absatz 1 lit. e) EUV-A.[346] Sie soll einen freien Handel und unverfälschten Wettbewerb sicherstellen. Allerdings ist kaum eine verstärkte Zusammenarbeit denkbar, die den Handel oder den Wettbewerb nicht berührt. Daher darf diese Bedingung nicht restriktiv ausgelegt werden, da sonst kein Raum mehr für eine verstärkte Zusammenarbeit bliebe.

g) Mindestanzahl der Teilnehmer

Buchstabe g) enthält eine der größten Änderungen des Instruments der verstärkten Zusammenarbeit durch den Vertrag von Nizza. Nunmehr ist es nicht mehr erforderlich, dass eine Mehrheit der Mitgliedstaaten an einer verstärkten Zusammenarbeit teilnimmt, sondern es genügt die Anzahl von acht Mitglied-

---

344 Siehe Kapitel 3, II., 1. a) ee).

345 Siehe Kapitel 3, III., 2. a).

346 Siehe Kapitel 3, III., 2. e).

staaten. In der jetzigen EU-15 ist dies zwar die Mehrheit der Mitgliedstaaten, aber schon nach der nächsten Erweiterungsrunde wird keine Mehrheit mehr erforderlich sein. Im Endstadium der Erweiterung werden damit deutlich weniger als ein Drittel der Mitgliedstaaten eine verstärkte Zusammenarbeit gründen können. Dies stellt für die Zukunft eine wesentliche Erleichterung gegenüber der bisherigen Regelung dar.

Die Integrationswilligen unter den Altmitglieder könnten so nach der Osterweiterung nicht an einem weiteren Voranschreiten gehindert werden.

h) Wahrung der Befugnisse und Interessen der Nichtbeteiligten

Die Beachtung der Rechte der nicht beteiligten Mitgliedstaaten ist auch jetzt schon eine Voraussetzung für eine verstärkte Zusammenarbeit (Artikel 43 Absatz 1 lit. f) EUV-A).[347] Sie ist Ausdruck des Grundsatzes der Loyalität unter den Mitgliedstaaten.

i) Schengen-Protokoll

Buchstabe i) bündelt die bisher in Artikel 40 Absatz 5 EUV-A[348] und Artikel 11 Absatz 5 EGV-A[349] enthaltenen Regelungen, dass die Bestimmungen über das Protokoll zur Einbeziehung des Schengen-Besitzstandes in den Rahmen der Europäischen Union durch eine verstärkte Zusammenarbeit unberührt bleiben.

j) Offenheit der verstärkten Zusammenarbeit

Die Offenheit einer verstärkten Zusammenarbeit für alle Mitgliedstaaten ist ein wesentliches Merkmal dieses Mechanismus.[350] Damit soll ein Kerneuropa verhindert werden, da jeder Mitgliedstaat das Recht hat, einer verstärkten Zusammenarbeit jederzeit beizutreten. Diese Offenheit wird in Artikel 43 b EUV-N präzisiert und in den jeweiligen Spezialvorschriften der einzelnen Säulen 11 a EGV-N, 40 b EUV-N und 27 e EUV-N wieder aufgegriffen.

2. Artikel 43 a EUV-N

Wie schon zuvor darf die verstärkte Zusammenarbeit nur als „letztes Mittel" eingesetzt werden.[351] Sie soll auch im Vertrag von Nizza eine Ausnahme bleiben und nicht zur Regel werden. Die Mitgliedstaaten, die für eine Streichung dieser Bedingung waren, haben sich somit nicht durchsetzen können. Die Regel der

---

347 Siehe Kapitel 3, II., 1. a) ff).

348 Siehe Kapitel 3, IV. 7.

349 Siehe Kapitel 3, III. 6.

350 Siehe Kapitel 3, II., a) gg).

351 Siehe Kapitel 3, II., 1. a) cc).

„ultima ratio“ wird jedoch Änderungen unterworfen, die ihre Anwendung präzisieren sollen.

Die Voraussetzungen im Vertrag von Amsterdam sehen vor, dass eine verstärkte Zusammenarbeit „nur als letztes Mittel herangezogen werden [kann], wenn die Ziele der genannten Verträge mit den darin festgelegten einschlägigen Verfahren nicht erreicht werden können“. Nach der Klausel des letzten Mittels des Vertrages von Nizza, kann die verstärkte Zusammenarbeit nur dann begonnen werden, wenn „der Rat zu dem Schluss gelangt ist, dass die mit dieser Zusammenarbeit angestrebten Ziele unter Anwendung der einschlägigen Bestimmungen der Verträge nicht in einem vertretbaren Zeitraum verwirklicht werden können“. Es liegt also nun am Rat zu entscheiden, wann der „vertretbare Zeitraum“ verstrichen ist. Dies hängt im wesentlichen von dem Verfahren ab, das für die Beschlussfassung gilt.

Die neue Voraussetzung des „vertretbaren Zeitraums“ ist nicht konkret und bedarf von Fall zu Fall einer Interpretation, was diese Bestimmung auch weiterhin problematisch macht.

3. Artikel 43 b EUV-N

Artikel 43 b EUV-N enthält das Prinzip der Offenheit der verstärkten Zusammenarbeit und die neu eingeführte „Ermunterungsklausel“.

a) Offenheit
Jede verstärkte Zusammenarbeit steht bei ihrer Begründung allen Mitgliedstaaten offen, Artikel 43 b S. 1 EUV-N. Sie können sich nach einem für jede Säule leicht unterschiedlichen Verfahren auch später grundsätzlich jederzeit anschließen, es sei denn, der Rat stellt mit qualifizierter Mehrheit eine Entscheidung darüber zurück. (Artikel 43 b EUV-N, 11 a EGV-N, 27 d und 40 b EUV-N).

b) Ermunterungsklausel
Eine Anregung durch die Kommission und die beteiligten Mitgliedstaaten war schon längere Zeit in der Diskussion. Die neue Klausel bleibt allerdings vage, da keine Regelungen darüber existieren, in welcher Form eine solche „Ermunterung“ erfolgen soll. Zu denken wäre an finanzielle Hilfen oder Übergangfristen bei der Erfüllung der Voraussetzungen zur Teilnahme an verstärkter Zusammenarbeit. Hier soll einem Kerneuropa aktiv entgegengewirkt werden.

4. Artikel 44 EUV-N

Der bisherige Artikel 44 EUV-A wird durch die Artikel 44 und 44 a EUV-N ersetzt.

a) Artikel 44 Absatz 1 EUV-N
Die Bestimmungen in Artikel 44 Absatz 1 EUV-N, die sich auf die Durchführung der verstärkten Zusammenarbeit beziehen, sind nicht geändert worden.[352] Die Entscheidungsregeln, die durch den Vertrag festgelegt sind, sind anwendbar. Das Europäische Parlament und die Kommission spielen ihre Rolle mit der Gesamtheit ihrer Mitglieder. Im Rat können alle Mitgliedstaaten an den Beratungen teilnehmen, aber nur die Mitgliedstaaten, die an der verstärkten Zusammenarbeit partizipieren, können abstimmen. Für die Berechnung der qualifizierten Mehrheit wird nun zusätzlich auf die Regelungen für die zweite Säule verwiesen.

Der letzte Satz ist neu eingefügt worden und enthält die Klarstellung, dass die Rechtsakte und Beschlüsse der verstärkten Zusammenarbeit „nicht Bestandteil des Besitzstandes der Union“ sind.

b) Artikel 44 Absatz 2 EUV-N
Artikel 44 Absatz 2 EUV-N ist bis auf kleine sprachliche Änderungen identisch mit Artikel 43 Absatz 2 EUV-A.[353]

Er bestimmt, dass die Rechtsakte und Beschlüsse nur die beteiligten Mitgliedstaaten binden. Die Nichtbeteiligten haben die Pflicht, der Durchführung der verstärkten Zusammenarbeit nicht im Weg zu stehen.

5. Artikel 44 a EUV-N

Artikel 44 a EUV-N ersetzt Artikel 44 Absatz 2 EUV-A. Er regelt die Finanzierung einer verstärkten Zusammenarbeit. Das Prinzip, wonach die beteiligten Mitgliedstaaten bis auf die Verwaltungskosten der Organe allein für die Finanzierung aufkommen, ist beibehalten worden. Neu ist, dass das Europäische Parlament bei einer Übernahme der Finanzierung durch die Gemeinschaft angehört werden muss. Dies ist der zweite Bereich der verstärkten Zusammenarbeit in dem dem Parlament mehr Befugnisse eingeräumt werden. Da das Europäischen Parlament den Haushalt der Gemeinschaft gemäß Artikel 272 EGV-N abändern oder sogar ablehnen kann, ist eine Beteiligung des Parlaments hier sinnvoll. Allerdings verleiht eine reine Anhörung dem Parlament kaum Einfluss.

---

[352] Siehe Kapitel 3, II., 2. b).
[353] Siehe Kapitel 3, II., 1. b) aa).

6. Artikel 45 EUV-N

Artikel 45 EUV-N enthält eine neue Regelung, die den Rat und die Kommission damit beauftragen, sicherzustellen, „dass die auf der Grundlage dieses Titels durchgeführten Maßnahmen untereinander sowie mit den Politiken der Union und der Gemeinschaft im Einklang stehen". Dazu sollen Rat und Kommission zusammenarbeiten.

Man kann diese Bedingung als zusätzliche „Sicherheitsvorkehrung" verstehen, da bei einer Mindestteilnehmerzahl von acht Mitgliedstaaten in Zukunft verschiedene Gruppen mit möglicherweise verschiedenen Zielen in den gleichen Bereichen möglich sind. Eine entgegenlaufende „Integration" soll aber auf jeden Fall verhindert werden.

III. Spezialvorschriften in der ersten Säule

Der bisherige Artikel 11 EGV wird durch die Artikel 11 und 11 a EGV-N ersetzt. Dabei entfällt Artikel 11 Absatz 1 EGV-A, da die darin geregelten Grundvoraussetzungen jetzt in Artikel 43 EGV-N enthalten sind. Das gleiche gilt für Artikel 11 Absatz 5 EGV-A über das Schengen-Protokoll.

Die wichtigste Neuerung im Bereich der ersten Säule ist der Wegfall des Vetos im Verfahren zur Ermächtigung zu einer verstärkten Zusammenarbeit.

1. Artikel 11 EGV-N

(1) Die Mitgliedstaaten, die beabsichtigen, untereinander eine verstärkte Zusammenarbeit in einem der unter diesen Vertrag fallenden Bereiche zu begründen, richten einen Antrag an die Kommission, die dem Rat einen entsprechenden Vorschlag vorlegen kann. Legt die Kommission keinen Vorschlag vor, so teilt sie den betroffenen Mitgliedstaaten ihre Gründe dafür mit.

(2) Die Ermächtigung zur Aufnahme einer verstärkten Zusammenarbeit nach Absatz 1 wird nach Maßgabe der Artikel 43 bis 45 des Vertrages über die Europäische Union vom Rat mit qualifizierter Mehrheit auf Vorschlag der Kommission und nach Anhörung des Europäischen Parlaments erteilt. Betrifft die verstärkte Zusammenarbeit einen Bereich, für den das Verfahren nach Artikel 251 dieses Vertrags gilt, so ist die Zustimmung des Europäischen Parlaments erforderlich. Ein Mitglied des Rates kann verlangen, dass der Europäische Rat befasst wird. Nach dieser Befassung kann der Rat gemäß Unterabsatz 1 beschließen.

(3) Die für die Durchführung der Tätigkeiten im Rahmen einer verstärkten Zusammenarbeit erforderlichen Rechtsakte und Beschlüsse unterliegen allen einschlägigen Bestimmungen dieses Vertrages, soweit in diesem Artikel und in den Artikel 43 bis 45 des Vertrages über die Europäische Union nichts anderes bestimmt ist.

a) Einleitung des Verfahrens

Der neue Absatz 1 ist der vormalige Artikel 11 Absatz 2 UAbs. 3 EUV-A.[354] Er legt die Bestimmungen für die Einleitung eines Ermächtigungsverfahrens nieder. Danach müssen die an einer verstärkten Zusammenarbeit interessierten Mitgliedstaaten ihren Antrag an die Kommission richten. Diese kann entweder dem Rat einen entsprechenden Vorschlag vorlegen oder das Vorhaben unter Angabe von Gründen ablehnen womit die Initiative gescheitert ist.

b) Ermächtigungsverfahren

Das eigentliche Verfahren ist in Artikel 11 Absatz 2 EGV-N geregelt. Nach S. 1 entscheidet der Rat über einen Vorschlag der Kommission mit qualifizierter Mehrheit nach Anhörung des Europäischen Parlaments. Betrifft die verstärkte Zusammenarbeit einen Bereich, für den das Europäische Parlament das Recht auf Mitentscheidung gemäß Artikel 251 EGV hat, so muss das Parlament in Zukunft zustimmen. Diese Neuerung konnte erst in Nizza selbst durchgesetzt werden.[355]

Das Europäische Parlament ist bis jetzt nicht aktiv am Ermächtigungsverfahren beteiligt. Mit dem neuen Artikel 11 Absatz 2 EGV-N hat es nun im Bereich der Mitentscheidung die Möglichkeit, sich direkt in das Verfahren einzuschalten. Da sich die Verfahren innerhalb der verstärkten Zusammenarbeit nach den einschlägigen Vertragsverfahren bestimmen, ist das Parlament zu einem späteren Zeitpunkt im Rahmen der Mitbestimmung an der verstärkten Zusammenarbeit beteiligt. Daher ist es konsequent, es auch schon bei der Ermächtigung einzubeziehen.

c) Suspensives Veto

In den Regelungen des Vertrags von Amsterdam kann ein einzelner Mitgliedstaat aus „wichtigen Gründen der nationalen Politik“ in der ersten und dritten Säule ein Veto einlegen und damit eine verstärkte Zusammenarbeit verhindern, Artikel 11 Absatz 2 EGV-A[356] und Artikel 40 Absatz 2 EUV-A.[357] In Nizza

[354] Siehe Kapitel 3, III., 3. a).

[355] Josef Janning, Zweiter Anlauf – Die „verstärkte Zusammenarbeit“ im Vertrag von Nizza; in: Werner Weidenfeld (Hrsg.), Nizza in der Analyse, S. 156.

[356] Siehe Kapitel 3, III., 3. d).

[357] Siehe Kapitel 3, IV., 3. b)

wurde diese Möglichkeit für beide Säulen gestrichen. Zwar kann ein Mitgliedstaat verlangen, dass diese Frage vor den Europäischen Rat gebracht wird, aber dies hat nur noch aufschiebende Wirkung, bevor der Rat selbst mit qualifizierter Mehrheit beschließen kann, Artikel 11 Absatz 2 EGV-N und Artikel 40 a Absatz 2 EUV-N. Der Wegfall des Vetos stellt eine große Erleichterung des Auslösemechanismus dar.

d) Rolle der Kommission
Damit durch diese Lockerung aber keine Gefahr für den gemeinsamen Rechtsbestand entsteht, wurde die zentrale Rolle der Kommission in der ersten Säule beibehalten. Eine verstärkte Zusammenarbeit muss weiterhin von der Kommission unterstützt und mit qualifizierter Mehrheit, nach Nizza sind dies knapp drei Viertel der Stimmen, im Rat angenommen werden.

e) Durchführung
Der neue Artikel 11 Absatz 3 EUV-N stimmt mit Artikel 11 Absatz IV EGV-A[358] überein. Er stellt fest, dass Rechtsakte und Beschlüsse zur Durchführung der verstärkten Zusammenarbeit den Vertragsbestimmungen unterliegen, sofern nichts anderes bestimmt ist.

2. Artikel 11 a EGV-N

Der neue Artikel 11 a EGV-N ist identisch mit dem bisherigen Artikel 11 Absatz 3 EGV-A.[359] Er regelt den Beitritt zu einer bereits bestehenden verstärkten Zusammenarbeit. Auch hier bleibt es weiterhin die Kommission, die über den Antrag entscheidet.

IV. Spezialvorschriften in der Zweiten Säule

Der Vertrag von Nizza führt das Instrument der verstärkten Zusammenarbeit auch für die zweite Säule in den Artikeln 27 a bis 27 e EUV-N in den Titel V EUV ein. Dies hatte eigentlich schon auf der Regierungskonferenz zum Vertrag von Amsterdam geschehen sollen, scheiterte aber in letzter Minute. Statt dessen wurde der Mechanismus der „konstruktiven Enthaltung" eingeführt, der es einem Mitgliedstaat erlaubt, sich nicht an einer Aktion zu beteiligen, ohne damit die Union zu behindern. Dies war von den Mitgliedstaaten anscheinend letztlich nicht als befriedigend angesehen worden.

---

[358] Siehe Kapitel 3, III., 5.
[359] Siehe Kapitel 3, III., 4.

Eine verstärkte Zusammenarbeit im Bereich der Gemeinsamen Außen- und Sicherheitspolitik (GASP) ist allerdings mit gewissen Hürden verbunden. So ist einerseits der Anwendungsbereich stark eingegrenzt und andererseits kann ein einzelner Mitgliedstaat eine verstärkte Zusammenarbeit mit einem Veto verhindern.

1. Artikel 27 a EUV-N

Das Ziel der verstärkten Zusammenarbeit im zweiten Pfeiler ist es „die Werte der gemeinsamen Union zu wahren und ihren Interessen zu dienen, unter Behauptung der Identität der Union als kohärenter Kraft auf internationaler Ebene."

Die Wahrung der Werte der Union und das Dienen ihrer Interessen ist schon in Artikel 43 EUV-N als Ziel der verstärkten Zusammenarbeit bestimmt.[360] Das dritte Ziel, die Behauptung der Identität der Union als kohärenter Kraft, ist neu und soll darauf hinwirken, dass das Erscheinungsbild der Union auf dem sensiblen Gebiet der GASP weiterhin einheitlich ist.

2. Artikel 27 b EUV-N

Nach Artikel 27 b EUV-N betrifft die verstärkte Zusammenarbeit nun „die Durchführung einer gemeinsamen Aktion oder die Umsetzung eines gemeinsamen Standpunkts. Sie kann nicht Fragen mit militärischen oder verteidigungspolitischen Bezügen betreffen."

Im letzten Synthesedokument des Vorsitzes vor Beginn der Konferenz konnten noch „Initiativen im Bereich der Sicherheit und der Verteidigung, die dazu beitragen, dass Fähigkeiten zur Krisenbewältigung erworben werden", Gegenstand verstärkter Zusammenarbeit werden.[361]

Die nun eingeführte Restriktion, dass keine militärischen oder verteidigungspolitischen Bezüge betroffen werden dürfen, wurde auf Verlagen der Mitgliedstaaten eingeführt, die die Verbindungen mit der Nato und ESVP nicht gefährden wollten.[362]

---

360 Siehe Kapitel 5, II., 1.
361 CONFER 4815/00, 30. November 2000, Überarbeitetes Synthesedokument.
362 Sénateur Hubert Haenel, Le Traité de Nice, Les Rapports du Sénat, S. 27.

Gemeinsame Strategien der Union können auch weiterhin nur mit Zustimmung aller Mitgliedstaaten beschlossen werden.

3. Artikel 27 c EUV-N

Das Ermächtigungsverfahren nach Artikel 27 c EUV-N ist gänzlich unterschiedlich von dem im ersten Pfeiler.

Die Mitgliedstaaten, die eine verstärkte Zusammenarbeit beginnen wollen, beantragen dies beim Rat. Verglichen mit den anderen Bereichen hat die Kommission hier nur eine geschwächte Stellung. Sie hat kein Vorschlagsmonopol wie im Bereich der ersten Säule. Sie kann zu einem Antrag nur Stellung nehmen, „insbesondere zur Kohärenz der beabsichtigten verstärkten Zusammenarbeit mit der Unionspolitik“. Auch das Europäische Parlament hat nur eine rein passive Rolle, da der Rat es nur unterrichten muss.

Der Rat erteilt die Ermächtigung zur verstärkten Zusammenarbeit grundsätzlich mit qualifizierter Mehrheit. Jeder Mitgliedstaat hat jedoch ein Vetorecht (Artikel 27 EUV-N i.V.m. Artikel 23 Artikel 2 UAbs. 2 u. 3 EUV-N), wenn er wichtige entgegenstehende Gründe der nationalen Politik benennen kann.

Der Rat kann dann „mit qualifizierter Mehrheit verlangen, dass die Frage zur einstimmigen Beschlussfassung an den Europäischen Rat verwiesen wird.“ Damit hält hier das in anderen Bereichen abgeschaffte Vetorecht Einzug.

Auf dem Gebiet der GASP kommt es zu einem Aufeinandertreffen der verschiedensten nationalen Interessen der Mitgliedstaaten. Mit dem Veto kann ein EU-Staat seine Interessen vor einer Beeinträchtigung durch eine verstärkte Zusammenarbeit schützen. Dies ist ein Zugeständnis an die Staaten, die einer Einführung einer verstärkten Zusammenarbeit in die zweite Säule skeptisch gegenüber standen.

4. Artikel 27 d EUV-N

Der Hohe Repräsentant der GASP ist damit beauftragt, dafür Sorge zu tragen, dass „alle Mitglieder des Rates und das Europäische Parlament in vollem Umfang über die Durchführung jeder im Bereich der GASP eingeleiteten verstärkten Zusammenarbeit unterrichtet werden“.

Bei der Durchführung einer verstärkten Zusammenarbeit wird das Europäische Parlament also ebenfalls nur unterrichtet.

5. Artikel 27 e EUV-N

Artikel 27 e EUV-N regelt den späteren Beitritt zu einer bereits bestehenden verstärkten Zusammenarbeit. Die Bestimmung gleicht Artikel 40 Absatz 3 EUV-A[363] bis auf den Punkt, dass die Kommission dem Rat hier eine Stellungnahme ohne spezifische Regelungen, die sie für notwendig halten könnte, zuleitet.

Jeder Mitgliedstaat hat das Recht, sich an einer verstärkten Zusammenarbeit jederzeit zu beteiligen, was bereits auch schon in Artikel 43 j EUV-N festgestellt wird. Der Rat entscheidet innerhalb von vier Monaten über den Antrag sowie über „eventuelle spezifische Regelungen, die er für notwendig hält". Der Antrag gilt als angenommen, es sei denn, der Rat beschließt mit qualifizierter Mehrheit, ihn zurückzustellen.

V. Spezialvorschriften in der Dritten Säule

Der bisherige Artikel 40 EUV-A wird durch die Artikel 40, 40 a und 40 b EUV-N ersetzt. Sie bestimmen die Ziele einer verstärkten Zusammenarbeit in der dritten Säule und regeln das Ermächtigungsverfahren sowie den späteren Beitritt.

Die größte Änderung durch den Vertrag von Nizza besteht wie auch in der ersten Säule im Wegfall des Vetorechts.

1. Artikel 40 EUV-N

Die verstärkte Zusammenarbeit im dritten Pfeiler hat zum Ziel, dass sich die Union „rascher zu einem Raum der Freiheit, der Sicherheit und des Rechts entwickeln kann". Diese Zielsetzung hat sich gegenüber Artikel 40 Absatz 1 EUV-A nicht geändert.[364]

2. Artikel 40 a EUV-N

Das Ermächtigungsverfahren in Artikel 40 a EUV-N für eine verstärkte Zusammenarbeit verläuft anders als noch im Amsterdamer Vertrag.

---

[363] Siehe Kapitel 3, III., 4.
[364] Siehe Kapitel 3, IV., 2.

Die Mitgliedstaaten, die eine solche Zusammenarbeit beginnen wollen, beantragen dies bei der Kommission. Sie kann entweder dem Rat einen entsprechenden Vorschlag vorlegen oder das Vorhaben unter Angabe von Gründen ablehnen. Im Fall der Ablehnung können die EU-Staaten einen Antrag direkt an den Rat richten. Die Kommission kann eine verstärkte Zusammenarbeit also nicht verhindern. Der Rat entscheidet mit qualifizierter Mehrheit nach Anhörung des Europäischen Parlaments. Zustimmungs- oder Mitentscheidungsrechte haben die Regierungschefs dem Parlament nicht zugestanden. Ein Vetorecht wie im Vertrag von Amsterdam besteht nicht mehr. Ein Mitglied kann aber durch Befassung des Europäischen Rates einen gewissen Aufschub erreichen, Artikel 40 a Absatz 2 UAbs. 2 EUV-N. Danach kann der Rat mit qualifizierter Mehrheit über die Ermächtigung beschließen.

Bisher stellen die teilnahmewilligen Mitgliedstaaten einen Antrag an den Rat, der dann nach einer Stellungnahme der Europäischen Kommission darüber entscheidet. Hier ist nun die Kommission das Organ, das den Antrag entgegennimmt und einen entsprechenden Vorschlag vorlegen kann. Dies wertete die Rolle der Kommission im dritten Pfeiler auf. Sie kann mit ihrem Vorschlag eigene Schwerpunkte setzen. Falls sie jedoch gegen die verstärkte Zusammenarbeit ist, hat sie keine Möglichkeit, ein Zustandekommen zu verhindern, da die Mitgliedstaaten dann ihren Antrag direkt an den Rat richten können

Der Wegfall des Vetorechts erleichtert auch hier wie im ersten Pfeiler das Zustandekommen einer verstärkten Zusammenarbeit erheblich.

3. Artikel 40 b EUV-N

Artikel 40 b EUV-N erlaubt es den anderen Mitgliedstaaten, sich einer verstärkten Zusammenarbeit anzuschließen.

Das Beitrittsverfahren entspricht dem in Artikel 40 Absatz 3 EUV-A.[365] Der Rat entscheidet allerdings nur über den Antrag und nicht über zusätzliche spezifische Regelungen.

VI. Austritt und Beendigung

Auch in den Vertrag von Nizza sind keine Regelungen für einen Austritt aus einer verstärkten Zusammenarbeit aufgenommen worden. Dennoch muss ein Austritt einzelner Mitgliedstaaten zulässig sein. Wie in Kapitel 3 VI. beschrieben, ist

---

[365] Siehe Kapitel 3, IV., 5.

dieser Austritt ein actus contrarius, der letztendlich gemäß dem Ermächtigungsverfahren in Artikel 11 EGV-N, Artikel 27 c EUV-N und Artikel 40 a EUV-N, zu erfolgen hat.

Eine Beendigung einer Zusammenarbeit ist ebenfalls nicht ausdrücklich geregelt worden. Auch hier gilt das zur Beendigung einer verstärkten Zusammenarbeit nach dem Vertrag von Amsterdam gesagte analog. Eine Zusammenarbeit kann enden, wenn sich alle Mitgliedstaaten angeschlossen haben, der Ermächtigungsbeschluss durch den EuGH für nichtig befunden wurde oder wenn die beteiligten Mitgliedstaaten eine Aufhebung des Gründungsaktes beschließen.[366]

VII. Fazit

Auf der Regierungskonferenz in Nizza gab es bei der verstärkten Zusammenarbeit eine rasche Einigung, da die Mitgliedstaaten eine Änderung der Vorschriften als notwendig erkannt hatten, um dieses Instrument auch in einer erweiterten Union anwenden zu können.

Die neuen Regelungen bringen einige Erleichterungen bei der Begründung einer verstärkten Zusammenarbeit, wie die Festlegung der Mindesteilnehmerzahl auf acht oder den Wegfall des Vetos, bauen aber auch neue Hürden auf.

Eine Schlüsseländerung[367] im Vertrag von Nizza ist die Entscheidung, es einer Untergruppe von Mitgliedstaaten zu ermöglichen, schneller voranzuschreiten, ohne dass eine einstimmige Zustimmung für ihre Bemühungen erforderlich ist. Dies verbessert die Chance deutlich, Blockaden in einzelnen, ansonsten einstimmig zu entscheidenden Sachbereichen, zu vermeiden.

Die Einführung der engeren Zusammenarbeit in den Bereich der Gemeinsamen Außen- und Sicherheitspolitik stellt einen Fortschritt in der Flexibilisierung gegenüber der bisherigen konstruktiven Enthaltung dar. Der Schritt erscheint aber halbherzig, da die verstärkte Zusammenarbeit nur bei gemeinsamen Aktionen oder der Umsetzung gemeinsamer Standpunkte zur Anwendung kommen kann. Dabei kann es letztendlich sein, dass ein Veto eines Mitgliedstaats das Projekt ganz verhindert.

Der Präsident der Europäischen Kommission Romano Prodi zeigte sich nach dem Gipfel in Nizza zufrieden über die Änderungen bei der verstärkten Zusam-

---

366 Siehe dazu Kapitel 3, VII.

367 Baldwin/Berglöf/Giavazzi/Wildgrén, Nice Try: Should the Treaty of Nice be Ratified?, a.a.O., S. 45.

menarbeit:[368] „[...] meines Erachtens verfügen wir so über ein Instrument, das in einer erweiterten Union unerlässlich ist und auf das die Kommission zur gegebenen Zeit zurückgreifen wird, allerdings unter Wahrung ihrer Rolle als integrierende Kraft, um den Ländern, die vor allem ihre Zukunft gemeinsam gestalten wollen, die Erreichung der neuen großen Ziele zu ermöglichen und um insbesondere jeder Gefahr der Zersplitterung entgegenzuwirken, die sich ergeben könnte, wenn eine solche Zusammenarbeit keinen Regeln unterliegt".

Er sprach in seiner Bewertung auch die Risiken einer verstärkten Zusammenarbeit an und bezog sich damit auf die Sorgen einiger Mitgliedstaaten. Um den angesprochenen Gefahren vorzubeugen und um auch die Skeptiker zu überzeugen, ist die verstärkte Zusammenarbeit nach Nizza weiterhin so vielen Beschränkungen unterworfen.

So ist eine verstärkte Zusammenarbeit nur erlaubt, wenn sie die Ziele, die Grundsätze, den Acquis der Union nicht verändert, in ihre ausschließlichen Zuständigkeiten nicht eingreift, sich nicht auf neue Politikfelder bezieht, den gemeinsamen Besitzstand wahrt, den Warenaustausch zwischen den Mitgliedstaaten nicht beschränkt und den Wettbewerb nicht verzerrt. Sie darf auch nur als ultima ratio angewandt werden, wenn die Ziele des Vertrages mit den darin festgelegten Verfahren nicht erreicht werden können.

Diese Beschränkungen werden vielfach kritisiert:

Nach *Klaus Hänsch* hat Nizza „der verstärkten Zusammenarbeit nicht nur alle avantgardistischen Zähne gezogen, sondern sie auch noch in institutionelle Ketten gelegt. Das macht sie unschädlich und zugleich unwirksam".[369]

Die verstärkte Zusammenarbeit sei bis jetzt nicht an den rigiden Vorschriften gescheitert, sondern am mangelnden politischen Willen und an fehlender politischer Substanz. Für ihn ist „die Vision, durch eine Erleichterung beim Zustandekommen einer ‚verstärkten Zusammenarbeit' eine Avantgarde, Pioniergruppe oder ein Gravitationszentrum zu institutionalisieren, [...] in Nizza auf Bonsai-Größe zurechtgestutzt worden."[370]

Für *Giering/Janning* besteht die wohl größte Einschränkung der verstärkten Zusammenarbeit darin, „dass sie nur für bereits im Vertrag verankerte Politikberei-

---

[368] Rede vor dem Europäischen Parlament zu den Schlußfolgerungen des Europäischen Rates in Nizza, 12. Dezember 2000, S. 4.

[369] Klaus Hänsch, Maximum des Erreichbaren – Minimum des Notwendigen?, integration 2/01, S. 97.

[370] Hänsch, a.a.O., S. 97.

che angewendet werden darf. Weder die WWU oder das Sozialprotokoll noch die Schengener Abkommen hätten also mit diesem Instrument realisiert werden können".[371]

Das Instrument der verstärkten Zusammenarbeit befinde sich „in der Schraubzwinge, dass weder neue Bereiche eröffnet werden können noch bestehende Politiken, allen voran der Binnenmarkt, in irgendeiner Weise eingeschränkt werden dürfen. Allein diese beiden Bestimmungen reichen aus, um den theoretischen Gewinn an Handlungsfähigkeit und Integrationsdichte bei entgegenstehenden Interessen eines einzelnen oder einer Minderheit von Mitgliedstaaten zu minimieren".[372]

Wolfgang Wessels fragt sich[373], „ob das Verfahren der verstärkten Zusammenarbeit in einer erweiterten Union zum Rettungsanker in Blockadesituationen werden kann". „Hat damit eine Gruppe von (Alt-)Mitgliedern eine vertragsgerechte Form für eine Differenzierung innerhalb der EU-Institutionen gefunden? Können damit gegebenenfalls auch die Defizite bei der Verringerung der Einstimmigkeitsregeln durch alternative Verfahren ausgeglichen werden?"[374]

Seine Antwort ist enttäuschend: „Bei näherer Analyse der Bestimmungen und der eingebauten Handlungslogik sind die Erwartungen für die Nutzung dieser Vertragsartikel niedrig anzusetzen. Bereits die vertraglich geregelten Abläufe und die Vielzahl der insgesamt sogar enger gefassten Bedingungen (Artikel 43, 43 a EUV-N) dokumentieren die Langwierigkeit und Schwerfälligkeit der Verfahren. Die verstärkte Zusammenarbeit ist keine einfache und rasch zu verwirklichende Alternative zu den normalen Verfahren, sondern wirklich nur ein „letztes Mittel" (Artikel 43 a EUV-N)".

Prof. Dr. Tsatsos, MdEP, kritisiert die neuen institutionellen Modalitäten der verstärkten Zusammenarbeit. Für ihn ist es inakzeptabel, „dass bei der Beschlussfassung über eine verstärkte Zusammenarbeit eine echte parlamentarische Legitimation auf europäischer Ebene durch ein Zustimmungs-recht nur dort vorgesehen ist, wo das Parlament an der Gesetzgebung nach dem Mitentscheidungsverfahren beteiligt ist."[375]

---

371 Giering/Janning, a.a.O., S. 152.

372 Giering/Janning, a.a.O., S. 152.

373 Wolfgang Wessels, Die Vertragsreform von Nizza - Zur zukünftigen Handlungsfähigkeit der 27er Union, Vortrag, S. 9.

374 Vgl. Claus Giering, Die neue Formel zur verstärkten Zusammenarbeit und die Flexibilität in der erweiterten EU, integration 2/01, S. 12.

375 Dimitris Tsatsos, Der Vertrag von Nizza, Ein Fehlschlag, der nur durch einen effizienten und konkretisierten Post-Nizza-Prozeß korrigiert werden kann, S. 4.

Das Europäische Parlament selbst begrüßt grundsätzlich die „eingeführten Änderungen bezüglich der verstärkten Zusammenarbeit, insbesondere was die Beseitigung des mit der Berufung auf das nationale Interesse verbundene Vetorechts angeht“.[376]

Es ist allerdings der Ansicht, dass „die ihm verliehene Rolle im Zusammenhang mit der Zustimmung zu einer verstärkten Zusammenarbeit unzulänglich und undemokratisch ist, insbesondere in den Bereichen von vitalem Interesse im Rahmen des ersten Pfeilers, wo nach wie vor Einstimmigkeit im Rat erforderlich ist“.[377]

Im Bereich des zweiten Pfeilers bedauert es die Anwendung des charakteristischen Vorgehens auf Regierungsebene, die Einführung des Vetos, die passive Rolle des Parlaments[378] sowie die Beschränkung des Anwendungsbereichs[379].

Zusammenfassend ist festzustellen, dass die Änderungen von allen Seiten als nicht zufriedenstellend empfunden werden – und sie können auch nicht zufriedenstellend sein.

Die Staats- und Regierungschefs der Europäischen Union sind bei der Regierungskonferenz von Nizza nicht bereit gewesen, über ihren eigenen Schatten zu springen und eine Flexibilisierung der drei Säulen konsequent voranzutreiben.

Die Abschaffung des Vetos und die Festlegung der Mindestteilnehmerzahl auf acht sichert den Integrationswilligen unter den Altmitgliedern auch in Zukunft die Möglichkeit, in der Integration voranzuschreiten – es bleibt nur die Frage, ob die streng reglementierten Bereiche eine befriedigende verstärkte Zusammenarbeit wirklich ermöglichen werden.

---

376 Entschließung des Europäischen Parlaments zu dem Vertrag von Nizza und der Zukunft der Europäischen Union (2001/2022 (INI)) – A5-0368/2001, Punkt 32.

377 Entschließung des Europäischen Parlaments zu dem Vertrag von Nizza und der Zukunft der Europäischen Union (2001/2022 (INI)) – A5-0368/2001, Punkt 33.

378 Entschließung des Europäischen Parlaments zu dem Vertrag von Nizza und der Zukunft der Europäischen Union (2001/2022 (INI)) – A5-0368/2001, Punkt 34.

379 Entschließung des Europäischen Parlaments zu dem Vertrag von Nizza und der Zukunft der Europäischen Union (2001/2022 (INI)) – A5-0168/2001, Punkt 35.

Kapitel 6

Schlussbetrachtung mit einem Blick in die Zukunft

I. Einführung

„Die Integration ist wie ein Fahrrad: Es braucht Schwung – kommt es zum Stehen fällt es um“.

Dieser Vergleich soll vom ehemaligen Präsidenten der Europäischen Kommission Walter Hallstein angestellt worden sein - er ist heute so aktuell wie damals.

Die Integration darf nicht stagnieren. Dies ist die Triebfeder bei der Diskussion um die verstärkte Zusammenarbeit, die für einige integrationswillige Mitgliedstaaten die Möglichkeit bietet, voranzuschreiten, wenn die Gemeinschaftsmethode versagt und ein Stillstand droht.

Im Verlauf der Arbeit hat sich herausgestellt, dass es sich bei der Diskussion über die Flexibilität um ein ständig wiederkehrendes Thema in der Geschichte der Europäischen Union handelt. Seit den 70iger Jahren stand es immer wieder in der ein oder anderen Form auf der politischen Tagesordnung. Zuerst noch skeptisch betrachtet, da es eine Ausnahme von der Gemeinschaftsmethode bedeutete, wurde die Idee später aufgegriffen und es wurde ihr immer mehr Bedeutung beigemessen.

Die verstärkte Zusammenarbeit ist eine mögliche Antwort auf die gleiche Frage, die sich nur in verschiedenen Facetten stellt – wie kann man die Integration weiter voranbringen?

Nachdem Willy Brandt diesen Mechanismus das erste Mal 1974 in die politische Diskussion gebracht hatte, dauerte es noch bis zur Regierungskonferenz zum Vertrag von Amsterdam, dass das Instrument der Flexibilität in die EU-Verträge aufgenommen wurde.

Auf der Regierungskonferenz zum Vertrag von Nizza stand eine Überarbeitung der verstärkten Zusammenarbeit zuerst gar nicht auf der Agenda. Zum Schluss war sie das erste Thema worüber Einigung erzielt werden konnte. Auf die drängenden Fragen, wie die Osterweiterung institutionell zu verkraften ist und wie eine EU-27 weiter in der Integration voranschreiten soll, gab es anscheinend keine überzeugende Antwort.

1. Erweiterung und Flexibilität

Das Thema der Flexibilität ist immer schon sehr eng mit dem der Erweiterung verknüpft gewesen. Es gibt keinen Zweifel über die Sorgen, die die jetzigen Mitgliedstaaten über die Konsequenzen der Erweiterung haben. Mit der Vergrößerung der Mitgliederzahl wird die Union immer inhomogener. Es besteht ein enormer Abstand zwischen der wirtschaftlichen Kapazität von nahezu allen Beitrittskandidaten und den „Altmitgliedern". Dazu kommen in einigen Kandidatenländern andere innenpolitische Konstellationen, die ein Risiko darstellen können. Damit der Rhythmus der europäischen Integration nicht von den Mitgliedstaaten, die am wenigsten einer Vertiefung zugeneigt sind oder die die geringsten Möglichkeiten haben, sie zu verwirklichen, diktiert wird, scheint es unabdingbar den integrationswilligen Mitgliedstaaten eine Möglichkeit anzubieten, auf bestimmten Gebieten voranzuschreiten. Anderen Mitgliedstaaten ist dabei in jedem Augenblick die Möglichkeit gegeben, sich ihnen anzuschließen.

Damit verbindet sich für die jetzigen und die kommenden Mitglieder die Hoffnung, dass eine differenzierte Integration die Europäische Union im Ergebnis stärken wird. Dies gilt zum einen für die großen Mitgliedstaaten, deren feste Einbindung in die EU auch davon abhängen dürfte, ob sie ihre integrationspolitischen Ambitionen und Potentiale in diesem Rahmen verwirklichen können. Eine differenzierte Integration eröffnet ihnen die Möglichkeit zu vertiefter Kooperation, ohne dass sie den Rahmen der Verträge verlassen müssten. Außerdem wird die Nichtverwirklichung bestimmter Vertragsziele als größte Gefahr für den Zusammenhalt der Europäischen Union angesehen, der durch differenziertes Vorgehen entgegengewirkt werden kann.[380]

Dazu kommt ein erheblicher Teilnahmedruck für Nichtteilnehmer, wenn die konkrete verstärkte Zusammenarbeit erfolgreich ist. Die Zusammenarbeit übernimmt dann die Funktion eines Motors, der die Integration voranbringt.[381]

Ferner würden sich auch die Beitrittskandidaten nicht überfordert fühlen, wenn sie nicht von Anfang an dem Druck ausgesetzt sind, an allen Projekten direkt teilnehmen zu müssen.

Unter diesen Voraussetzungen ist der Mechanismus der verstärkten Zusammenarbeit ein wichtiges Mittel zur Stärkung der Integration.

---

[380] Schwarze-Hatje, a.a.O., Artikel 43 EUV, Rn. 2.

[381] Thun-Hohenstein, Die Möglichkeit einer „verstärkten Zusammenarbeit" zwischen EU-Mitgliedstaaten – Chancen und Gefahr der „Flexibilität", S. 129 ff.; in: Die Europäische Union nach dem Vertrag von Amsterdam, Hummer (Hrsg.).

2. Gefahr eines Europas der mehreren Geschwindigkeiten

Wenn man die Geschwindigkeit dem Langsamsten anpassen möchte, wie das bei der Gemeinschaftsmethode notwendigerweise der Fall ist, muss eine Lösung gefunden werden für die Staaten, die Voranschreiten möchten. Damit ergibt sich das Risiko eines Europas der zwei Geschwindigkeiten, in dem es einen permanenten harten Kern gibt mit einer höheren Integration, während andere Staaten zurückgelassen werden. Verstärkte Zusammenarbeit muss daher zeitlich begrenzt sein und alles erforderliche muss getan werden, um den nicht beteiligten einen schnellen Beitritt zu ermöglichen.

Noch tut man sich schwer, überhaupt geeignete Politikfelder für eine verstärkte Zusammenarbeit zu finden, so dass die Auswirkung einer verstärkten Zusammenarbeit auf die Integration und den Zusammenhalt der EU nur schwer abzuschätzen ist.

3. Mögliche Anwendungsgebiete der verstärkten Zusammenarbeit

So werden als mögliche Gebiete für eine verstärkte Zusammenarbeit Politikfelder wie die Handels-, die Steuer-, die Sozial- und die Struktur- oder die Innenpolitik genannt. Diese sind in Nizza nicht oder nur unter erheblichen Einschränkungen in die Mehrheitsentscheidung überführt worden, so dass bei ihnen die Gefahr einer Blockade besonders groß ist.[382]

Möglich sind auch im Bereich des Umwelt-, Gesundheits- und Verbraucherschutzes die Festsetzung von Standards für Sachgebiete, für die eine noch nicht genutzte gemeinschaftliche Handlungsbefugnis besteht oder im Bereich der Verkehrspolitik Maßnahmen der Verkehrssicherheit.

Darüber hinaus könnte die Eurogroup, um die Einführung des Euro in wirtschafts-, steuer- und sozialpolitischer Hinsicht zu begleiten, als erste das neue Verfahren testen.

Dieses Voranschreiten kann den Teilnehmern jedoch auch (wirtschaftliche) Nachteile bringen.

Im Bereich der Steuerpolitik z.B. erscheint eine Anwendung fraglich. Wenn sich beispielsweise Deutschland zusammen mit einigen anderen EU-Mitgliedern auf die Einführung einer Energiesteuer einigt, ist dies z.B. für Spanien, das sich bisher einer solchen Abgabe verweigert, keineswegs ein Druckmittel. Im Gegen-

[382] Giering/Janning, a.a.O., S. 152.

teil: Madrid könnte auf die Kosten anderer EU-Staaten Investoren anlocken. Gleiches gilt für den Bereich der Umweltpolitik.

Auf dem Gebiet der GASP könnte sich für die Mitglieder der verstärkten Zusammenarbeit schnell die Frage der Lastenteilung stellen, wenn sie Aktionen unternehmen, um nicht zuletzt die „Werte der gesamten Union zu wahren und ihren Interessen zu dienen", Artikel 27a EUV-N, und gleichzeitig allein die Ausgaben tragen gemäß Artikel 44a EUV-N bzw. weitere Nachteile im diplomatischen Verkehr erleiden müssen. Gleichzeitig können jedoch – im Unterschied zur Regelung in der EURO-Gruppe – die Nichtteilnehmer von den Beratungen nicht ausgeschlossen werden, Artikel 44 EUV-N.

Bei diesen praktischen Auswirkungen der verstärkten Zusammenarbeit ist von ihrer immer wieder verlangten Einführung in die zweite Säule des Vertrages keine wesentliche Steigerung bei der internationalen Handlungsfähigkeit der Union zu erwarten.[383]

Zu den wirtschaftlichen Folgen kommt zumindest im Bereich der Steuer- und Sozialpolitik die Frage auf, ob die Aufstellung gemeinsamer Standards nicht nur mit allen Mitgliedstaaten Sinn macht. Hier lässt sich allerdings feststellen, dass das Voranschreiten einiger Staaten besser ist als ein Stillstand, da dadurch sowohl gemeinsame Regelungen und Normen entstehen, die später von anderen übernommen werden müssen als auch ein erheblicher politischer Druck auf die „outs" ausgeübt wird.[384]

Trotz dieser Vorbehalte ist der Mechanismus der verstärkten Zusammenarbeit ein von den Mitgliedstaaten gewolltes Instrument. Sie haben es in den Vertrag von Amsterdam eingebracht und im Vertrag von Nizza überarbeitet und dabei seine Anwendung erleichtert.

II. Der Mechanismus der verstärkten Zusammenarbeit im Vertrag von Amsterdam und im Vertrag von Nizza

1. Vertrag von Amsterdam

Der Vertrag von Amsterdam geht in Artikel 43 Absatz 1 EUV davon aus, dass sich die verstärkte Zusammenarbeit grundsätzlich dazu eignet, die Ziele der Union zu fördern. Sie ist nämlich nur zulässig, wenn sie „darauf ausgerichtet ist,

---

383 Wolfgang Wessels, Die Vertragsreform von Nizza – Zur zukünftigen Handlungsfähigkeit einer 27er Union; Vortrag an der Universität Köln, Januar 2001, S. 9.

384 Giering/Janning, a.a.O., S. 146.

die Ziele der Union zu fördern und ihre Interessen zu schützen und ihnen zu dienen". Damit ist klargestellt, dass verstärkte Zusammenarbeit „nur als Mittel zum schnelleren Voranschreiten, nicht als Instrument zum Rückschritt erlaubt"[385] ist.

Hinter dieser Voraussetzung steht auch die Überlegung, dass die Europäische Integration auch durch verstärkte Zusammenarbeit betrieben werden kann nach dem Motto: „Wenn mindestens eine Mehrheit das ‚Fahrrad der Integration' fährt, kann dieses vor Stillstand bewahrt werden".[386]

Die Gefahr eines Verlustes des Zusammenhalts ist von den Mitgliedstaaten gesehen worden und so haben sie ein diffizieles Verfahren eingeführt, das dies verhindern soll.

Die Auslösung der verstärkten Zusammenarbeit kann sowohl im ersten wie auch im dritten Pfeiler vom Rat mit qualifizierter Mehrheit beschlossen werden. Voraussetzung dafür ist im ersten Pfeiler ein Vorschlag der Kommission und eine Stellungnahme des Europäischen Parlaments, Artikel 11 Absatz 2 S. 4 EGV. Im dritten Pfeiler genügt die Anhörung der Kommission und die Information des Europäischen Parlaments, Artikel 40 Absatz 2 S. 1 EUV. Die Abstimmung mit qualifizierter Mehrheit, Artikel 43 Absatz 1 lit. d) EUV, kann jedoch von einem Mitgliedstaat verhindert werden, wenn er einen wichtigen Grund nationaler Politik für seinen Einspruch darlegt, Artikel 11 Absatz 2 S. 2 EGV und Artikel 40 Absatz 2 S. 2 EUV. Allerdings kann dann der Rat mit qualifizierter Mehrheit den Europäischen Rat befassen, der einstimmig entscheidet gemäß Artikel 11 Absatz 2 S. 3 EGV und Artikel 40 Absatz 2 S. 3 EUV. Die verstärkte Zusammenarbeit steht allen Mitgliedstaaten offen, Artikel 43 Absatz 1 lit. g) EUV. Sie ist nur als „letztes Mittel" nach Artikel 43 Absatz 1 lit. c) EUV erlaubt.

Der Amsterdamer Vertrag trägt demnach den Befürchtungen gegenüber eines Europas der mehreren Geschwindigkeiten insofern Rechnung, als den relativ strengen Kriterien und der Schwerfälligkeit des Auslösemechanismus für die Begründung einer verstärkten Zusammenarbeit, das Gebot der Offenheit verstärkter Zusammenarbeit und der vergleichsweise einfachere Beitrittsmechanismus gegenüberstehen. Jeder Mitgliedstaat hat nämlich das Recht, sich verstärkter Zusammenarbeit jederzeit anzuschließen, sofern er dem Grundsatzbeschluss und den in diesem Rahmen bereits gefassten Beschlüssen nachkommt[387].

---

[385] Vgl. Ehlermann, a.a.O., S. 372.

[386] Thun-Hohenstein, Die Möglichkeit einer „verstärkten Zusammenarbeit" zwischen EU-Mitgliedstaaten – Chancen und Gefahr der „Flexibilität", a.a.O., S. 129 ff..

[387] Artikel 43 Absatz 1 lit. g) EUV.

Der Mechanismus ist nie zur Anwendung gekommen.

2. Vertrag von Nizza

In der Regierungskonferenz zum Vertrag von Nizza einigten sich die Vertreter der Mitgliedstaaten darauf, die Anwendbarkeit der verstärkten Zusammenarbeit zu erleichtern. So ist die Möglichkeit eines Vetos in der ersten und dritten Säule gestrichen worden. Außerdem genügen nun acht Mitgliedstaaten, um eine verstärkte Zusammenarbeit auszulösen, Artikel 43 lit. g) EUV-N. Noch ist dies die Mehrheit der Staaten, aber schon nach der ersten Erweiterungsrunde ist keine Mehrheit mehr erforderlich. Weiterhin soll das Instrument nun auch in der zweiten Säule angewandt werden können, Artikel 27a – 27e EUV-N, allerdings begrenzt auf den Bereich der gemeinsamen Strategien und Aktionen, Artikel 27b EUV-N.

Mit diesen Änderungen werden die Beschränkungen im Mechanismus der verstärkten Zusammenarbeit erheblich abgemildert. Nach *Giering* kann „die verstärkte Zusammenarbeit so zur Lösung bereichsspezifischer Blockaden im politischen ‚Alltag' einer EU mit 28 und mehr Mitgliedstaaten herangezogen werden".[388]

3. Praktische Auswirkungen

Wessels ist nicht überzeugt von den Verbesserungen im Vertrag von Nizza. Auch wenn nun eine Entscheidung über die Auslösung einer verstärkten Zusammenarbeit mit einer qualifizierten Mehrheit ohne Veto im EG-Vertrag (Artikel 11 Absatz 2 EGV-N) und im Bereich der polizeilichen und justiziellen Zusammenarbeit in Strafsachen (Artikel 40 a Absatz 2 EUV-N) getroffen werden könne, sei eine Sperrminorität schnell erreicht oder auch häufig zu erwarten, da ja der ursprüngliche Vorschlag zuvor im Rat keine ausreichende Mehrheit gefunden habe. In der GASP-Säule (Artikel 27 b Absatz 2 EUV-N) wirke das modifizierte Verfahren des Luxemburger Vetos weiterhin als Bremse.[389]

Ebenso *Janning*, der nach wie vor wichtige Hürden in der Anwendung der verstärkten Zusammenarbeit bestehen sieht: „Die verstärkte Zusammenarbeit darf sich nicht auf neue Politikfelder beziehen, muss den gemeinsamen Besitzstand wahren und die Verteidigungspolitik im Bereich der Außen- und Sicherheitspo-

---

[388] Giering, Institutionelle Reform von Nizza, a.a.O., S. 130.

[389] Wessels, Die Vertragsreform von Nizza – Zur zukünftigen Handlungsfähigkeit einer 27er Union,a.a.O., S. 9.

litik kann nicht Teil verstärkter Zusammenarbeit werden. Als letztes Mittel gedacht, sind ihre Verfahren und Auflagen so konstruiert, dass eine Dynamisierung der Integrationsentwicklung über den Weg der verstärkten Zusammenarbeit kaum anzunehmen ist“.[390]

Wie dargestellt, geht die Kritik in der Literatur dahin, dass die Anwendung der verstärkten Zusammenarbeit immer noch zu rigide geregelt ist. Daraus lässt sich schließen, dass die gesetzlichen Voraussetzungen eindeutig den Sorgen und Bedenken einer möglichen Desintegration Rechnung tragen.

III. Diskussion um eine Avantgarde

1. Einführung

Inzwischen wird von einigen hochrangigen europäischen Politikern eine „Avantgarde“ oder ein „Gravitationszentrum“ ins Gespräch gebracht, wofür die verstärkte Zusammenarbeit eine „Brücke“ bilden soll.

Damit wird auf eine Finalität der Europäischen Union abgezielt, die für die einen eine „Föderation der Nationalstaaten“ (z.B. für Jaques Delors und Joschka Fischer) und für die anderen ein Staatenbund ist (z.B. Tony Blair).

Ausgehend von der Überlegung, dass es unmöglich sei, dass die Union mit 30 Mitgliedern die gleichen Ziele verfolgen kann und die gleiche zur Integration notwendige Dynamik beibehalten kann, ergebe sich die Notwendigkeit, zumindest für einen gewissen Zeitraum eine Avantgarde zu schaffen, eine Ländergruppe, die Fortschritte erreichen will und sich wirksam organisieren kann.[391]

Das in Betracht gezogene System ist offen und vorläufig, wobei das Ziel darin besteht, es zu vermeiden, dass Europa blockiert ist, bis alle die gleichen Ziele verfolgen. Es ist umstritten, ob die Avantgarde ferner über eine geringe Anzahl an eigenen Organen verfügen müsste, um unter anderem das Gleichgewicht zwischen Parlament, Rat und Kommission entsprechend der „Gemeinschaftsmethode“ aufrecht zu erhalten, ohne die Methode der Regierungsgespräche anzunehmen.

Wenn man von einer Gruppe von Pionieren oder einer Avantgarde spricht, dann erkennt man damit an, dass man die Vertiefung der europäischen Konstruktion

---

[390] Janning, Zweiter Anlauf - Die „verstärkte Zusammenarbeit“ im Vertrag von Nizza; in: Nizza in der Analyse, S. 146; Hänsch, a.a.O., S. 97.
[391] Le Monde, 19. Februar 2000, „L'européen Delors critique l'Europe“.

und die Erweiterung der Union versöhnen kann, wenn man es einigen Ländern erlaubt, weiter zu gehen und dennoch anderen gegenüber offen zu bleiben, indem man in der Europäischen Union einen Nationalstaatenbund schafft.[392]

Diese Avantgarde solle einen eigenen Ministerrat und ein eigenes Parlament haben. Das Verbindungsglied zwischen Avantgarde und Gesamtunion solle die Kommission sein. Eine solche Konstruktion sei besser als ein Europa der verschiedenen Geschwindigkeiten, bei dem verschiedene Staatengruppen in verschiedenen Bereichen enger miteinander kooperieren.[393]

2. Die Brücke zur Avantgarde

a) Joschka Fischer

Die verstärkte Zusammenarbeit integrationswilliger Mitgliedstaaten soll die Brücke zu den Zukunftsentwürfen eines von einer „Avantgarde" vorangetriebenen Europas bilden. Ein Gravitationszentrum integrationswilliger Staaten, so die Idee, soll die vor allem mit der Osterweiterung der Europäischen Union verbundenen Zentrifugalkräfte bändigen und die Spannung zwischen Vertiefung und Erweiterung auflösen.

Diese Überlegungen wurden von Joschka Fischer in seiner Grundsatzrede an der Humboldt-Universität im Mai 2000 vorgebracht. Der deutsche Außenminister hat darin den Kern der deutschen Erwartungen an die Differenzierung der Integration durch Nutzung der verstärkten Zusammenarbeit vorgetragen[394].
Fischer forderte den Übergang vom Staatenbund zu einer europäischen Föderation mit eigener Regierung, einem Zwei-Kammer Parlament und einer Verfassung. Den Weg dorthin solle die verstärkte Zusammenarbeit ebnen.

Die Entwicklung dahin stellt sich der Außenminister als langfristigen Prozess in zwei oder drei Stufen vor: Als erstes sollte die verstärkte Zusammenarbeit zwischen denjenigen Staaten, die enger als andere miteinander kooperieren wollten, erleichtert werden.

Danach sollte eine erweiterungsoffene Staatengruppe, ein so genanntes Gravitationszentrum, einen neuen europäischen Grundvertrag schließen mit dem sie

---

392 Le Monde, 19. Februar 2000, „L'européen Delors critique l'Europe".
393 Handelsblatt, 22.01.2001, „Schröder regt breite Diskussion über die Zukunft Europas an".
394 „Vom Staatenbund zur Föderation – Gedanken über die Finalität der europäischen Integration", Rede des deutschen Außenministers Joschka Fischer am 12. Mai 2000 an der Humboldt-Universität in Berlin.

sich eigene Institutionen gebe und der der „Nukleus einer Verfassung der Föderation“ sein sollte. Dieses Gravitationszentrum müsste die Avantgarde bilden, aus dem dann eine vollparlamentarisierte „Europäische Föderation“ hervorgehen könnte.

Die Avantgarde müsste für alle Mitgliedstaaten und Beitrittskandidaten offen stehen und nicht etwa einen abgeschlossenen Kern bilden.

b) Jaques Chirac

Kurze Zeit danach stellte der französische Staatspräsident Jaques Chirac seine Vision einer Europäischen Union im deutschen Bundestag vor[395]:

Gemeinsam mit Deutschland und Frankreich könnte sich eine „Pioniergruppe“ bilden. Diese Gruppe hätte die Aufgabe eines Wegbereiters, indem sie auf das bei der Regierungskonferenz festgelegte neue Verfahren zur verstärkten Zusammenarbeit zurückgreift. So könnte sich ganz natürlich eine „Avantgarde-Gruppe“ einiger Mitgliedstaaten herausbilden.

Zur Koordinierung dieser Gruppe schlug er ein „Sekretariat“ vor, das für Kohärenz zu sorgen hätte. Dieses Sekretariat könne nur eine mit geringstem Personal- und Finanzaufwand verbundene "Übergangslösung" sein.

c) Jaques Delors

Den Anstoß zu diesen Überlegungen hatte Anfang des Jahres 2000 Jaques Delors gegeben, der eine Avantgarde der sechs Gründungsmitglieder vorschlug, die durch „Institutionen innerhalb von Institutionen“ eine „Föderation der Nationalstaaten“ aufbauen sollten. Dies sollte auch einer EU-27 den Spielraum für eine Vertiefung der Einigung sichern.

Nach Delors wird die Avantgarde die EWU (die Wirtschaftsunion und nicht nur die Währungsunion) vorantreiben und über die Koordinierung der Wirtschaftspolitik hinausgehen. Es wird ihr gelingen, den Bereich der sozialen Garantien zu erweitern. Sie wird eine militärische Projektionskraft haben, einen gemeinsamen Justiz und Sicherheitsraum schaffen, zu einer gemeinsamen Einwanderungskonzeption gelangen und gemeinsame Aktionen in der Außenpolitik führen.[396]

395 Rede des französischen Staatspräsidenten Jaques Chirac vor dem Deutschen Bundestag in Berlin am 27. Mai 2000.

396 Le Monde, 19. Februar 2000, „L’européen Delors critique l’Europe“.

d) Valéry Giscard d'Estaing/Helmut Schmidt

Valéry Giscard d'Estaing und Helmut Schmidt stimmten mit Jaques Delors im wesentlichen überein, dass eine „echte Integration mit dreißig Mitgliedern nicht möglich sei". Der Versuch, zu viele Länder zu integrieren, könne nur zu einem vollständigen Scheitern der Gemeinschaft führen. Die Integration müsse daher von den Ländern vollzogen werden, die den politischen Willen dazu hätten. Sie zählten dazu besonders die Gründerväter der Union. Die neue Gruppierung brauche eigene Institutionen, allerdings keine zusätzliche Kommission. Sie wäre ein ähnlich eigenständiges Gebilde wie die Vereinigten Staaten von Amerika und damit eine feste Kerngruppe.[397]

3. „Europa wachrütteln"!

Der ehemalige Präsident der Europäischen Kommission Jaques Delors, der ehemalige belgische Premierminister Jean-Luc Dehaene, der ehemalige Präsident der Europäischen Kommission Jaques Santer und das ehemalige Mitglied der EU-Kommission Etienne Davignon haben am 15. Oktober 2001 dem Präsidenten des Europäischen Rates Guy Verhofstadt einen Aufruf unter dem Titel „Europa wachrütteln" übergeben, der auch von den ehemaligen Regierungschefs Helmut Schmidt, Helmut Kohl, Giuliano Amato, Felipe Gonzales, Mario Soares, Maria Lourdes Pintassiglo, dem ehemaligen Kommissionspräsidenten Roy Jenkins und den ehemaligen Kommissaren Peter Sutherland und Karel van Miert unterzeichnet wurde.[398]

In diesem Aufruf wird an die Verantwortlichen Europas appelliert, ein konkretes politisches Projekt zu definieren, mit dem dem europäischen Aufbauwerk eine neue Richtung und ehrgeizige Ziele gegeben werden können.

Europa habe viel erreicht aber die gemeinsamen Projekte lägen lange zurück. Es fehle der Union an Schwung und Identität, weil sie kein anderes politisches Projekt mehr besitze als die große Erweiterung.

Die Gruppe plädiert für Übergangslösungen für diejenigen, die die Initiative ergreifen, „schneller und weiter vorangehen zu wollen", wie Spaak gesagt habe. Der Aufbau Europas sei ein langer Übergang zu mehr Europa.

---

[397] Le Figaro, 10. April 2000, Giscard d'Estaing/Helmut Schmidt, „La leçon d'Europe".
[398] Europa wachrütteln!; in: Agence Europe vom 17. Oktober 2001, Dokumente Nr. 2253.

Die jüngsten Erklärungen der europäischen Entscheidungsträger bekräftigen diese Perspektive. Sie müssen zu einer Einigung über die Finalität unseres gemeinsamen Vorhabens führen.

Die Idee der „Föderation der Nationalstaaten", die direkt vom Projekt der Gründungsväter inspiriert ist, könne dabei einen zukunftsträchtigen Konsens darstellen.

4. Fazit

Dies alles ist jedoch noch Zukunftsmusik. Die allseits genannte „Finalität" der Europäischen Union ist noch nicht in Sicht – genausowenig wie eine Föderation der Nationalstaaten oder ein Bundesstaat.

Auch eine Avantgarde wird sich so schnell nicht herausbilden. Die genannten Visionen bieten jedoch interessante Anknüpfungspunkte, um die mögliche Gefahr eines Europas der mehreren Geschwindigkeiten als Folge einer verstärkten Zusammenarbeit zu bannen.

Auf absehbare Zeit wird sich allerdings erst einmal die verstärkte Zusammenarbeit bewähren müssen, wenn ein Vorangehen mit der Gemeinschaftsmethode nicht möglich ist.

IV. Stärkung der Integration oder hin zu einem Europa von mehreren Geschwindigkeiten?

Wie dargestellt, hat es intensive Diskussionen über das Instrument der verstärkten Zusammenarbeit bei der Regierungskonferenz zum Vertrag von Nizza gegeben. Niemand will die Abschaffung der Gemeinschaftsmethode genauso wie niemand die Integration zum Stillstand kommen lassen will. Die genannten Veränderungen der verstärkten Zusammenarbeit im Vertrag von Nizza tragen diesen beiden Überlegungen Rechnung.

Die anstehende Osterweiterung wird nur dann dauerhaft auf positive Resonanz bei der Bevölkerung der „alten" Mitgliedstaaten stoßen, wenn eine weitergehende Integration dadurch nicht gebremst wird. Genauso wird die Bevölkerung der „neuen" Mitgliedstaaten die Anstrengungen, die sie zum Beitritt unternehmen muss, nur dann als lohnenswert empfinden, wenn sie sieht, dass weiter vorangegangen wird, ohne dass sie überfordert wird.

Die meisten Reformen der Union, von der Zollunion bis zur gemeinsamen Währung, sind durch die „Gemeinschaftsmethode“ erreicht worden, begründet auf dem Initiativrecht der Kommission als unabhängigem Organ und auf der Abstimmung mit qualifizierter Mehrheit im Rat.

Übergangsweise muss aber die Möglichkeit genutzt werden, verstärkte Kooperationen zu bilden, falls es Situationen rechtlich oder faktisch verlangen. Dabei darf die Gemeinschaftsmethode nicht vergessen werden. Sie stellt sicher, dass die Europäische Union ihre Vertiefung auf jeden Fall fortsetzen kann.

Damit die Osterweiterung das Integrations-Fahrrad nicht zum Umfallen bringt, braucht man zumindest für eine Übergangszeit das Instrument der verstärkten Zusammenarbeit. Sie verhindert einen Stillstand - denn auch, wenn nur einige Mitgliedstaaten das Fahrrad der Integration fahren, fällt es nicht um.

Auch wenn die Anwendung der verstärkten Zusammenarbeit erforderlich sein wird, darf die Gefahr eines Europas der mehreren Geschwindigkeiten nicht verdrängt werden. Sie darf aber auch nicht zur Blockade und auf Dauer zu einem Ausscheren der integrationswilligen Mitgliedstaaten aus der Europäischen Union führen.

Solange wie Gruppierungen den Mechanismus der verstärkten Zusammenarbeit nur für einen begrenzten Zeitraum in Anspruch nehmen dürfen und jederzeit für andere offen sind, ist die Gefahr der „Sprengung der inneren Einheit“ der Union minimal.

Man mag die verstärkte Zusammenarbeit als (notwendiges) Übel ansehen, das für eine Übergangszeit akzeptiert werden muss bis die derzeitigen und die künftigen Mitgliedstaaten der Europäischen Union den gleichen politischen Willen und die gleichen politischen Möglichkeiten haben, aber es gibt keine Alternative.

Kapitel 7

Die verstärkte Zusammenarbeit in der Europäischen Verfassung

I. Einführung

Beim Abschluss der Regierungskonferenz von Nizza entschlossen sich die Staats- und Regierungschefs, den Weg für eine breiter angelegte Debatte über die Zukunft der Europäischen Union zu eröffnen.

Der Europäische Rat von Laeken berief im Dezember 2001 einen Konvent zur Zukunft Europas ein. Dieser sollte eine „bessere[n] Verteilung und Abgrenzung der Zuständigkeiten in der Europäischen Union“ erarbeiten.[399]

Im Februar 2002 nahm der Europäische Konvent unter der Leitung des ehemaligen französischen Staatspräsidenten Valérie Giscard d'Estaing seine Arbeit auf. Dem Konvent gehörten 102 Mitglieder nationaler Parlamente und des Europäischen Parlaments an. Dieser Konvent erarbeitete einen Entwurf eines Vertrages über eine Verfassung für Europa, in der auch zwei Kapitel der verstärkten Zusammenarbeit gewidmet sind.

Der Konvent übergab den Entwurf eines Vertrages über eine Verfassung für Europa am 18. Juli 2003 dem Präsidenten des Europäischen Rates, Silvio Berlusconi.[400] Auf dem Gipfel in Brüssel im Dezember 2003 scheiterte die politische Einigung über das Gesamtpaket des Verfassungsvertrages jedoch an inhaltlichen Differenzen in der Frage der zukünftigen Gewichtung der einzelnen Mitgliedstaaten bei der Beschlussfassung mit qualifizierter Mehrheit. Daraufhin erklärte der italienische Vorsitz die Verhandlungen für unterbrochen.

Inzwischen bestehen Aussichten, dass in absehbarer Zeit eine Einigung über die Europäischen Verfassung erzielt werden wird.

---

[399] Europäischer Rat von Laeken, 14./15.12.2001, Schlussfolgerungen des Vorsitzes (Anlage I), in: Bulletin der EU, 12/2001, Ziff. I.27 (s. 21-26).

[400] Bericht des Vorsitzes des Konvents an den Präsidenten des Europäischen Rates, CONV 851/03 vom 18. Juli 2003.

II. Verstärkte Zusammenarbeit

1. Einleitung

Der Entwurf für eine Verfassung (E-VvE) gliedert sich in vier Teile. Teil I beinhaltet die Struktur der Verfassung. Er enthält ein kurzes Kapitel über die verstärkte Zusammenarbeit. Teil II enthält die Charta der Grundrechte. Teil III ist den Politikbereichen und der Arbeitsweise der Union gewidmet. Hier befindet sich ein ausführliches Kapitel III über die verstärkte Zusammenarbeit. Teil IV als letzter Teil enthält Allgemeine und Schlussbestimmungen.[401]

Die in den Verfassungsentwurf eingefügten Regelungen für eine verstärkte Zusammenarbeit von Mitgliedstaaten enthalten keine grundlegenden Änderungen der Bestimmungen des Vertrages von Nizza.

Der Entwurf strebt eine Vereinfachung des Primärrechts an. Die komplexe Säulenstruktur der bestehenden Europäischen Union soll aufgelöst werden. Dies schlägt sich auch auf die Plazierung der Vorschriften für eine verstärkte Zusammenarbeit und ihre Formulierung nieder. Neben den allgemeinen Grundsätzen gibt es nur noch ein Kapitel, das die weiteren Bedingungen für eine verstärkte Zusammenarbeit in allen Bereichen der Europäischen Union enthält.

2. Teil I

In Teil I, Titel V – Ausübung der Zuständigkeiten der Union -, Kapitel III beschreibt Artikel 43 die Grundsätze der verstärkten Zusammenarbeit. Dieser Artikel enthält einige Auszüge der Artikel 43, 44 und 44 a des Vertrages von Nizza (VvN). Außerdem regelt er detailliert das Abstimmungsverfahren im Ministerrat.

Neu ist, dass mindestens ein Drittel der Mitgliedstaaten sich an einer verstärkten Zusammenarbeit beteiligen müssen. Es wird hier also keine feste Anzahl, wie im Vertrag von Nizza mit acht Mitgliedstaaten, mehr vorgegeben. Selbst bei einer EU-27 sind ein Drittel der Mitgliedstaaten jedoch nur neun Staaten, so dass diese Regelung effektiv nur eine Erhöhung um einen Mitgliedstaat bedeuten würde.

Die zur verstärkten Zusammenarbeit bereiten Mitgliedstaaten können auch weiterhin die Organe der Union in Anspruch nehmen und „Zuständigkeiten unter Anwendung der einschlägigen Verfassungsbestimmungen ausüben“, Artikel 43 E-VvE. Die verstärkte Zusammenarbeit muss auch in Zukunft darauf ausge-

[401] ABl. EG Nr. C 169 vom 18. Juli 2003, S. 1 ff.

richtet sein, die Verwirklichung der Ziele der Union zu fördern, ihre Interessen zu schützen und ihren Integrationsprozess zu stärken. Sie steht allen Mitgliedstaaten offen.

Die Regelung, dass die verstärkte Zusammenarbeit nur als letztes Mittel angewandt werden darf, ist ebenfalls beibehalten worden, Artikel 43 E-VvE.

Neu ist, dass bei einer Einleitung der verstärkten Zusammenarbeit im Bereich der GASP der Außenminister der Union mitwirken muss. Dieser Außenminister stellt eine wichtige institutionelle Neuerung dar. Das Amt resultiert aus der Verschmelzung des Amtes des Hohen Vertreters für die GASP (Art. 26 EUV) und des Amtes des für Außenbeziehungen zuständigen Kommissionsmitglieds. Die Zusammenlegung dieser Ämter soll eine kohärentere Außenpolitik und eine einheitlichere Vertretung der Union auf internationaler Ebene ermöglichen.

3. Teil III

In Teil III - Die Politikbereiche und die Arbeitsweise der Union - befindet sich unter Titel VI - Arbeitsweise der Union - das Kapitel III zur verstärkten Zusammenarbeit. Dabei enthalten die Artikel III-322, III-323 und III-324 weitere allgemeine Voraussetzungen für eine verstärkte Zusammenarbeit, die den Regelungen im Vertrag von Nizza gleichen.

Artikel III-325 enthält in seinem Absatz I die Verfahrensbestimmungen zur Einleitung einer verstärkten Zusammenarbeit in allen Bereichen außer der GASP.

Absatz II regelt das Verfahren für den Bereich der GASP. Nunmehr soll die verstärkte Zusammenarbeit in allen Bereichen der Gemeinsamen Außen- und Sicherheitspolitik einschließlich der Sicherheits- und Verteidigungspolitik möglich sein. Für die Einleitung genügen auch hier ein Drittel der Mitgliedstaaten. Es ist keine Vetomöglichkeit eines einzelnen Staates mehr vorgesehen.

Artikel III-326 regelt den späteren Beitritt zu einer bestehenden verstärkten Zusammenarbeit. Im Bereich der GASP entscheidet darüber der Ministerrat. In den anderen Bereichen der Union entscheidet die Kommission über die Beteiligungsvoraussetzungen. Lehnt sie einen Beitritt jedoch ab, so kann der betroffene Mitgliedstaat den Ministerrat mit dieser Frage befassen.

Die Artikel III-327 bis III-329 regeln die Kostentragung, das Abstimmungsverfahren und die Pflicht des Ministerrates und der Kommission, die Kohärenz der verstärkten Zusammenarbeit mit der Politik der Union zu überwachen.

III. Fazit

Zunächst muss abgewartet werden, ob und in welcher Form die Staats- und Regierungschefs eine politische Einigung über den Entwurf für eine Europäische Verfassung erzielen können.

Die Regelungen zur verstärkten Zusammenarbeit in diesem Verfassungsentwurf enthalten jedoch keine substantiellen Änderungen gegenüber dem Vertrag von Nizza. Die vorhandenen Neurungen ergeben sich vor allen Dingen aus der neuen institutionellen Struktur der Union sowie dem neuen Amt des Außenministers.

Eine Erleichterung für die Anwendung könnte sich bei der GASP daraus ergeben, dass nur ein Drittel der Mitgliedsstaaten zu einer verstärkten Zusammenarbeit notwendig sind und dass es keine Vetomöglichkeit mehr gibt.

Insgesamt entsteht jedoch der Eindruck, dass eine verstärkte Zusammenarbeit auch für die Teilnehmer des Konvents nur die zweitbeste Möglichkeit ist und ein Voranschreiten über die Gemeinschaftsmethode erfolgen soll.

Entscheidend wird die Entwicklung in der gemeinsamen Zusammenarbeit der nun 25 Mitgliedstaaten der EU sein. Sie wird zeigen, ob eine verstärkte Zusammenarbeit von einigen Mitgliedstaaten als erforderlich angesehen wird, um die Integration voranzutreiben, oder ob die Gemeinschaftsmethode weiterhin ausreichen wird.

Die Voraussetzungen für eine verstärkte Zusammenarbeit bestehen seit dem Vertrag von Amsterdam. Sie sind im Vertrag von Nizza in ihrer Anwendung erleichtert worden und auch der Verfassungsentwurf dürfte weitere Erleichterungen bringen. Fraglich bleibt jedoch der politische Wille der Mitgliedstaaten zu einer verstärkten Zusammenarbeit. Sehen die Mitgliedstaaten die verstärkte Zusammenarbeit als Einstieg in den Ausstieg aus der Gemeinschaftsmethode oder als ein Instrument unter mehreren, um die Union weiter voranzubringen? Dies wird sich in der Zukunft zeigen.

Abkürzungsverzeichnis

a.A.	andere Ansicht
a.a.O.	am angegebenen Ort
ABl.	Amtsblatt der Europäischen Gemeinschaft
Benelux	Belgien, Niederlande und Luxemburg
Bd., Bde.	Band, Bände
BGBl.	Bundesgesetzblatt
BullEG	Bulletin der Europäischen Gemeinschaft
BullEU	Bulletin der Europäischen Union
CMLR	Common Market Law Review
EAG	Europäische Atom Gemeinschaft
EEA	Einheitliche Europäische Akte
EFTA	European Free Trade Association
EG	Europäische Gemeinschaft
EGKS	Europäische Gemeinschaft für Kohle und Stahl
EGV	Vertrag über die Europäische Gemeinschaft
EGV-A	Vertrag über die Europäische Gemeinschaft in der Fassung von Amsterdam
EGV-N	Vertrag über die Europäische Gemeinschaft in der Fassung von Nizza
endg.	endgültig
EP	Europäisches Parlament

EU	Europäische Union
EuGH	Gerichtshof der Europäischen Gemeinschaften
EUV	Vertrag über die Europäische Union
EUV-A	Vertrag über die Europäische Union in der Fassung von Amsterdam
EUV-N	Vertrag über die Europäische Union in der Fassung von Nizza
EVP	Europäische Volkspartei
E-VvE	Entwurf eines Vertrages über eine Verfassung für Europa
EWR	Europäischer Wirtschaftsraum
FTD	Financial Times Deutschland
GASP	Gemeinsame Außen- und Sicherheitspolitik
h.M.	herrschende Meinung
Hrsg.	Herausgeber
hrsg.	herausgegeben
i.d.F.	in der Fassung
IGC	Intergouvernmental Conference
lit.	litera
MdEP	Mitglied des Europäischen Parlaments
MOE-Staaten	Mittel- und Osteuropäische Staaten
NZZ	Neue Züricher Zeitung
PE Dok.	Parlement Européen, Dokument
Rdnr.	Randnummer

Slg.	Sammlung
SZ	Süddeutsche Zeitung
UAbs.	Unterabsatz
vgl.	vergleiche
WEU	Westeuropäische Union
WWU	Wirtschafts- und Währungsunion
Ziff.	Ziffer

Literaturverzeichnis

Aufsätze Fachliteratur

de Areilza, José M., Enhanced Cooperation in the Treaty of Amsterdam some critical remarks, Harvard Jean Monnet Working Paper 13/98, Cambridge, 1998

Baldwin, Richard E./Berglöf, Erik/Giavazzi, Francesco/Widgrén, Mika, Nice Try: Should the Treaty of Nice be Ratified?, Monitoring European Integration 11, Centre for Economic Policy Research, London 2001

Becker Ulrich, Differenzierung der Rechtseinheit durch "abgestufte Integration", Europarecht 1998, Beiheft 1, S. 29

de Charette, Hervé, „Noyau Dur ou Avant-garde Européenne? Que Doit-On Faire Ensemble. Que Peut On Faire à Quelques-Uns?" (Rede des französischen Außenministers vor der Europäischen Bewegung), Paris 1996

Constantinesco, Vlad, Les clauses de "coopération renforceé" – Le protocole sur l'application des principes de subsidiarité et de proportionalité, R.T.D.E. 33 (1997), S. 751

Calliess, Christian/Ruffert, Matthias, Kommentar des Vertrages über die Europäische Union und des Vertrages zur Gründung der Europäischen Gemeinschaft - EUV/EGV -, Neuwied 1999

Dahrendorf, Ralf, A third Europe? Third Jean Monnet Lecture, Florence 26. November 1979

Deubner, Christian, Flexibilität als Reformkonzept für die Europäische Union, in: Stiftung für Wissenschaft und Politik – IP 2973, Ebenhausen, September 1996, Neuauflage Dezember 1996

Deubner, Christian, Die verstärkte Zusammenarbeit im System der Europäischen Union, in: Stiftung für Wissenschaft und Politik, Ebenhausen 1998

Duff, Andrew, The Treaty of Amsterdam – Text and Commentary, London 1997

Duff, Andrew, Flexibility and Enlargement, in: Den Boer, Monica/Guggenbühl, Alain/Vanhoonacker, Sophie (Hrsg.), Coping with Flexibility and Legitimacy after Amsterdam, Maastricht 1998, S. 45

Edwards, Geoffrey/Philippart, Eric, Flexibility and the Treaty of Amsterdam, CELS Occasional Paper No. 3, Cambridge University Press, Cambridge 1997

Ehlermann, Claus Dieter, Engere Zusammenarbeit nach dem Amsterdamer Vertrag: Ein neues Verfassungsprinzip? in EUROPARECHT, Baden-Baden, Nr. 4 Oktober bis Dezember 1997, S. 362

Forgó, Katrin, Differenzierte Integration, IEF Working Paper Nr. 23, Forschungsinstitut für Europafragen der Wirtschaftsuniversität Wien, Wien 1996

Forgó, Katrin, Zwischen „Europa à la carte“ und Einheit: Modelle differenzierter Integration, in: Breuss, Fritz/Griller, Stefan (Hrsg.), Flexible Integration in Europa – Einheit oder „Europe à la carte“?, Wien 1998, S. 41

Geiger, Rudolf, Vertrag über die Europäische Union und Vertrag zur Gründung der Europäischen Gemeinschaft, 3. Auflage, München 2000

Giering, Claus, Vertiefung durch Differenzierung - Flexibilisierungskonzepte in der aktuellen Reformdebatte, integration, 2/97, S. 72

Giering, Claus, Die institutionelle Reform von Nizza – Anforderungen, Ergebnisse, Konsequezen, in: Werner Weidenfeld (Hrsg.), Nizza in der Analyse, Gütersloh 2001, S. 51

Giering, Claus, Die neue Formel zur verstärkten Zusammenarbeit und die Flexibilität in der erweiterten EU, integration 2/01, S. 12

Giering, Claus/Janning, Josef, Flexibilität als Katalysator der Finalität?, Die Gestaltungskraft der „Verstärkten Zusammenarbeit“ nach Nizza, integration 2/01, S. 146

Gil-Robles, José. M., Die Flexibilität, ein Mechanismus für eine verstärkte Integration, EuZW 12/97, 24. Juni 1997, S. 353.

Grabitz, Eberhard (Hrsg), Abgestufte Integration, Eine Alternative zum herkömmlichen Integrationskonzept?, Schriftenreihe Europa-Forschung, Kehl am Rhein, Straßburg 1984

Grabitz, Eberhard/Hilf, Meinhard, Das Recht der Europäischen Union, Band 1, EUV/EGV (Amsterdamer Vertrag), München 2000

Grabitz, Eberhard/Iliopoulos, Konstantin, Systematik differenzierten Vorgehens in der Europäischen Gemeinschaft (Typologie), Papier für das Projekt “Abgestufte Integration”

Griller, Stefan/Droutsas, Dimitri P./Falkner, Gerda/Forgó, Katrin/Nentwich, Michael, The Treaty of Amsterdam, Facts, Analysis, Prospects, Schriftenreihe des Forschungsinstituts für Europafragen der Wirtschaftsuniversität Wien, Band 15, Wien 1997

Haenel, Hubert, Le Traité de Nice, Les Rapports du Sénat, Paris 2001

Hänsch, Klaus, Maximum des Erreichbaren – Minimum des Notwendigen? Die Ergebnisse von Nizza, integration 2/01, S. 94

Janning, Josef, Europa braucht verschiedene Geschwindigkeiten, Europa Archiv 1994, S. 527

Janning, Josef, Dynamik in der Zwangsjacke – Flexibilität in der Europäischen Union nach Amsterdam, integration 04/97, S. 285

Janning, Josef, Differenzierung als Integrationsprinzip: Die Flexibilität im neuen EU-Vertrag in: Werner Weidenfeld (Hrsg.), Amsterdam in der Analyse: Strategien für Europa, Gütersloh 1998, S. 203

Janning, Josef, Zweiter Anlauf – die „verstärkte Zusammenarbeit" im Vertrag von Nizza, in: Werner Weidenfeld (Hrsg.), Nizza in der Analyse, S. 145

Lenz, Carl Otto, Kommentar zu dem Vertrag zur Gründung der Europäischen Gemeinschaften in der durch den Amsterdamer Vertrag geänderten Fassung, 2. Auflage, Köln 1999

Metcalfe, Les, Flexible integration in and after the Amsterdam Treaty, in: Den Boer, Monica/Guggenbühl, Alain/Vanhoonacker, Sophie (Hrsg.), Coping with Flexibility and Legitimacy after Amsterdam, Maastricht 1998, S. 11

Schneider, Heinrich, Schlußbetrachtung: Zur Diskussion differenzierter Integration, in: Breuss, Fritz/Griller, Stefan (Hrsg.), Flexible Integration in Europa – Einheit oder „Europe à la carte"?, Wien 1998, S. 229

Scharrer, Hans-Eckart, Abgestufte Integration – Eine Alternative zum herkömmlichen Integrationskonzept?, integration 3/81, Beilage zur EUROPÄISCHEN ZEITUNG 7/81, S. 123.

Schwarz, Siegfried, Aufbruch zu einem flexiblen Europa. Das Ringen um neue Konturen der Europäischen Union, in: Deutschland Archiv, Köln, Jahrg. 28, Nr. 9., September 1995, S. 964

Schwarze, Jürgen, EU-Kommentar, 1. Auflage, Baden-Baden 2000

Seeler, Hans-Joachim, Die Legitimation des hoheitlichen Handelns der Europäischen Gemeinschaft/Europäischen Union, EuR 1998, Heft 6, S. 722

Shaw, John, Flexibility and Legitimacy in the Domain of the Treaty establishing the European Community, Common Market Law Review, 1997, S. 95

Stercken, Hans (Hrsg.), „Vive la France – Vive l'Europe!" Aus den Reden Charles de Gaules 1958-1968, München 1969

Stubb, Alexander, A Categorization of Differentiated Integration, Journal of Common Market Studies 1996, S. 283

Stubb, Alexander, The 1996 Intergovernmental Conference and the Management of Flexible Integration, Journal of European Public Policy, January 1997, S. 37

Thun-Hohenstein, Christoph, Der Vertrag von Amsterdam, Die neue Verfassung der Europäischen Union, Wien 1997

Thun-Hohenstein, Christoph, Auswirkungen differenzierter Integration auf die Rolle der EU in der Welt, in: Breuss, Fritz/Griller, Stefan (Hrsg.), Flexible Integration in Europa – Einheit oder „Europe à la carte“?, Wien 1998, S. 211

Thun-Hohenstein, Christoph, Die Möglichkeit einer „verstärkten Zusammenarbeit“ zwischen EU-Mitgliedstaaten – Chancen und Gefahren der „Flexibilität“, in: Hummer (Hrsg.), Die Europäische Union nach dem Vertrag von Amsterdam, Wien 1998, S. 123

Tsatsos, Dimitris, Verstärkte Zusammenarbeit – Flexible Institutionen oder Gefährdung der Integration?, Baden-Baden 1999

Tsatsos, Dimitris, Der Vertrag von Nizza – Ein Fehlschlag, der nur durch einen effizienten und konkretisierten Post-Nizza-Prozeß korrigiert werden kann, PE 294.739

Weidenfeld, Werner/Giering, Claus, Die Europäische Union nach Amsterdam – Bilanz und Perspektive, in: Werner Weidenfeld (Hrsg.), Amsterdam in der Analyse: Strategien für Europa, Gütersloh 1998, S. 19

Wessels, Wolfgang, Der Amsterdamer Vertrag – Durch Stückwerksreform zu einer effizienteren, erweiterten und föderalen Union?, integration 3/97, S. 117

Wessels, Wolfgang, Verstärkte Zusammenarbeit: Eine neue Variante flexibler Integration, in: Jopp, Mathias/Maurer, Andreas/Schmuck, Otto (Hrsg.), Die Europäische Union nach Amsterdam – Analysen und Stellungnahmen zum neuen EU-Vertrag, Bonn 1998, S. 187

Wessels, Wolfgang, Die Vertragreform von Nizza – Zur zukünftigen Handlungsfähigkeit einer 27er Union, Vortrag an der Universität Köln, Januar 2001

Wessels, Wolfgang/Jantz, Birke, Flexibilisierung: Die Europäische Union vor einer Grundsatzdebatte? Grundmodelle unter der Lupe, in: Hrbek, Rudolf (Hrsg.), Die Reform der Europäischen Union: Positionen und Perspektiven anläßlich der Regierungskonferenz, Schriftenreihe des Arbeitskreises Europäische Integration e.V., Baden-Baden 1997, S. 345

Zeitungsartikel

F.A.Z., 10. Januar 2000, “EU-Ratspräsident zwischen Ehrgeiz und Realismus”.

Le Monde, 19. Februar 2000, „L’européen Delors critique l’Europe“.

F.A.Z., 07. April 2000, „Buzek fordert zügige Verhandlungen“.

Le Figaro, 10. April 2000, Giscard d’Estaing/Helmut Schmidt, “La leçon d’Europe”.

FTD, 05. Mai 2000, „Jospin plädiert in Budapest für ein Kern-Europa in der EU“.

SZ, 08. Mai 2000, „Paris und Berlin dringen auf tiefere EU-Reformen".
FTD, 10. Mai 2000, „Keine Begeisterung für Osterweiterung".
F.A.Z., 18. Mai 2000, „Schröder einverstanden mit Fischers Europa-Vorstellungen".
SZ, 22. Mai 2000, „Heftige Kritik an Fischers EU-Visionen".
Berliner Zeitung, 29. Mai 2000, „Eine Avantgarde, die für jeden zugänglich bleibt".
NZZ, 31. Mai 2000, „Französische Initiative für einen Balkan-Gipfel".
Handelsblatt, 08. Juni 2000, „Regierungen wollen EU-Parlament möglichst schwach halten".
SZ, 13. Juni 2000, „Védrine antwortet auf Fischers EU-Vorschläge".
F.A.Z., 14. Juni 2000, „Die EU auf dem Weg aus dem Einstimmigkeitszwang".
SZ, 16. Juni 2000, „Europa-Abgeordnete für schnelle EU-Reform".
F.A.Z., 19. Juni 2000, „Engere Zusammenarbeit der EU-Mitgliedstaaten gefordert".
The Times, 28. Juni 2000, "Chirac and Blair face tough choices on integration".
Libération, 28. Juni 2000, „Jaques Chirac lance l'appel du Reichstag".
Handelsblatt, 28. Juni 2000, „London wehrt sich gegen zweite EU-Liga".
Handelsblatt, 28. Juni 2000, „London wehrt sich gegen zweite EU-Liga".
F.A.Z., 29. Juni 2000, „London ist alarmiert".
F.A.Z., 03. Juli 2000, „Französischer EU-Ratsvorsitz im Zeichen des Machtkampfes zwischen Chirac und Jospin".
FTD, 03. Juli 2000, „Monti warnt Rom vor Chiracs Europa-Plänen".
FTD, 05. Juli 2000, „Chirac verteidigt sich".
Stuttgarter Zeitung, 05. Juli 2000, „Chirac schwächt seine Europarede ab".
FTD, 05. Juli 2000, „Amato für Kerneuropa mit Großbritannien".
F.A.Z., 26. Juli 2000, „Die EU-Staaten diskutieren über einen neuen Vertrag".
F.A.Z., 26. Juli 2000, „Polen ist bis Ende 2002 sprungbereit, aber ob und wohin wir springen werden, wissen wir immer noch nicht".
NZZ, 01. September 2000, „Hierarchiedenken bei der EU-Reform? Ein Gespräch mit der luxemburgischen Außenministerin Polfer".
SZ, 02./03. September 2000, „Europaparlament beklagt Mangel an Demokratie".
F.A.Z., 21. September 2000, „Weil es uns Ernst ist mit der Zukunft Europas – Von Bundeskanzler Gerhard Schröder und Ministerpräsident Giuliano Amato".
F.A.Z., 10. Oktober 2000, „Nur kleinster gemeinsamer Nenner?".
FTD, 27. November 2000, „Verheugen warnt Fischer vor gespaltenem Europa".
Die Welt, 01. Dezember 2000, „Romano Prodi fürchtet Scheitern von Nizza".
Die Welt, 04. Dezember 2000, „Die Chancen sind wirklich nicht sehr groß".
Handelsblatt, 22. Januar 2001, „Schröder regt breite Diskussion über die Zukunft Europas an".

Dokumente zur Regierungskonferenz

Rede der Präsidentin des Europäischen Parlaments Nicole Fontaine zur Eröffnung der Regierungskonferenz am 14. Februar 2000 in Brüssel.

Regierungskonferenz 2000, "Institutionelle Reform für eine erfolgreiche Erweiterung", Stellungnahme der Kommission, Bulletin der Europäischen Union – Beilage 2/2000.

Pressekonferenz von Staatssekretär Seixas da Costa am 07. März 2000.

Pressemitteilung von Elmar Brok, MdEP, vom 09. März 2000.

Entschließung des Europäische Parlaments über die verstärkte Zusammenarbeit im zukünftigen Vertrag von Nizza, ABl. EG Nr. 123 vom 22. März 2000, S. 3.

Protokoll zur Sitzung des Europäischen Parlaments am 12. April 2000, in: Agence Europe Nr. 7697 vom 13. April 2000, EP/Institutionelle Reform.

Resolution des Europäischen Parlaments zur Regierungskonferenz 2000 vom 13. April 2000, ABl. EG Nr. C 40 vom 07. Februar 2001, S. 409.

Protokoll der Sitzung des Ausschusses für Konstitutionelle Angelegenheitendes Europäischen Parlaments am 18. April 2000, in: Agence Europe Nr. 7701 vom 19. April 2000, EP/Institutionelle Reform.

Discours de Valérie Giscard d'Estaing, "Oui à l'adoption d'une Constitution européenne".

Protokoll der Feierstunde zu Ehren des 50. Jahrestages der Schumann-Erklärung am 8. und 9. Mai 2000 im Europäischen Parlament.

Pressekonferenz der Teilnehmer der Regierungskonferenz auf Ministerebene am 22. Mai 2000, in: Agence Europe Nr. 7722 vom 22./23. Mai 2000, EU/IGC.

Pressemitteilung von Andrew Duff, MdEP, vom 22. Mai 2000.

Protokoll der Sitzung des Ausschusses für Konstitutionelle Angelegenheiten vom 24. Mai 2000.

Rede der Präsidentin des Europäischen Parlaments, Frau Nicole Fontaine, vor dem Europäischen Rat am 19. Juni 2000 in Santa Maria da Feira.

Pressemitteilung von Elmar Brok, MdEP, vom 20. Juni 2000.

Protokoll der Sitzung des Ausschusses für Konstitutionelle Angelegenheiten des Europäischen Parlaments am 26. Juni 2000.

Rede von Kommissionspräsident Prodi vor dem Europäischen Parlament am 04. Juli 2000.

Sitzung des Ausschusses für Konstitutionelle Angelegenheiten des Europäischen Parlaments vom 11. Juli 2000; in: Agence Europe Nr. 7759 vom 15. Juli 2000, EP/Institutionelle Reform.

Pressekonferenz von EU-Kommissar Michel Barnier am 14. Juli 2000; in: Agence Europe Nr. 7759 vom 15. Juli 2000, EU/Institutionelle Reform.

Sitzung des Ausschusses für Konstitutionelle Angelegenheiten des Europäischen Parlaments vom 19. September 2000; in: Agence Europe Nr. 7803 vom 21. September 2000, EU/Institutionelle Reform.
Rede von Kommissionspräsident Prodi vor dem Europäischen Parlament am 03. Oktober 2000 (Speech/00/352), Übersetzung der EU-Kommission.
Rede des Europaministers Moscovici vor dem Europäischen Parlament am 03. Oktober 2000, Übersetzung des Europäischen Parlaments.
Rede des britischen Premierministers Tony Blair vor der Warschauer Börse am 06. Oktober 2000.
Pierre Moscovici auf einer Pressekonferenz am 08. Oktober 2000; in: Agence Europe Nr. 7816 vom 9./10. Oktober 2000, EU/Institutionelle Reform.
Schlußfolgerungen des Vorsitzes des Europäischen Rates vom 13. – 14. Okober 2000 in Biarritz.
Pressekonferenz des französischen Staatspräsidenten Jaques Chirac nach dem Gipfel von Biarritz am 14. Oktober 2000; in Agence Europe Nr. 7821 vom 15. Oktober 2000, EU/Institutionelle Reform.
Sitzung des Ausschusses für Konstitutionelle Angelegenheiten des Europäischen Parlaments vom 18. Oktober 2000; in: Agence Europe Nr. 7824 vom 19. Oktober 2000, EP/Institutionelle Reform.
Sitzung des Ausschusses für Konstitutionelle Angelegenheiten des Europäischen Parlaments am 21. November 2000; in: Agence Europe Nr. 7847 vom 23. November 2000, EP/Institutionelle Reform.
Sitzung des Ausschusses für Konstitutionelle Angelegenheiten des Europäischen Parlaments am 22. November 2000; in: Agence Europe Nr.7848 vom 24. November 2000, EP/Institutionelle Reform.
Sitzung des Ausschusses für Konstitutionelle Angelegenheiten des Europäischen Parlaments am 27. November 2000; in: Agence Europe Nr. 7853 vom 27./28. November 2000, EP/Institutionelle Reform.
Mitteilung an die Mitglieder des Europäischen Parlaments über den Sachstand der Tätigkeit der Regierungskonferenz vor der Tagung des Europäischen Rates vom 7. bis 9. Dezember 2000 von denVertretern des Europäischen Parlaments bei der Regierungskonferenz am 29. November 2000.
Rede des französischen Europaministers Pierre Moscovici auf der Sitzung der Konferenz der Präsidenten des Europäischen Parlaments am 05. Dezember 2000; in: Agence Europe Nr. 7856 vom 06. Dezember 2000, EU/Nizza-Gipfel.
Pressekonferenz von Michel Barnier am 07. Dezember 2000; in: Agence Europe Nr. 7858 vom 08. Dezember 2000, EU/Institutionelle Reform.
Rede der Präsidentin des Europäischen Parlaments Nicole Fontaine zur Eröffnung des Europäischen Rates in Nizza am 07. Dezember 2000; off. Übersetzung.

CONFER- Dokumente

CONFER 4750/00, Bericht des Vorsitzes an den Europäischen Rat (Feira) am 14. Juni 2000, Teil I – Kapitel 8.

CONFER 4758/00, 11. Juli 2000, Vermerk des Vorsitzes zur verstärkten Zusammenarbeit.

CONFER 4760/00, 14. Juli 2000, Vorschlag der Spanischen Delegation zur verstärkten Zusammenarbeit in der zweiten Säule.

CONFER 4761/00, 18. Juli 2000, Vermerk des Vorsitzes zur verstärkten Zusammenarbeit.

CONFER 4765/00, 28. August 2000, Schreiben des Beauftragten der Regierung Belgiens, Herrn Frans van Daele, an den Vorsitzenden der Guppe der Beauftragten bei der Regierungskonferenz, Herrn Pierre Vimont, zur verstärkten Zusammenarbeit.

CONFER 4766/00, 30. August 2000, Aufzeichnung des Vorsitzes zur verstärkten Zusammenarbeit.

CONFER 4780/00, 05. Oktober 2000, Aufzeichnung des Vorsitzes für die Klausurtagung auf Ministerebene im Rahmen der Regierungskonferenz zur verstärkten Zusammenarbeit.

CONFER 4783/00, 06. Oktober 2000, Übermittlungsvermerk des Herrn Dr. Gunter Pleuger, Beauftragter Deutschands und Herrn Silvio Fagiolo, Beauftragter Italiens bei der Regierungskonferenz an Herrn Pierre Vimont, Vorsitzender der Gruppe der Vertreter der Regierungen der Mitgliedstaaten bei der Regierungskonferenz.

CONFER 4786/00, 18. Oktober 2000, Aufzeichnung des Vorsitzes zur verstärkten Zusammenarbeit.

CONFER 4787/00, 19. Oktober 2000, Informatorische Aufzeichnung, Memorandum der Benelux-Staaten.

CONFER 4803/00, 17. November 2000, Aufzeichnung des Vorsitzes.

CONFER 4810/00, 23. November 2000, Überarbeitetes Synthesedokument.

CONFER 4815/00, 30. November 2000, Überarbeitetes Synthesedokument.

CONFER 4816/00, 06. Dezember 2000, Entwurf des Vertrages von Nizza.

Weitere Informationsquellen

CDU/CSU-Fraktion des Deutschen Bundestages, 01. September 1994, „Überlegungen zur europäischen Politik"

Agence Europe Nr. 7667 vom 02. März 2000, EP/IGC.

Agence Europe Nr. 7697 vom 13. April 2000, EP/Institutionelle Reform.

Agence Europe Nr. 7707 vom 03. Mai 2000, EU/Institutionelle Reform.

Rede des deutschen Außenministers Joschka Fischer am 12. Mai 2000 an der Humboldt-Universität in Berlin, „Vom Staatenbund zur Föderation – Gedanken über die Finalität der europäischen Integration“.
Agence Europe Nr. 7717 vom 15./16. Mai 2000, EU/Institutionelle Reform.
Agence Europe Nr. 7720 vom 19. Mai 2000, EU/Institutionelle Reform.
INFODIENST der CDU/CSU Nr. 10/19.05.2000, S. 25.
Agence Europe Nr. 7721 vom 20. Mai 2000, EU/Institutionelle Reform.
Agence Europe Nr. 7722 vom 22./23. Mai 2000, EU/IGC.
Agence Europe Nr. 7729 vom 01. Juni 2000, EU/Institutionelle Reform.
Rede des französischen Staatspräsidenten Jaques Chirac vor dem Deutschen Bundestag in Berlin am 27. Juni 2000 (Übersetzung des „Service de Presse“ der „Présidence de la République“).
Pressemitteilung des Vorsitzenden der EVP-Fraktion Hans-Gert Pöttering vom 27. Juni 2000.
Agence Europe Nr. 7765 vom 26. Juli 2000, EU/Institutionelle Reform.
Agence Europe Nr. 7792 vom 06. September 2000, EU/Institutionelle Reform.
Agence Europe Nr. 7833 vom 01. November 2000, EU/Institutionelle Reform.
Agence Europe Nr. 7836 vom 6./7. November 2000, EU/Institutionelle Reform.
Rede des deutschen Bundesaußenministers Joschka Fischer im belgischen Parlament in Brüssel am 14. November 2000.
Rede von Guliano Amato vor dem Europa-Kolleg in Brügge; in: Agence Europe Nr. 7854 vom 02. Dezember 2000.
Pressekonferenz von Hubert Védrine am 03. Dezember 2000; in: Agence Europe Nr. 7855 vom 04./05. Dezember 2000, EU/Institutionelle Reform.
Agence Europe Nr. 7861 vom 11. Dezember 2000, EU/Institutionelle Reform.
Agence Europe Nr. 7912 vom 27. Februar 2001, EU/Vertrag von Nizza.
Agence Europe vom 17. Oktober 2001 – Dokumente Nr. 2253, „Europa wachrütteln!“.
Bulletin der EU, 12/2001, Ziff. I.27 (S. 21-26), Europäischer Rat von Laeken 14./15.12.2001, Schlussfolgerungen des Vorsitzes (Anlage I).
CONV 851/03 vom 18. Juli 2003, Bericht des Vorsitzes des Konvents an den Präsidenten des Europäischen Rates.

Peter Lang · Europäischer Verlag der Wissenschaften

Karin Feiler (Hrsg.)

Europäisches Forum für Nachhaltigkeit des Club of Rome

Nachhaltigkeit schafft neuen Wohlstand

Bericht an den Club of Rome
Mit Beiträgen von Martin Bartenstein, Orio Giarini, Hartmut Graßl, Hans Küng, Patrick M. Liedtke, Franz Josef Radermacher, Josef Riegler, Bert Rürup, Josef Schmid, Walter R. Stahel, Klaus Töpfer, Ernst Ulrich von Weizsäcker

Frankfurt am Main, Berlin, Bern, Bruxelles, New York, Oxford, Wien, 2003.
283 S., zahlr. Abb.
ISBN 3-631-51633-9 · br. € 19.80*

Nachhaltigkeit schafft neuen Wohlstand. Eine Botschaft, die Mitglieder des Europäischen Forums für Nachhaltigkeit des Club of Rome und hochrangige Experten und Wissenschaftler in diesem Bericht bestätigen bzw. den Weg zu diesem Ziel beschreiben. Das Buch möchte eine Antwort finden, ob das Konzept der Nachhaltigkeit geeignet ist, uns einen globalen Wohlstand zu sichern. Die Antwort wäre ein kurzes bündiges Ja! Das aber liegt in einem globalen Kurswechsel in allen Bereichen des Lebens. Die Verantwortung dafür liegt bei der Politik, der Wirtschaft und letztendlich bei jedem Einzelnen. Denn bisher wurden die Erfolge der Globalisierung teuer bezahlt – mit zerstörter Umwelt und einer weltweiten sozialen Spaltung. Als Lösungsvorschläge werden beispielsweise ein neues Volkswirtschaftsmodell, ein Weltvertrag zwischen Nord und Süd und ein neues Energiekonzept aufgezeigt.

Aus dem Inhalt: Die Umwelt als Beitrag zum nachhaltigen Wohlstand · Nachhaltigkeit: Anspruch und Wirklichkeit *Grenzen des Wachstums* – ein Denkanstoß · Die nachhaltige Entwicklung – ein Widerspruch oder eine wirtschaftliche Notwendigkeit? · Die Weltgeschichte aus dem Blickwinkel der nachhaltigen Entwicklung · Ausschlaggebende Faktoren für die globale Entwicklung der Umwelt: Demographische Entwicklung; Entwicklung des Klimas

Frankfurt am Main · Berlin · Bern · Bruxelles · New York · Oxford · Wien
Auslieferung: Verlag Peter Lang AG
Moosstr. 1, CH-2542 Pieterlen
Telefax 00 41 (0) 32 / 376 17 27

*inklusive der in Deutschland gültigen Mehrwertsteuer
Preisänderungen vorbehalten

Homepage http://www.peterlang.de

FSC
www.fsc.org
MIX
Papier | Fördert gute Waldnutzung
FSC® C083411

Kolibri 360 GmbH
Ferdinand-Jühlke-Straße 7
99095 Erfurt, Deutschland
produktsicherheit@kolibri360.de

Druck:
CPI Druckdienstleistungen GmbH
im Auftrag der
Kolibri 360 GmbH
Ferdinand-Jühlke-Str. 7
99095 Erfurt